Anja Peltzer, Angela Keppler
Die soziologische Film- und Fernsehanalyse

Anja Peltzer, Angela Keppler

Die soziologische Film- und Fernsehanalyse

—

Eine Einführung

DE GRUYTER
OLDENBOURG

ISBN 978-3-11-036759-1
e-ISBN (PDF) 978-3-11-041377-9
e-ISBN (EPUB) 978-3-11-043817-8

Library of Congress Cataloging-in-Publication Data
A CIP catalogue record for this book has been applied for at the Library of Congress.

Bibliografische Information der Deutschen Nationalbibliothek
Die Deutsche Nationalbibliothek verzeichnet diese Publikation in der Deutschen Nationalbibliografie; detaillierte bibliografische Daten sind im Internet über
http://dnb.dnb.de abrufbar.

© 2015 Walter de Gruyter GmbH, Berlin/Boston
Coverabbildung: tacktack/iStock/Thinkstockphotos
Druck und Bindung: CPI books GmbH, Leck
♾ Gedruckt auf säurefreiem Papier
Printed in Germany

www.degruyter.com

Inhalt

Vorwort —— VII

1 Film- und Fernsehanalyse als Gesellschaftsanalyse —— 1
1.1 Die Relevanzbegründung —— 2
1.2 Das interpretative Paradigma und die methodischen Konsequenzen für die Film- und Fernsehanalyse —— 15
1.3 Der Forschungsprozess —— 17
1.4 Literatur —— 20
1.5 Film- und Fernsehsendungen —— 21

2 Forschungsdesign —— 23
2.1 Erkenntnisinteresse —— 24
2.2 Untersuchungskorpus (Sample), Theoretical Sampling und Sequenzprotokoll —— 37
2.3 Forschungsdesign: *Neue Medien – Neues Fernsehen?* (Beispiel Fernsehen) —— 49
2.4 Forschungsdesign: *Spekulative Narrationen* (Beispiel Film) —— 51
2.5 Tipp: Projekthandbuch —— 53
2.6 Literatur —— 54
2.7 Film- und Fernsehsendungen —— 55

3 Analyseverfahren I: Mikroebene —— 57
3.1 Die Einheit von Bild und Ton —— 59
3.2 Visuelle Dimensionen —— 64
3.2.1 Kameraoperationen I: Einstellungsgröße —— 64
3.2.2 Kameraoperationen II: Kameraperspektive —— 69
3.2.3 Kameraoperationen III: Kamerabewegung —— 73
3.2.4 Bildkomposition/Mise en Scène —— 78
3.3 Akustische Dimensionen —— 82
3.3.1 Sprache —— 82
3.3.2 Geräusche —— 84
3.3.3 Musik —— 84
3.4 Audiovisuelle Dimensionen —— 86
3.4.1 Formale Relationen (on-/off-screen) —— 86
3.4.2 Wort-Bild-Kombinationen in Fernsehbeiträgen —— 87
3.4.3 Einstellungsverbindungen/Montage —— 89
3.4.4 Continuity System —— 98
3.5 Filmtranskripte —— 101
3.6 Tipps zur Transkription —— 106

3.7	Literatur — **108**	
3.8	Film- und Fernsehsendungen — **109**	
4	**Analyseverfahren II: Makroebene — 111**	
4.1	Erzählstrategien — **112**	
4.1.1	Erzählsituation — **113**	
4.1.2	Point of View — **116**	
4.1.3	Erzählzeit und erzählte Zeit — **119**	
4.2	Figuren und Personen in televisuellen Rollen — **125**	
4.3	Genres, Gattungen und Formate — **132**	
4.4	Außerfilmische Konnotation — **141**	
4.5	Literatur — **146**	
4.6	Film- und Fernsehsendungen — **147**	
5	**Analyseverfahren III: Interpretation — 149**	
5.1	Detailanalyse: Deskription und Interpretation — **151**	
5.2	Komparative Analyse: Interpretieren und Validieren — **157**	
5.3	Literatur — **163**	
5.4	Film- und Fernsehsendungen — **164**	
6	**Darstellung der Ergebnisse — 165**	
6.1	Aufbau einer soziologischen Film- und Fernsehanalyse — **165**	
6.2	Zitation filmischen Materials im Dienst intersubjektiver Nachvollziehbarkeit — **170**	
6.3	Beispiel: Integration Filmtranskript — **172**	
6.4	Beispiel: Integration von Filmstills — **175**	
6.5	Tipps zum wissenschaftlichen Schreiben — **177**	
6.6	Literatur — **177**	
6.7	Film- und Fernsehsendungen — **178**	

Transkriptionssystem — 179

Vorwort

Dieses Buch hat das Ziel, seinen Leserinnen und Lesern[1] eine Anleitung zur Durchführung einer soziologischen Film- und Fernsehanalyse zu geben. Es zeigt auf, wie empirisch untersucht werden kann, was filmische Beiträge in ihrer audiovisuellen Präsentationsweise über die Verfassung der sozialen Wirklichkeit zeigen. Auf diese Weise führt es vor, was eine Interpretation von Produkten aus Film und Fernsehen für die Erforschung gegenwärtiger Gesellschaften zu leisten vermag.

Allgegenwärtig und in vielfacher Hinsicht eingebettet in unseren Alltag tragen die Produkte aus Film und Fernsehen ständig zur Gestaltung der gesellschaftlichen Wirklichkeit bei. Sie entwerfen Sichtweisen auf tatsächliche und mögliche Lebenslagen, in denen diese immer auch in existenzieller, moralischer und politischer Hinsicht bewertet werden. Sie bieten Verständnisse der Verständnisse an, die soziale Akteure in ihren diversen Praktiken leiten. Sie prägen und modifizieren den Haushalt des Wissens und der Werte, den die Mitglieder sozialer Gemeinschaften in unterschiedlichem Maß teilen. Es ist diese Stellung von Film und Fernsehen in der Gegenwart mediatisierter Gesellschaften, die sie zu einem ergiebigen Gegenstand soziologischer Forschung macht. Hier kann untersucht werden, wie soziale Realität durch entsprechende Medien konstruiert und konturiert wird. Hier kann verfolgt werden, wie Produkte aus Film und Fernsehen zur Bildung und Umbildung gesellschaftlicher Relevanzen beitragen. Hier kann es sich beispielsweise lohnen, der Darbietung von Gewalt in Fernsehnachrichten nachzugehen, der Inszenierung von Glaubwürdigkeit in Werbespots, der Moral in Reality-TV-Shows wie *Germany's Next Topmodel* (D seit 2006, ProSieben) oder der Inszenierung von politischer Kommunikation in einem Spielfilm wie *The Ides of March* (USA 2011, R: George Clooney).

Dabei kommt es entscheidend darauf an, der spezifischen Form der betreffenden Produkte durch ein angemessenes methodisches Vorgehen Rechnung zu tragen. Dieses sollte jederzeit berücksichtigen, dass sich der kommunikative Gehalt filmischer Beiträge stets aus ihrer audiovisuellen Gestalt ergibt, also aus dem Zusammenspiel seiner klanglichen und bildlichen Komponenten. Dies gilt keineswegs nur für ‚künstlerische' Produkte, es trifft auf alle Produktionen von Film und Fernsehen zu. Sie alle müssen als komplexe Artefakte ernst genommen werden, die – je auf ihre Art – besonderen Stilen der Dramaturgie und Inszenierung unterliegen. Für eine soziologische Film- und Fernsehanalyse ist deshalb ein sogenanntes ‚qualitatives' Verfahren unerlässlich, das die Signifikanz medialer Produkte auf dem Weg einer detaillierten interpretativen Auslegung erforscht. Eine solche qualitative

---

[1] Hinweis zum geschlechterbezogenen Sprachgebrauch: Aus Gründen der besseren Lesbarkeit werden nicht durchgehend beide Geschlechterformen verwendet. Bei Verwendung nur einer Geschlechtsform ist selbstverständlich die andere Geschlechtsform mit gemeint.

Methode der soziologischen Film- und Fernsehanalyse, die mediale Produkte in ihrer historischen und kulturellen Situierung untersucht, wird in diesem Buch vorgestellt.

Für Sie als Studierende bedeutet das, offen an das Material heranzugehen und sich auf relativ wenig bereits vorweg Angenommenes verlassen zu können. Darin mag, insbesondere wenn man noch nicht viel Erfahrung auf diesem Gebiet gesammelt hat, eine besondere Herausforderung liegen – aber herausfordernd darf ein Studium der kommunikativen Verhältnisse in gegenwärtigen Gesellschaften ja ohnehin sein, wenn es zu neuen Einsichten in deren Verfassung führen soll. Aufzuzeigen, wie Sie diesen Weg als Studierende selbstständig gehen können, ist das Anliegen dieser Einführung.

Der hier vorgestellte mediensoziologische Zugang und seine methodischen Konsequenzen unterscheidet diese Einführung in die Film- und Fernsehanalyse von anderen für ihre disziplinären Perspektiven jeweils sinnvollen Lehrbüchern zur Film- und Fernsehanalyse. Dies zeigt sich bereits im Aufbau der vorliegenden Einführung, der dem *Ablauf* einer Film- und Fernsehanalyse folgt. Jedes Kapitel erklärt einen zentralen Arbeitsschritt, sodass mit der sukzessiven Lektüre des Buchs auch das je eigene Forschungsprojekt der Leserinnen und Leser Schritt für Schritt Gestalt annehmen kann. Deshalb geht es auf den folgenden Seiten neben der Einführung in film- und fernsehanalytisches Spezialwissen auch um die Ansprüche und Spielregeln qualitativer Forschung sowie um die theoretischen Hintergründe der Methode.

Das erste Kapitel *Film- und Fernsehanalyse als Gesellschaftsanalyse* erläutert die theoretischen Grundlagen, auf denen das hier vorgestellte Verfahren basiert. Denn nur, wenn man den theoretischen Hintergrund der Methode kennt, versteht man auch, warum die Methode so verfährt, wie sie verfährt. Und nur, wenn man mit dem theoretischen Hintergrund vertraut ist, kann man eigenständig argumentieren, warum eine Produktanalyse für die Mediensoziologie ebenso relevant wie produktiv ist. Neben der theoretischen Relevanzbegründung (Kap. 1.1) werden drei grundsätzliche Aspekte geklärt: (1.) die mediensoziologische Perspektive, (2.) der Wirklichkeitsbegriff und welche Rolle mediale Produkte dabei spielen und was schließlich (3.) damit gemeint ist, wenn wir von der Film- und Fernsehanalyse als Gesellschaftsanalyse sprechen. Kapitel 1.2 widmet sich den methodischen Konsequenzen, die mit einer solchen theoretischen Perspektive einhergehen. Daran anknüpfend gibt Kapitel 1.3 eine Übersicht über den Forschungsprozess einer Film- und Fernsehanalyse im Ganzen.

Um die konkrete Konzeption einer soziologischen Film- und Fernsehanalyse geht es im zweiten Kapitel. Hier werden die Arbeitsschritte dargelegt, die zum *Forschungsdesign* für das je eigene Projekt führen. Zentrale Fragen, die hier beantwortet werden, lauten: Wie komme ich zu einer Forschungsfrage? Wie ist das Erkenntnisinteresse zu begründen (Kap. 2.1)? Wie stelle ich mein Untersuchungskorpus zusammen (Kap. 2.2)? Mit der Frage nach dem Korpus geht auch die Frage nach der Datenaufbereitung einher, weshalb wir bereits in diesem Kapitel auf das Sequenzprotokoll eingehen und die App *avlog* vorstellen (Kap. 2.2). Anschließend geben wir sowohl ein Beispiel für ein Forschungsdesign aus dem Bereich Fernsehen (Kap. 2.3), als auch ein Beispiel für ein Forschungsdesign aus dem Bereich Film (Kap. 2.4). Das Kapitel endet mit der Anleitung zur Erstellung eines Projekthandbuchs als Hilfestellung bei der Konzeption und Durchführung einer Film- und Fernsehanalyse (Kap. 2.5).

Das dritte Kapitel *Analyseverfahren I: Mikroebene* stellt zentrale Verfahren filmischer Darbietung vor. Den Anfang machen einige grundsätzliche Bemerkungen zum Aufbau des Filmbilds (Kap. 3.1) sowie zur filmischen Herstellung von Bedeutungsangeboten. Im Anschluss werden ausgewählte Grundoperationen filmischer Inszenierung behandelt, zunächst für die visuelle (Kap. 3.2), dann für die auditive Ebene (Kap. 3.3), um anschließend einige grundlegende Verfahren der Gesamtkomposition (Kap. 3.4) von filmischen Produkten zu erklären (u. a. Montageformen und das Continuity System). Anschließend wird das hier empfohlene Transkriptionssystem erläutert (Kap. 3.5). Das Kapitel endet mit einigen Tipps zur Transkription audiovisueller Produkte (Kap. 3.6).

Das vierte Kapitel *Analyseverfahren II: Makroebene* widmet sich zentralen filmischen Verfahren, die insbesondere in der übergreifenden Komposition der Produkte zur Geltung kommen. Im Fokus stehen: Erzählstrategien (Kap. 4.1), Figuren und Personen in televisuellen Rollen (Kap. 4.2) sowie Genres, Gattungen und Formate (Kap. 4.3). Wir sprechen von der Makroebene, da es sich hierbei um Verfahren handelt, die sich nur mit Blick auf den filmischen Großrhythmus herausarbeiten lassen. Diese Verfahren sind zwar immer schon auf der Mikroebene angelegt, entfalten ihre Relevanz jedoch erst im filmischen Verlauf. Das Kapitel schließt mit Anmerkungen zu den außerfilmischen Konnotationen, die häufig auch am Aussagegehalt filmischer Produkte beteiligt sind (Kap. 4.4).

Wie Analyse und Interpretation zusammenspielen, wird im fünften Kapitel *Analyseverfahren III: Interpretation* erörtert. Es werden die einzelnen Schritte der Detailanalyse dargelegt und an einem Fallbeispiel (*The Ides of March*) durchgespielt (Kap. 5.1). Die komparative Analyse (Kap. 5.2) dient dazu, das Sample zu komplettieren und die Ergebnisse zu sättigen. Sie schließt nicht nur an jede Detailanalyse an, sondern schließt diese überhaupt erst ab. Die komparative Analyse kann sowohl *inner*filmisch (Fallbeispiel *The Ides of March*) als auch *inter*filmisch (Fallbeispiel *Neo Magazin Royale*, D seit 2013, ZDF/ZDFneo) verlaufen. Das Kapitel endet mit Hinweisen auf die Aussagekraft qualitativer Interpretationen innerhalb einer soziologischen Film- und Fernsehanalyse.

Im sechsten und letzten Kapitel *Darstellung der Ergebnisse* wird der abschließende Schritt im Forschungsprozess einer soziologischen Film- und Fernsehanalyse erläutert: die Verschriftlichung der Ergebnisse. Beim Verfassen wissenschaftlicher

Texte sind bestimmte Grundregeln zu beachten. Diese betreffen vor allem den Aufbau einer Arbeit (Kap. 6.1), die intersubjektive Nachvollziehbarkeit (Kap. 6.2) und auch die sprachliche Gestaltung (Kap. 6.5). Im Dienst einer transparenten Darstellung steht auch die Zitation filmischen Materials beispielsweise durch Filmstills oder durch Filmtranskripte. Wie sich diese sinnvoll in den Fließtext einer Arbeit integrieren lassen, darauf gehen wir in Kapitel 6.2 näher ein und geben jeweils ein Beispiel (für Filmtranskripte in Kap. 6.3, für Stills in Kap. 6.4). Kapitel 6.5 enthält Tipps zum Thema ‚wissenschaftliches Schreiben'.

Unser herzlicher Dank für die Unterstützung bei der Redaktion und Herstellung des Bands gilt Maike Klüber und Madeline Dahl sowie Annette Huppertz und Lucas Meinhardt vom Verlag De Gruyter Oldenbourg.

1 Film- und Fernsehanalyse als Gesellschaftsanalyse

Dieses Kapitel klärt die theoretischen Grundlagen, auf welchen die soziologische Film- und Fernsehanalyse basiert. Dies hat zwei Gründe: (1.) Nur, wenn man den theoretischen Hintergrund der Methode kennt, versteht man, warum die Methode so verfährt, wie sie verfährt. (2.) Nur, wenn man mit dem theoretischen Hintergrund vertraut ist, kann man eigenständig argumentieren, warum eine Produktanalyse (nicht nur) für die Soziologie (und nicht nur die) von Relevanz ist. Die theoretische Relevanzbegründung steht im Mittelpunkt dieses ersten Kapitels (Kap. 1.1), in dessen Verlauf drei grundsätzliche Aspekte geklärt werden: (1.) die mediensoziologische Perspektive, (2.) der Wirklichkeitsbegriff und die Frage, welche Rolle mediale Produkte dabei spielen, und was schließlich (3.) damit gemeint ist, wenn wir von der Film- und Fernsehanalyse als Gesellschaftsanalyse sprechen. Kapitel 1.2 widmet sich den methodischen Konsequenzen, die mit einem solchen theoretischen Ansatz einhergehen. Daran anknüpfend gibt Kapitel 1.3 eine Übersicht über den Forschungsprozess einer Film- und Fernsehanalyse im Ganzen.

Am Anfang eines jeden Forschungsprojekts stehen in der Regel viele Fragen und das ist auch gut so. Denn nur dort, wo Fragen aufkommen, auf die es noch keine oder zumindest keine zufriedenstellenden Antworten gibt, kann neues Wissen entstehen. Am Anfang einer soziologischen Film- und Fernsehanalyse stehen in aller Regel Fragen danach, welchen Beitrag filmische Produkte[1] auf ihre je spezifische Weise zur gesellschaftlichen Konstruktion von Wirklichkeit leisten. Die Forschungsfragen können dabei zweifellos in ganz unterschiedliche Richtungen gehen: ‚Wie wird das Thema Schuld in TV-Gerichtsshows verhandelt?' oder ‚Wie wird sozialer Wandel im Rahmen der TV-Berichterstattung über den Arabischen Frühling dargestellt?' oder auch ‚Welches Bild der terroristischen Vereinigung RAF wird im deut-

---

[1] Als ‚filmisch' wird hier eine Form der klangbildlichen Darbietung bezeichnet, die uns in unterschiedliche Medien wie dem Kino und dem Fernsehen aber auch auf dem Flachbildschirm und auf Computermonitoren begegnen. Um filmische Darbietungen handelt es sich nämlich auch da, wo wir es nicht mit Filmen im engeren Sinn zu tun haben. Als ‚Filme' hingegen sollen hier vorwiegend diejenigen Formen verstanden werden, die als Spiel- oder Dokumentarfilme für eine Verwendung auch außerhalb des Fernsehens gemacht sind (eine Verwendung, die sie allerdings nicht immer finden). Das Fernsehen ist nach diesem Verständnis als ein filmisches Medium zu verstehen, das sich von dem Charakter der in ihm unter anderem ausgestrahlten ‚Filme' gravierend unterscheidet.

schen Kinofilm entworfen?'.[2] Dies sind Fragen, die sich ganz auf das audiovisuelle Produkt konzentrieren, es in seiner klangbildlichen Gestaltung ernst nehmen und zum Gegenstand der Analyse machen. Wie diese Fragen auf eine produktive Weise gestellt und beantwortet werden können, darum geht es in diesem Buch.

Untersuchungsgegenstand der soziologischen Film- und Fernsehanalyse sind die ebenso unterschiedlichen wie zahlreichen Medienformate, wie sie das Kino und das Fernsehen bereithalten. Das Spektrum reicht von typischen Fernsehformaten wie dem *Neo Magazin Royale* (D seit 2013, ZDFneo/ZDF) und *Börse vor acht* (D seit 2000, Das Erste) über die Webserie *Mann/Frau* (D seit 2014, BR) bis hin zu Kurzfilmen wie *Noah* (CAN 2013, R: Patrick Cederberg und Walter Woodman), abendfüllenden Spielfilmen oder auch Dokumentationen. So unterschiedlich diese Produkte auch ausfallen, jedes von ihnen gewinnt seinen kommunikativen Gehalt aus seiner audiovisuellen Gestaltung. Diese erhebt die soziologische Film- und Fernsehanalyse zum Gegenstand ihrer Deutung.

Die ersten Fragen, auf die es sich empfiehlt, Antworten parat zu haben, lauten: Warum tue ich das? Warum sollte man eigentlich überhaupt eine derartige Film- und Fernsehanalyse durchführen? Welchen Mehrwert kann eine Analyse von Heidi Klums *Germany's Next Topmodel* (D seit 2006, ProSieben) oder *How to train your Dragon 2* (USA 2014, R: Dean DeBlois) für die Soziologie schon haben? Mit einer Antwort auf diese Fragen lösen sich gleich zwei Probleme: Erstens ist es, zumindest im Bereich der Wissenschaft, immer von Vorteil, zu wissen, was man – warum und wie – tut. Zweitens führen uns diese Fragen direkt zu einem grundständigen Aspekt einer jeden Forschung, nämlich der Relevanzbegründung eines Forschungsinteresses.

1.1 Die Relevanzbegründung

In jedem Projekt gilt es für Sie als Forschende, die Relevanz des Forschungsinteresses – also seine Bedeutsamkeit innerhalb der Scientific Community – explizit darzulegen. Unabhängig davon, ob Sie sich für die Wiederaufnahme des Western-Genres im zeitgenössischen Kino interessieren, die *Sportschau* (D seit 1961, Das Erste) die Sendung *TV Noir* (D seit 2008, ZDFkultur) oder für das *Herzkino* des ZDF (http://herzkino.zdf.de) – solange Sie die Relevanz Ihres Forschungsinteresses angemessenen begründen können, steht Ihre Forschung auf einer soliden Basis. Eine solche Basis ist die erste und unumgängliche Voraussetzung für das erfolgreiche Durchführen eines Projekts. Um die Vermittlung einer eben solchen Basis geht es uns im Folgenden.

---

[2] Auf die konkrete Funktion der Forschungsfrage und den damit einhergehenden Findungsprozess kommen wir in Kapitel 2.1 *Erkenntnisinteresse* ausführlich zu sprechen.

In der **Relevanzbegründung** einer soziologischen Film- und Fernsehanalyse laufen zwei Argumentationsstränge zusammen. Zum einen gilt es, die Begründung für das je spezifische Forschungsinteresse – z. B. warum Sie sich für die Fernsehserie *About:Kate* (D seit 2013, arte) interessieren – explizit darzulegen. Zum anderen gilt es, explizit zu begründen, warum dafür eine Film- und Fernsehanalyse zielführend ist, und damit auch, welches Verständnis medialer Produkte Ihrer Forschung zugrunde liegt.[3]

Der erste Schritt im Rahmen einer Film- und Fernsehanalyse ist also, zunächst einmal zu erläutern, was man von einer Produktanalyse überhaupt an Wissenswertem für die Soziologie erwarten kann. Eine Antwort auf diese Frage führt direkt zu den theoretischen Grundlagen der Methode. Diese betreffen das Verhältnis, in dem Medien und soziale Wirklichkeit zueinander stehen sowie die sozialen Funktionen, die mediale Produkte in unserem Alltag erfüllen. Sicher: Sie unterhalten und informieren. Aber die sozialen Funktionen filmischer Produkte erschöpfen sich nicht darin. Die Frage nach dem Verhältnis von Medien und sozialer Wirklichkeit zielt darauf ab, zu klären, welche Rolle die technischen Kommunikationsmedien für unser Wirklichkeitsverständnis spielen. Sprich: *Wie und auf welche Weise greift mediale Kommunikation in die gesellschaftliche Konstruktion von Wirklichkeit ein?* Dies ist die zentrale Fragestellung eines mediensoziologischen Zugangs, der auch dieser Film- und Fernsehanalyse zugrunde liegt.

Die **mediensoziologische Perspektive** zeichnet sich dadurch aus, dass sie medial vermittelte Kommunikationsformen immer innerhalb ihrer sozialen und kulturellen Situierung untersucht. Dabei sind die Fragen leitend: Welche Rolle spielen die Medien im Alltag der Menschen? Wie tragen sie zur Bildung und Umbildung der Relevanzen bei, die für die soziale Wirklichkeit in einer globalisierten Welt maßgeblich sind?

Es geht also in diesem ersten Kapitel recht grundsätzlich zu, was sich für Sie allerdings in doppelter Weise auszahlt. Denn die Klärung des theoretischen Zugangs liefert zum einen die zentrale Argumentation für die wissenschaftliche sowie soziokulturelle Relevanz einer Produktanalyse und hilft zum anderen zu verstehen, warum die Film- und Fernsehanalyse so vorgeht, wie sie vorgeht. Abschließend werden die methodischen Konsequenzen des mediensoziologischen Zugangs dargelegt, bevor dann im nächsten Kapitel mit der konkreten Erläuterung der Methode am Beispiel von spezifischen Fällen begonnen wird.

---

[3] Auf die Relevanzbegründung im Speziellen, die sich immer an die Begründung im Allgemeinen anschließt, kommen wir in Kapitel 2.1 *Erkenntnisinteresse* zu sprechen.

Ausgangspunkt: Mediale Lebensverhältnisse[4]
Es gibt viele gute Gründe, unsere heutigen gesellschaftlichen Verhältnisse als mediale Lebensverhältnisse zu bezeichnen. Wir verabreden uns mittels Online-Plattformen, zeigen uns Fotos via *Instagram*, bestellen unser Essen online, reden über Kinofilme und geben unseren schriftlichen Leistungsnachweis im Seminar an der Universität als PDF im Anhang einer E-Mail ab. Wenn wir also von medialen Lebensverhältnissen sprechen, so ist damit gemeint, dass es keine Bereiche des sozialen Lebens gibt, die in ihrer Wirklichkeit nicht durch Prozesse der medialen Kommunikation modifiziert wären. Gleiches gilt auch, wenn man es umgekehrt betrachtet: Es gibt keine medialen Produkte, die in ihrer Machart nicht durch ihr Produktionsumfeld und damit von Prozessen der sozialen Wirklichkeit gekennzeichnet wären. Mediale Produkte entstehen nicht im luftleeren Raum, sondern legen immer auch Zeugnis ab von dem gesellschaftlichen Umfeld, in dem sie entstehen. An einem Blockbuster wie *The Dark Knight Rises* (USA/UK 2012, R: Christopher Nolan), in dem die Börse als Achillesferse der heutigen Weltordnung von den Bösewichten attackiert wird oder auch an einer Talkshow des öffentlich-rechtlichen Fernsehens wie *Roche & Böhmermann* (D 2012, ZDFkultur), in der geraucht und Whiskey getrunken wird, zeigt sich: Produkte aus Film und Fernsehen sind soziale Phänomene, die auf vielfältige Art und Weise mit unserem Alltag korrespondieren. Sie generieren und präsentieren mit ihren Darbietungen unaufhörlich *Verständnisse*, die unsere Kultur und Gesellschaft entscheidend modifizieren. Für eben diese Verständnisse, die in den medialen Produkten selbst angelegt sind, und durch die sie einen Beitrag zur gesellschaftlichen Konstruktion von Wirklichkeit leisten, interessiert sich die soziologische Film- und Fernsehanalyse.

Soziale Konstruktion von Wirklichkeit
Um die Relevanz der den medialen Produkten innewohnenden Perspektiven und Einstellungen für die Soziologie zu verdeutlichen, gilt es zunächst, den Begriff der sozialen Wirklichkeit zu klären. Denn ohne ein angemessenes Verständnis sozialer Realität kann es kein angemessenes Verständnis der sozialen Funktionen von Medien geben und damit auch keine angemessene Relevanzbegründung für eine soziologische Film- und Fernsehanalyse. Der Wirklichkeitsbegriff, der dieser Film- und Fernsehanalyse zugrunde liegt, steht in der Tradition der Wissenssoziologie, wie sie vor allem von Peter Berger und Thomas Luckmann unter Rückgriff auf die phänomenologische Soziologie von Alfred Schütz entwickelt wurde.

---

4 Die folgenden Bestimmungen des Verhältnisses von Medien und Wirklichkeit basieren weitgehend auf der Darstellung in Keppler (2006).

Die gesellschaftliche Konstruktion der Wirklichkeit (Wissenssoziologie)
1966 erscheint in den USA *The Social Construction of Reality* von Peter Berger und Thomas Luckmann. Die deutsche Übersetzung *Die gesellschaftliche Konstruktion der Wirklichkeit. Eine Theorie der Wissenssoziologie* wurde kurz darauf, 1969, veröffentlicht. Mit dieser Publikation ging eine Neuausrichtung der Wissenssoziologie einher, weg von der Erforschung intellektuellen Sonderwissens in einer Gesellschaft hin zum „Allerweltswissen" (Berger und Luckmann, [1966] 2009, S. 16), dem Wissen, welches die Vergesellschaftung des Menschen überhaupt erst ermöglicht. Die zentrale Frage, der sich Berger und Luckmann in diesem Zusammenhang stellen, lautet: „Wie ist es möglich, daß subjektiv gemeinter Sinn zu objektiver Faktizität *wird*? So meinen wir denn, daß erst die Erforschung der gesellschaftlichen Konstruktion von Wirklichkeit – der Realität ‚sui generis' – zu ihrem Verständnis führt. Das, glauben wir, ist die Aufgabe der Wissenssoziologie" (Berger und Luckmann, [1966] 2009, S. 20).
Auch wenn den Medien selbst in der Abhandlung von Berger und Luckmann noch keine besondere Rolle zugedacht wurde, stellt sie für die konkrete theoretische Klärung des Verhältnisses von medialer und sozialer Realität bis heute für viele medien- und kommunikationszentrierte Ansätze einen entscheidenden Ausgangspunkt dar.

Gesellschaftliche Wirklichkeit wird bei Berger und Luckmann als eine durch die Praktiken der menschlichen Welterschließung *erzeugte* Wirklichkeit beschrieben. Sie ergibt sich aus den pragmatischen Einstellungen der Menschen, die an ihr teilhaben. Damit ist gemeint, dass die soziale Welt nicht zu einem bestimmten Zeitpunkt aus irgendwelchen Absichten heraus erdacht und gemacht wurde, sondern sie ist mit der kollektiven Herausbildung bestimmter Tätigkeiten so entstanden, dass sie unabhängig von diesen Tätigkeiten und ihren Verfestigungen gar nicht existieren kann. Doch die Konstruktion sozialer Wirklichkeit beschränkt sich nicht auf den Vollzug einzelner Handlungen und Tätigkeiten allein; sie ist zugleich das Produkt eines langen Prozesses historischer, sozialer und kultureller Welterschließung. Die soziale Wirklichkeit eines bestimmten Handlungsfelds oder einer bestimmten Epoche wird auf der Basis einer immer schon geteilten, intersubjektiv zugänglichen Welt generiert, erhalten und verändert.

Das Bild von der *geteilten Welt* veranschaulicht recht treffend einen zentralen Aspekt der gesellschaftlichen Konstruktion von Wirklichkeit, nämlich: Niemand konstruiert für sich allein aus dem Nichts heraus eine soziale Wirklichkeit, sondern soziale Wirklichkeit entsteht nur durch und im Zusammenhang mit den für sie konstitutiven Praktiken. Eben dieser Zusammenhang verweist auf ein entscheidendes *Mehr* als nur auf die für sich genommenen Praktiken. Schließlich beginnen wir in unserem Alltag nicht jedes Mal aufs Neue voraussetzungslos zu handeln, sondern wir orientieren uns an bereits etablierten Praktiken und Routinen. Es ist dieses Back-up aus Routinen und Verhaltensmustern, das uns letztlich erst ein sinnhaftes Handeln miteinander ermöglicht. Denn die Mitglieder einer Gesellschaft teilen sich dieses Back-up und greifen alle darauf zurück – es stellt auf gewisse Weise den gemeinsamen Nenner gesellschaftlich geteilten Wissens dar. Stellen Sie sich einmal vor, Sie wollen jemanden begrüßen, haben aber keine Vorstellung davon, wie das vonstattengehen könnte. Was würden Sie tun? Auf die Person zugehen? Sie womöglich anfassen? Vermutlich würde jede Form des Verhaltens, die für Sie ebenso ungewohnt ist wie für Ihr Gegenüber, (bestenfalls) großes Erstaunen hervorrufen. Darum ist es wichtig, das Verständnis sozialer Wirklichkeit nicht nur auf den Vollzug an sich zu reduzieren. Sondern man muss sich genauso vor Augen halten, dass eine soziale Welt nur dort besteht, wo kulturelle Orientierungen sich so eingespielt haben, dass das subjektive Meinen und Wollen, wie es auch individuell ausfallen mag, hieran immer schon eine vorläufige Ausrichtung gefunden hat. Soziale Realität ist demnach eine Konstruktion, die auf subjektiven Sinngebungs- und Interpretationsleistungen beruht. Diese werden aber nicht von jedem einzelnen gesellschaftlichen Subjekt in beliebiger Weise vorgenommen, sondern die Subjekte orientieren sich dabei an bereits etablierten intersubjektiven Verhaltensmustern. Wenn ein Kellner Ihre Bestellung in einer Bar aufnehmen möchte, werden Sie ihn vermutlich nicht auch noch bitten, Ihnen einmal eben das Hosenbein zu kürzen oder Ihnen die lose Sohle am linken Schuh zu kleben. In einem Vorstellungsgespräch wird der Bewerber seinen potenziellen neuen Vorgesetzten sicherlich nicht auf dessen unangemessene Kleidung hinweisen und in einer Vorlesung können Sie sich zwar wohl auch mal zu einem Nickerchen ausstrecken, dem etablierten Verhaltensmuster entspricht dieses jedoch sicherlich nicht. Ergo: „Menschliches Handeln", so Thomas Luckmann (1986), „setzt menschliches Wissen notwendig voraus" (S. 191). Zu diesem Wissen gehört eben auch, dass man weiß, wie man jemanden begrüßen kann, wie man sich in einer Vorlesung, einer Bar oder auch in einem Vorstellungsgespräch verhält, ohne darüber intensiver nachdenken zu müssen. Es ist dieses Wissen, das „Allerweltswissen" (Berger und Luckmann, [1966] 2009, S. 16), das die gesellschaftliche Konstruktion von Wirklichkeit aus- und möglich macht.

Man hat es folglich bei der gesellschaftlichen Herstellung von Wirklichkeit mit einer Art doppeltem Prozess der Konstruktion zu tun: Zum einen wird die Alltagswirklichkeit in den einzelnen spezifischen Situationen durch die teilnehmenden Akteure konstruiert – eine *geteilte Welt* entsteht in der Interaktion, um das Bild noch einmal aufzugreifen. Zum anderen aber bedienen sich die Akteure dabei bereits vorhandener Routinen, auch wenn dies nicht weiter reflektiert oder bewusst gehandhabt wird. Es ist ein unbewusstes intersubjektiv verfestigtes Wissen, dessen sich hier bedient wird. Und nur auf Basis eben dieses bereits geteilten Wissens kann überhaupt erst gehandelt werden. Berger und Luckmann nennen dieses geteilte Wissen den „gesellschaftlichen Wissensvorrat" (Berger und Luckmann, [1966] 2009, S. 43–48), der zu einem großen Teil aus routinemäßigen Verfahren besteht, die unser Handeln im Alltag erleichtern. Jede Gesellschaft verfügt über ihren eigenen Wissensvorrat, der sich jeweils aus den Erfahrungen der Mitglieder der jeweiligen Gesellschaft speist. Zentraler Archivar dieser Erfahrungen ist die Sprache einer Gesellschaft.

> Was an totaler Erfahrung des Einzelnen und der Gesellschaft zu ‚behalten' und was zu ‚vergessen' ist, das wird in semantischen Feldern entschieden. Der auf diese Weise gespeicherte Wissensvorrat wird von Generation zu Generation weitergegeben, und das Individuum kann sich seiner in der Alltagswelt bedienen. Für die Alltagswelt des Normalverbrauchers bin ich mit gewissen Normalrationen an Wissen ausgerüstet. Zudem weiß ich, daß andere mindestens partiell auch wissen, was ich weiß. Sie umgekehrt wissen wiederum, daß ich das weiß. Unsere Interaktionen in der Alltagswelt werden daher immer auch davon mitbestimmt, daß wir – der Andere und ich – Nutznießer und Teilhaber desselben Wissensvorrates sind oder mindestens sein können. (Berger und Luckmann, [1966] 2009, S. 43)

Dieser gesellschaftliche Wissensvorrat speist sich nicht allein aus direkten sozialen, sondern heute wesentlich auch aus medialen Erfahrungen, die teilweise an die Stelle mythischer und religiöser Überlieferungen getreten sind.

Zunächst aber gilt es festzuhalten, dass soziale Wirklichkeit stets zugleich „als objektive Faktizität *und* subjektiv gemeinter Sinn" (Berger und Luckmann, [1966] 2009, S. 20) gefasst werden muss. Diese Dopplung von Faktizität und Subjektivität im Prozess der Wirklichkeitskonstruktion führen Berger und Luckmann wie folgt aus: „Die Alltagswelt wird ja nicht nur als wirklicher Hintergrund subjektiv sinnhafter Lebensführung von jedermann hingenommen, sondern sie verdankt jedermanns Gedanken und Taten ihr Vorhandensein und ihren Bestand" (Berger und Luckmann, [1966] 2009, S. 21f). „Die Wirklichkeit der Alltagswelt", so halten Berger und Luckmann weiter fest, „stellt sich mir ferner als eine intersubjektive Welt dar, die ich mit anderen teile. Ihre Intersubjektivität trennt die Alltagswelt scharf von anderen Wirklichkeiten, deren ich mir bewußt bin. Ich bin allein in der Welt meiner Träume. Aber ich weiß, daß die Alltagswelt für andere ebenso wirklich ist wie für mich" (Berger und Luckmann, [1966] 2009, S. 25). Eben diese Eigenschaft des intersubjektiv Geteilten der Alltagswirklichkeit für jedermann macht sie unter den vielen Wirklichkeiten zur wichtigsten Wirklichkeit. Sie ist die Wirklichkeit, auf die man immer wieder zurückgreift – ob man aus einem Traum aufwacht, bei *Wer wird Millionär* (D seit 1999, RTL) ausscheidet, aus einer Gerichtsverhandlung kommt etc. „In ihrer imperativen Gegenwärtigkeit ist sie unmöglich zu ignorieren, ja, auch nur abzuschwächen" (Berger und Luckmann, [1966] 2009, S. 24), weshalb Berger und Luckmann die Alltagswelt im Anschluss an Alfred Schütz auch als die „Wirklichkeit par excellence" (Berger und Luckmann, [1966] 2009, S. 24) bezeichnen. Soweit so gut, aber was hat das alles mit Film und Fernsehen zu tun?

Mediale Konstruktion von Wirklichkeit
Film und Fernsehen kommen hier ins Spiel, da sie einen nicht unerheblichen Bestandteil eben dieser ‚Wirklichkeit par excellence' bilden. Was die Wirklichkeit einer Kultur und Gesellschaft ausmacht, ist wesentlich durch die jeweils etablierten Formen und Verfahren ihrer sprachlichen, bildlichen und sonstigen Darstellung bestimmt. Durch diese werden Verständnisse des Wirklichen aus- und umgebildet, mit

deren Entwicklung sich die Konturen der gesellschaftlichen Wirklichkeit selbst verändern. Die Wiedergabe und Weitergabe, die Ausformung und Umformung von Wissen und Orientierung sind gesellschaftsbildende Prozesse der Kommunikation, an denen die technisch vermittelte Kommunikation einen stetig wachsenden Anteil hat. Während Berger und Luckmann insbesondere auf die zentrale Funktion von Sprache für die „allgemeinen und gemeinsamen Objektivationen der Alltagswelt" hinweisen und daraus ableiten, dass „das Verständnis des Phänomens Sprache also entscheidend [ist] für das Verständnis der Wirklichkeit der Alltagswelt" (Berger und Luckmann, [1966] 2009, S. 39), so ist heute – knapp fünfzig Jahre nach dem Erscheinen ihres epochalen Buchs – das Verständnis medialer Kommunikationsangebote, in denen die Sprache oft keine geringe Rolle spielt, gleichfalls entscheidend für das Verständnis der Wirklichkeit der Alltagswelt. Auch mediale Produkte sind in der Lage, einzelne Erfahrungen zu objektivieren und diese anderen begreifbar zu machen. Ein entscheidender Unterschied zwischen medialen Produkten und mündlicher Rede liegt jedoch im Radius der Erreichbarkeit. Wie das ältere Medium der Schrift, so können auch die audiovisuellen Medien eine anonyme, potenziell weltweite Menge an Kommunikationsteilnehmern erreichen. Hier handelt es sich also um ein zur Verfügung gestelltes Wissen, bei welchem wir zumindest unterstellen können, dass nicht nur wir darüber im Bilde sind, sondern andere auch. Wir sind nicht die einzigen, die die *Tagesschau* (D seit 1952, Das Erste), *Inglourious Basterds* (USA/D 2009, R: Quentin Tarantino) oder *Ich bin ein Star – Holt mich hier raus!* (AUS/D seit 2004, RTL) gesehen haben. Medial zur Verfügung gestelltes Wissen ist immer auch mit anderen geteiltes Wissen – je nach Produkt sogar global geteiltes Wissen. Die Medien stellen kommunikative Angebote bereit, *auf die* sich alle Mitglieder beziehen können, weil alle diese Ereignisse *auf sich* beziehen können. Auf diese Weise kommt ein Prozess der medialen Erfahrung in Gang, durch den übergreifende kulturelle Orientierungen erworben und verändert werden. Mit dem Erfolg beim Publikum, egal ob es sich um Filme, Serien oder TV-Shows handelt, bilden sich Orientierungsmuster heraus, die sich eben darin als gesellschaftlich *relevante* Formen des Wissens erweisen: Sie sind einer Vielzahl von Zuschauern bekannt und werden von einer Vielzahl von Zuschauern in den Haushalt ihrer Kenntnis der gesellschaftlichen Wirklichkeit übernommen.

Diese Ausbildung kultureller Orientierungen im Umgang mit medialen Kommunikationsangeboten im Alltag ist von grundlegender Konsequenz für die Konstitution des gesellschaftlichen Wissensvorrats, dem Archivar gesellschaftlicher Routinen und Gepflogenheiten (vgl. Berger und Luckmann, [1966] 2009, S. 43–45). Denn die medialen Deutungsangebote verpuffen nicht einfach auf der Leinwand, sondern sie hinterlassen ihre Spuren im kommunikativen Haushalt der Gesellschaft. So ist heute bereits das Wissen über die Welt zu einem nicht geringen Teil mit den Darbietungsformen – den ‚Bildern' – aus Film und Fernsehen verbunden. Die Verschränkung von medialen und sozialen Erfahrungen im gesellschaftlich geteilten Wissensvorrat markiert das Verhältnis von medialem Produkt und sozialer Wirklichkeit als ein eng miteinander verzahntes: Mediale Produkte geben Deutungen von Wirklichkeit vor, die in der Aufnahme durch ein verstreutes Publikum die Verhältnisse der sozialen Wirklichkeit verändert haben und weiterhin verändern, auf welche wiederum mediale Produkte rekurrieren. Die klangbildlichen Inszenierungen der Produkte aus Film und Fernsehen – diejenigen mit dokumentarischem Anspruch nicht weniger als die mit fiktionalem – greifen in die kollektive Wahrnehmung der Welt ein, indem sie das Gesicht der historischen und der sozialen Welt verändern. Sie leisten dies zum einen, indem ihr jederzeitiges ‚Zur-Verfügung-Stehen' bereits selbst zur alltäglichen Wirklichkeit des gegenwärtigen Lebens geworden ist, und zum anderen, indem sie Wissen bereithalten, auf das wir in ganz unterschiedlichen Situationen zurückgreifen. Das können wir als Privatpersonen sein, die sich am Kleidungsstil des Bundestrainers Jogi Löw bei der Fußballweltmeisterschaft oder an dem Schuhwerk von Uma Thurman in *Kill Bill* (USA 2003, R: Quentin Tarantino) orientieren. Die Orientierungssuche kann aber auch wesentlich grundsätzlicher ausfallen, wie das Beispiel von niemand Geringerem als der ehemaligen US-amerikanischen Außenministerin Hilary Clinton belegt. Clinton berichtet im Rahmen einer Festrede auf die Burmesin Aung San Suu Kyi davon, wie der Vorsitzende des burmesischen Parlaments auf sie zukam und sie fragte, wie man mehr über das Funktionieren von Demokratien lernen könne. Das burmesische Parlament habe zu diesem Zweck schon einmal begonnen, die Politserie *The West Wing* (USA 1999–2006, NBC) zu schauen (vgl. Myanmar Officials Watched ‚The West Wing' To Learn Democracy, huffingtonpost.com, 20.09.2012).

Auf dieses medial zur Verfügung gestellte Wissen greifen nicht nur wir als einzelne Personen zurück, sondern auch die Massenmedien selbst. Als es beispielsweise darum ging, die Berichterstattung zur Finanzkrise 2008 und ihren Folgen zu bebildern, wurde nicht selten auf ein Figurenrepertoire zurückgegriffen, das den fiktiven Weltentwürfen Hollywoods entstammt. In der *Frankfurter Allgemeinen Zeitung* erschien am 08.12.2011 Sahra Wagenknechts mehrere Spalten einnehmende Stellungnahme zur Finanzkrise. Bebildert wurde dieser Beitrag mit einem Filmstill aus *The Dark Knight* (USA/UK 2008, R: Christopher Nolan), auf welchem Batmans unerbittlicher Gegenspieler Joker mehrere Millionen Dollar verbrennt (Abb. 1.3). Am 11.10.2010 zierte Gordon Gekko (alias Michael Douglas), der berüchtigte Spekulant aus Oliver Stones *Wall-Street*-Filmen (*Wall Street*, USA 1987, R: Oliver Stone; *Wall Street: Money Never Sleeps*, USA 2010, R: Oliver Stone), das Titelblatt des Nachrichtenmagazins *Focus*. Thema der Ausgabe war die Rolle der Spekulanten in und nach der Finanzkrise 2008 (Abb. 1.2). Und *The Economist* bediente sich des monumentalen Vietnam-Kriegsfilmepos *Apocalypse Now* (USA 1979, R: Francis Ford Coppola), um sein Titelblatt zur Griechenland-Debatte im Mai 2010 zu gestalten, auf welchem die deutsche Bundeskanzlerin Angela Merkel zum abtrünnigen Colonel Kurtz stilisiert wird (Abb. 1.1).

Abb. 1.1–1.3: *The Economist* (01.05.2010); *Focus* (11.10.2010); *FAZ* (08.12.2011)

Alle drei Publikationen – *The Economist*, *Focus*, *FAZ* – bedienten sich des fiktiven Inventars der Filmwelten Hollywoods, um den abstrakten Vorgängen der Finanzökonomie ein Gesicht zu geben. Der geradezu verlässlich hohe Bekanntheitsgrad der hier verwendeten Filmfiguren zeigt, dass die Leinwandhelden nicht nur im Kinosaal wirken, sondern dass sie auch nach dem Filmerlebnis als „stark konnotierte Zeichen" (Wulff, 2001, S. 150) im Alltag präsent bleiben. Mediales Wissen ist längst zu einem integralen Bestandteil des kommunikativen Haushalts industrialisierter Gesellschaften geworden.

Es zeigt sich: Produkte aus Film und Fernsehen sind grundsätzlich als Instanzen der Sinngebung zu betrachten, die auf verschiedene Arten und Weisen an der gesellschaftlichen Konstruktion von Wirklichkeit teilhaben. Dies geschieht zum einen durch die Stellung von Film und Fernsehen innerhalb der sozialen Realität heutiger Gesellschaften und zum anderen durch das, was Film und Fernsehen in der Vielfalt ihrer Produkte über die Ordnungen dieser Realität zu erkennen geben. Unter dem ersten Aspekt geht es darum, welchen Beitrag Film und Fernsehen – in der Verschränkung der mit ihnen verbundenen Praktiken – zur Konstruktion der gesellschaftlichen Wirklichkeit leisten. Unter dem zweiten Aspekt geht es darum, welche Auffassungen von Wert und Wirklichkeit sich in den Produkten aus Film und Fernsehen manifestieren (vgl. Keppler, 2015). Die Produkte bieten mit ihren Geschichten und Figuren Weltentwürfe an, die durch ihre Omnipräsenz die Palette der modi operandi von Gesellschaften um- und mitgestalten. Dieser Austausch von filmischem Produkt und gesellschaftlichem Zeitgeist vollzieht sich auf verschiedene Arten und Weisen. Sei es, weil mediale Produkte, wie eben gezeigt, gesellschaftliches Wissen zur Verfügung stellen, oder sei es, um eine weitere Variante ins Spiel zu bringen, weil sie explizit als Gesellschaftskritiker auftreten. Spielfilme wie *Blood Diamond* (USA/D 2006, R: Edward Zwick), *The Ides of March* (USA 2011, R: George Clooney), *Shooting Dogs* (D/GB 2005, R: Michael Caton-Jones) oder auch *Gomorrah* (I 2008, R: Matteo Garrone) – eine Liste, die sich freilich beliebig fortführen ließe – greifen gesellschaftlich relevante Themen auf (Blutdiamanten, Wahlkampf, zivile

Opfer in Kriegs- und Krisengebieten, Mafia) und verschaffen diesen durch die Präsenz im Kino öffentliche Aufmerksamkeit. Besonders eindrücklich ist in diesem Zusammenhang die Produktionsgeschichte des Dokumentarfilms *Das Herz von Jenin* von Marcus Vetter und Leon Geller aus dem Jahr 2008 (D). Der Film erzählt die Geschichte des Palästinensers Ismael Khatib, der im Flüchtlingscamp Dschenin lebt. Dort wird sein elf Jahre alter Sohn Ahmed wegen einer täuschend echt aussehenden Spielzeugwaffe mit einem bewaffneten Palästinenser verwechselt und von israelischen Soldaten tödlich am Kopf getroffen. Der palästinensische Vater spendet die Organe seines Sohnes an israelische Kinder. Zwei Jahre später entschließt er sich, gemeinsam mit den Dokumentarfilmern Marcus Vetter und Leon Geller die Kinder und ihre Familien zu besuchen. Der immense Erfolg des Dokumentarfilms unterstrich nicht nur das politische Signal dieses Films sondern ermöglichte u. a. auch die Finanzierung verschiedener kultureller Einrichtungen für Jugendliche im Westjordanland.

Davon, wie wirkungsmächtig Filme in diesem Zusammenhang eingestuft werden, zeugt auch der Umgang verschiedener Regierungen mit der je eigenen Filmkultur. Ein prominentes Beispiel ist der Fall *This is not a Film* (IR 2011, R: Jafar Panahi und Mojtaba Mirtahmasb). Der Film musste schließlich in einem Geburtstagskuchen aus dem Land geschafft werden, sodass er doch noch den Weg auf eine Leinwand finden konnte. Der iranische Regisseur Panahi feierte mit seinen Filmen bereits mehrere internationale Erfolge; nur nicht in seinem Heimatland. Denn Panahi wird nicht müde, in seinen Filmen davon zu erzählen, wie sich der gesellschaftliche Alltag im Iran gestaltet. Gerade in der Regierungsphase des radikal-fundamentalistischen Mahmud Ahmadinedschad (03.08.2005–03.08.2013), in der die Möglichkeiten künstlerischen Schaffens beinahe gänzlich zunichtegemacht wurden, war das kein ungefährliches Unterfangen. 2010 wurde Panahi dann aufgrund seiner Arbeit zu sechs Jahren Gefängnis und einem Berufsverbot von 20 Jahren verurteilt. Während er das Ergebnis seines Berufungsverfahrens im Hausarrest abwartete, entstand der Dokumentarfilm *This is not a film*. Er setzte sich der Ausweglosigkeit seiner Situation zur Wehr, indem er begann, gemeinsam mit seinem Kollegen Mojtaba Mirtahmasb just diese Situation filmisch, z. T. mit der Handykamera, zu dokumentieren. Nachdem die Dokumentation dann wohlbehalten auf einem USB-Stick in besagtem Geburtstagskuchen über die Grenze geschmuggelt worden war, wurde sie 2011 sogar auf dem Filmfestival in Cannes aufgeführt und sorgte dafür, dass der brutale Führungsstil des iranischen Machthabers weiter publik gemacht wurde (vgl. Brooks, 22.03.2012, theguardian.com).

Unser zweites Beispiel stammt aus einer Filmnation, die eigentlich nicht ganz so schnell mit öffentlicher Zensur in Verbindung gebracht wird wie der Iran. Es handelt sich um den Fall von Michael Moores *Fahrenheit 9/11* (2004) in den USA. So spielte im Frühjahr 2004 John Ellis ‚Jeb' Bush, der amtierende Gouverneur von Florida und jüngere Bruder des damaligen Präsidenten, laut mit dem Gedanken, *Disneyland* Subventionen in Millionenhöhe zu entziehen, sollte das Studio Moores

Fahrenheit 9/11 vermarkten und vertreiben. *Disney* verhielt sich aufgrund dieser deutlichen Ansage ruhig und *Fahrenheit 9/11* schien nicht mehr vor den unmittelbar bevorstehenden Präsidentschaftswahlen in die amerikanischen Kinos zu kommen. Daraufhin kauften Bob und Harvey Weinstein, die damaligen Geschäftsführer der *Miramax*, einer Tochter von *Disney*, kurzerhand die Rechte des Films als Privatpersonen und organisierten einen alternativen Vertrieb (vgl. Rutenberg, 05.05.2014, www.nytimes.com).

Blockbuster aus Hollywood scheitern hingegen eher selten an den Toren der Kinoverleiher. Kulturelle Konflikte, Randerscheinungen oder Gegenbewegungen zu thematisieren, ist für diese recht kostspieligen Filme viel zu riskant, da dies eine Spaltung des Publikums zur Folge haben könnte, was wiederum eine Reduzierung der Einspielergebnisse nach sich ziehen würde. Insbesondere das nach dem Prinzip Angebot und Nachfrage verfahrende Kino als auch das nach der Quote schielende Fernsehen tragen damit ganz entscheidend zur Verfestigung bereits etablierter Strukturen und Handlungsmuster im Wissensvorrat bei.

Mediale Produkte, so zeigt sich hier erneut, sind stets Reaktionen auf das gesellschaftliche Umfeld, in dem sie entstehen. Sie erstellen, je nach Format, mit ihren fiktiven Versuchsanordnungen Zeitdiagnosen, die eine Gesellschaft mit sich selbst konfrontieren: entweder, indem sie den Status quo reproduzieren und zur Anschauung bringen oder aber, indem sie andere Wege gehen. Bereits die Thematisierung – sowie auch die Ausblendung – bestimmter Aspekte zeitgenössischer Lebenswelten in den Medien hat Einfluss darauf, was im Alltag als ‚normal' oder eben auch als ‚abnormal' empfunden wird. Die filmischen Entwürfe erfüllen also keinen Selbstzweck, sondern sie reflektieren gesellschaftlich geteilte Vorstellungen und arbeiten damit stets an den Überzeugungen mit, die zu einer bestimmten Zeit das öffentliche Bewusstsein prägen. Das Verhältnis zwischen sozialem Alltag und filmischem Angebot ist dabei jedoch kein deterministisches, in dem der eine Bereich den anderen umstandslos lenken würde. Es stimuliert sich vielmehr gegenseitig, da das, was mediale Produkte durch ihre Inszenierungsweise nahelegen, vonseiten des Publikums auf verschiedene und manchmal durchaus eigensinnige Weise aufgenommen werden kann. In diesem Zusammenhang wird insbesondere der Film gerne als Seismograf charakterisiert, der dazu in der Lage sei, auch die feinsten gesellschaftlichen ‚Beben' wahrnehmbar zu machen, was ihn zu einem wichtigen Reflexionsmedium gesellschaftlicher Prozesse macht. Der Film, so schreiben bereits Friedmann und Morin in ihrem Pionieraufsatz zur *Soziologie des Kinos*, ist „eine Art Mikrokosmos, durch den hindurch sich das Bild einer Zivilisation – wenn auch in deformierter, stilisierter und geordneter Form – erkennen lässt, eben jener Zivilisation, aus der e[r] hervorgegangen ist" (Friedmann und Morin, [1952] 2010, S. 22). In diesen Funktionen – als Archivare, Distributoren und Transformatoren des Zeitgeists – sind die Produkte aus Film- und Fernsehen ein paradigmatischer Untersuchungsgegenstand einer verstehenden Soziologie.

Ziel einer soziologischen Film- und Fernsehanalyse
Das mediale Produkt interessiert in der Soziologie also nicht, weil es soziale Wirklichkeit spiegeln oder determinieren könnte, sondern weil es einen wesentlichen Bestandteil der Dynamik sozialer Wirklichkeit darstellt. Mediale Produkte sind sowohl Generatoren als auch Transformatoren sozialer Wirklichkeit. Als Selbstdarstellung und „Gedächtnis der Gesellschaft" (vgl. Luhmann, 1996, S. 120) eröffnen sie einen Zugang zum gesellschaftlich geteilten Wissensvorrat, indem sie selbst Wissen generieren, stabilisieren oder auch verändern. Denn das, was Film und Fernsehen in ihren vielen verschiedenen Produkten zur Anschauung bringen, enthält nicht allein einen fortlaufenden Kommentar zu gesellschaftlichen Werten und Ordnungen des Wissens. Sondern unter einem soziologischen Blick auf die Produkte klärt sich zugleich, welche der in ihnen artikulierten Einstellungen jeweils aktualisiert und gegebenenfalls angepasst werden, und damit, was zu einem gegebenen Zeitpunkt als aktuell, relevant, wissenswert sowie existenziell, moralisch und politisch empfehlenswert oder statthaft dargeboten wird. So gibt die Film- und Fernsehanalyse der Darstellungsweisen filmischer Produkte zugleich Aufschluss über den Orientierungshaushalt der Gesellschaft. Die Analyse dieser medial konfigurierten Ordnungen des Wissens und der Werte ist das zentrale Anliegen einer soziologischen Film- und Fernsehanalyse, wie sie in diesem Band vorgestellt wird.

Die von den medialen Produkten angebotenen Orientierungen sind immer das Ergebnis einer mehr oder weniger aufwendigen, stets aber komplexen Gestaltung. Sobald etwas medial kommuniziert wird, wird es gleichzeitig auch auf eine bestimmte Art und Weise kommuniziert – es gibt keine inszenierungsfreie Zone in den Medien. Durch die Art und Weise aber *wie* ein Spielfilm oder ein Nachrichtenbeitrag mittels seiner visuellen und auditiven Elemente kommuniziert wird, wird dem Zuschauer immer auch eine bestimmte *Sichtweise* auf die fraglichen Situationen angeboten. Diese Sichtweisen stellen weder eine Zugabe, noch ein bloßes Beiwerk zu ihrem tatsächlichen oder vermeintlichen Informationsgehalt dar. In ihnen liegt vielmehr der nicht immer auf den ersten Blick erkennbare entscheidende normative Gehalt der filmischen Produkte. Alles, was im Film oder auch im Fernsehen zu sehen ist, verhält sich also keineswegs neutral zu dem, was immer auch dargeboten wird.

In der **Präsentation medialer Produkte** werden Normen, Werte und Wissen öffentlich vermittelt, wodurch das mediale Angebot aus Film und Fernsehen einen wichtigen Beitrag zum Aufbau einer gemeinsamen Welt der Zuschauer leistet. Es sind diese Formen der Präsentation, welche die Film- und Fernsehanalyse untersucht.

Die Art, wie mediale Produkte letztlich vom Publikum wahrgenommen werden, ist gelenkt, aber niemals vollständig bestimmt durch die Art der Präsentation jeweiliger Themen oder Geschehnisse. Das, *was* gezeigt wird, kann daher nie getrennt von dem untersucht werden, *wie* es gezeigt wird. Indem sie beide Aspekte gleichermaßen berücksichtigt, legt die Film- und Fernsehanalyse die in den medialen Produkten angelegten potenziellen Rezeptionsmöglichkeiten offen, welche allerdings nicht mit der tatsächlich stattfindenden faktischen Rezeption gleichgesetzt werden dürfen. Denn das mediale Produkt, wie immer es gestaltet sei, stellt eine Objektivation manifester und latenter Sinnmöglichkeiten dar, die in ihrer Wahrnehmung erfasst oder nicht erfasst, gesucht oder gemieden, geschätzt oder verworfen werden können. Die Möglichkeiten des Verstehens liegen in der Gestaltung der Produkte selbst. Kontrolliert und intersubjektiv nachvollziehbar aufzuzeigen, wie diese Sinnmöglichkeiten in den Klangbildverläufen angelegt sind und dabei der Komplexität ihrer Gestaltung gerecht zu werden, ist das methodische Ziel einer soziologischen Film- und Fernsehanalyse.

! Die **Relevanz einer Film- und Fernsehanalyse** gründet auf dem Verständnis von Medien als integralem Bestandteil sozialer Wirklichkeit. So wie Sprache ein Leitmedium der menschlichen Welterschließung ist, so haben auch die technischen Kommunikationsmedien Teil an der – sei es stabilisierenden, sei es transformierenden – Erschließung gesellschaftlicher Wirklichkeit. Sie sind Instanzen der Produktion und Distribution von gesellschaftlich geteiltem Wissen. Mit der Untersuchung dieser Formationen des Wissens gibt die soziologische Film- und Fernsehanalyse Aufschlüsse über den Orientierungshaushalt der Gesellschaft.

Wie die Erforschung der Medienproduktion untersuchen kann, welche Spielräume des Verstehens den jeweiligen Nutzern gewährt werden sollen, und wie die Erforschung des Mediengebrauchs erkunden kann, wie die Rezipienten diese Spielräume nutzen, so kann die Erforschung der medialen Produkte ermitteln, *wo* und *wie* diese Spielräume in den jeweiligen Produkten angelegt sind. Durch eine produktorientierte Film- und Fernsehanalyse erfährt man also weder, was sich Regisseure oder Produzenten gedacht haben, noch, ob ein Film, ein Nachrichtenbeitrag oder eine Serie auf diese oder eine andere Weise beim Publikum ankommen wird. Was man erfährt ist vielmehr, welchen Beitrag die Medien zur gesellschaftlichen Konstruktion von Wirklichkeit leisten, indem offengelegt wird, welche Arten des Wissens und der Wertung sie durch ihre Gestaltung zur Verfügung stellen. Dabei handelt es sich um ein Wissen, auf welches alles Handeln der Medienproduktion ausgerichtet und auf welches alles Handeln der Medienrezeption bezogen ist. Die Analyse der medialen Produkte widmet sich damit einem Grundpfeiler der gesellschaftlichen Welterschließung, die sich in der Praxis des herstellenden und aneignenden Umgangs mit dem Medium vollzieht. Die Objekte dieses Umgangs zu analysieren, darin liegt die Relevanz und der Beitrag einer soziologischen Film- und Fernsehanalyse, die immer auch als Gesellschaftsanalyse zu verstehen ist.

Checkliste: Wann bietet sich eine soziologische Film- und Fernsehanalyse als Methode an?
- Wenn im Forschungsfokus das mediale Produkt steht.
- Wenn das mediale Produkt in seiner ganzen Komplexität zum Gegenstand der Analyse gemacht wird und Sie dabei interpretativ vorgehen möchten.
- Wenn sich das Forschungsinteresse auf die integrale Stellung des medialen Produkts in der Gesellschaft richtet und es auf die Signifikanz der Produkte für den Wissensvorrat einer Gesellschaft ankommt.

1.2 Das interpretative Paradigma und die methodischen Konsequenzen für die Film- und Fernsehanalyse

Eine so verstandene Film- und Fernsehanalyse fügt sich in eine Reihe von Verfahren der qualitativen empirischen Sozialforschung ein, deren Ziel es ist, die *Vor*-Interpretiertheit ihrer Untersuchungsgegenstände durch die alltäglich in der Lebenswelt handelnden Menschen systematisch zu berücksichtigen. Ausgangspunkt all dieser Verfahren ist ein Verständnis von sozialer Wirklichkeit als einer von Menschen in ihren Handlungen hervorgebrachten und dabei immer bereits interpretativ – verstehend und deutend – erschlossenen intersubjektiven Wirklichkeit. Eine intersubjektive Welt kann es nur geben, wenn es kollektive Ordnungen und Orientierungen gibt, die einen Rahmen für das individuelle Handeln bilden, auch und gerade da, wo einzelne von ihnen brüchig oder fragwürdig werden. Dieser Zugang ist kennzeichnend für das interpretative Paradigma (vgl. einführend: Keller 2012) innerhalb der Soziologie.

Soziale Wirklichkeit ist also nicht nur durch die in ihr handelnden Menschen vorinterpretiert, sondern in ihrem Bestand von dem Wissen und den Deutungen ihrer Bewohner abhängig. Zentrales Anliegen der qualitativen, auf die Interpretation des (oft implizit) handlungsleitenden Selbstverständnisses von Individuen und Kollektiven gerichteten Sozialforschung ist es, diese soziale Wirklichkeit in ihrer ganzen Komplexität zu erforschen. Sie „hat den Anspruch, Lebenswelten von ‚innen heraus' aus der Sicht der handelnden Menschen zu beschreiben. Damit will sie zu einem besseren Verständnis sozialer Wirklichkeit(en) beitragen und auf Abläufe, Deutungsmuster und Strukturmerkmale aufmerksam machen" (Flick, von Kardorff und Steinke, 2005, S. 14). In diesem Sinn sind auch mediale Produkte in ihrer gesamten Komplexität – sowohl was produktinterne Ausgestaltung (Schnitt, Licht, Bildgestaltung, Akteure etc.) als auch die produktexternen Koordinaten wie Genrekontext, Programmplatz, Distributionsort etc. betrifft – wahrzunehmen und zu verstehen. Ein Hauptbeitrag der qualitativen Sozialforschung für die Untersuchung der durch technische Medien vermittelten Kommunikationsprozesse liegt in ihrer expliziten und detaillierten Ausformulierung von Methodologien, die den Forschungsprozess als ein sequenzielles Geschehen, also eine Abfolge von aufeinander bezogenen prozeduralen Schritten begreift, die eine intersubjektive Überprüfung, d. h.

Annahme oder Ablehnung von Ergebnissen, innerhalb des Forschungsprozesses möglich macht.

> **Verstehen** und **Deuten** der Auffassungen und Handlungen anderer sind die Voraussetzung dafür, dass wir mit anderen Menschen in einer gemeinsamen Welt handeln und kommunizieren können. Die Explikation dieser weltbildenden Prozesse ist das Ziel einer **qualitativ verfahrenden Sozialwissenschaft,** auch und gerade dann, wenn sie die mediale Kommunikation zum Thema hat.

Den verstehenden Zugang zu Prozessen des Verstehens teilt sich die qualitative Forschung mit der Hermeneutik, eine (nicht nur) philosophische Denk- und Forschungstradition, die bis in die Antike zurückreicht (vgl. einführend: Kurt, 2004). Eine der Grundannahmen der Hermeneutik lautet, dass weder personelle noch gesellschaftliche Sinnvermittlung selbsterklärend ist und darum Sinnvermittlung (Verstehen) eigens untersucht und beschrieben werden muss. „Zum wissenschaftlichen ‚Verstehen von etwas' zählt also zwingend die Beschreibung und Explikation der impliziten Prozeduren und Perspektiven des Verstehens – das Verstehen des Verstehens selbst" (Soeffner, 1999, S. 44).

Inwiefern handelt es sich allerdings bei der interpretativen Analyse von medialen Produkten um eine Form des ‚Verstehens von Verstehen', wie sie das Leitmotiv einer qualitativen empirischen Sozialforschung bildet? Nehmen wir ein naheliegendes Beispiel: Wir wollen im Rahmen einer qualitativen Rezeptionsstudie mehr darüber erfahren, wie junge Menschen zwischen 19 und 27 Jahren heute fernsehen. Dazu verabreden wir uns u. a. mit Studierenden, um immer donnerstagabends gemeinsam das *Neo Magazin Royale* anzuschauen. In diesem Projekt bedeutet ‚Verstehen des Verstehens' folglich, dass wir *verstehen* (sekundäres Verstehen, die Aufgabe des Wissenschaftlers) wollen, wie die Handlungsweise ‚Fernsehen' bei den verschiedenen Treffen von den Akteuren *verstanden* (primäres Verstehen) wird, was sich uns in der Art und Weise zeigt, wie das ‚Fernsehen' in dem jeweiligen Fall *vollzogen* wird. Während jedoch der *Rezeptionsprozess* ‚Fernsehen' in Form einer sozialen Handlungsweise in Erscheinung tritt und in dieser auch erforschbar wird, so liegt der Fall beim medialen *Produkt* doch etwas anders. Deshalb müssen wir nochmals fragen: Wie also ist das ‚primäre Verstehen' zu verstehen, das die interpretative Film- und Fernsehanalyse ihrerseits verstehen will?

Die Antwort lautet schlicht: Was es zu verstehen gilt, sind die in den Produkten angelegten *Möglichkeiten des Verstehens*. Diese Möglichkeiten des Verstehens sind in der Gestaltung der Produkte selbst angelegt. Sie sind dem medialen Produkt durch seinen bildlichen und akustischen Aufbau inkorporiert und stellen somit Vorgaben für das (affirmative oder kritische) Verstehen dar, das wir ihnen als Zuschauer entgegenbringen. Die Gestaltung der Produkte, die Art und Weise also, wie etwas in ihnen zur Darstellung kommt, unterliegt bestimmten kommunikativen Verfahren. Deren Untersuchung widmet sich die Film- und Fernsehanalyse. Im Blick auf die Produkte aus Film und Fernsehen bedeutet ‚Verstehen des Verstehens' folglich: das kommunikative Potenzial zu analysieren bzw. zu verstehen, das in der gesamten audiovisuellen Verfassung dieser Produkte zu einer bestimmten Zeit angelegt ist. Diese Überlegungen zusammenführend lässt sich festhalten:

Die **soziologische Film- und Fernsehanalyse** ist ein hermeneutisches, dem interpretativen Paradigma der Soziologie verpflichtetes, qualitatives Verfahren der empirischen Sozialforschung. Ziel einer solchen Analyse ist ein kontrollierbares und intersubjektiv nachvollziehbares Verständnis der Sichtweisen, die durch die Machart der betreffenden Produkte angeboten werden. Die Machart der Produkte ist das Ergebnis des Zusammenspiels von Bild und Ton, diesem widmet die Film- und Fernsehanalyse gleichermaßen ihre Aufmerksamkeit.

Eine qualitative Methode der Film- und Fernsehanalyse ist jedoch kein Algorithmus, der nur noch auf verschiedene ‚Fälle' angewendet werden muss. Qualitative Methoden haben ihren Sinn in einer kontrollierten und kontrollierbaren Lenkung der interpretativen Aufmerksamkeit auf den jeweiligen Gegenstand oder Gegenstandsbereich – und zwar für jeden Untersuchungsgegenstand aufs Neue. Sie legen Schritte fest, die bei der Interpretation vollzogen, und heben Dimensionen des Gegenstands hervor, die in ihrem Verlauf beachtet werden müssen. Sie können den Prozess des Interpretierens – das Entwerfen und Verwerfen, Bestätigen und Differenzieren von Deutungshypothesen – selbst nicht ersetzen; aber sie können sichern, dass es sich hierbei um ein nachvollziehbares, am Gegenstand belegbares Interpretieren handelt. Eine solche Methode legt kein schematisches Vorgehen fest, sondern bietet einen Standard an, durch den bestimmt wird, welche Kriterien eine angemessene Deutung von filmischen Produkten zu erfüllen hat. Der Forschungsprozess koordiniert nicht nur die einzelnen Arbeitsschritte, sondern bildet auch einen zentralen Prüfstein für ihre Qualität.

1.3 Der Forschungsprozess

Das Aufzeigen und Herstellen eines in sich konsistenten Forschungsprozesses einschließlich stimmiger Ergebnisse ist nach wie vor der Königsweg, um die Qualität der eigenen Forschung hoch und nachvollziehbar zu halten. Ein transparenter Forschungsprozess ermöglicht die Überprüfbarkeit der Kohärenz zwischen den einzelnen Schritten einer Film- und Fernsehanalyse und liefert Antworten auf Fragen wie: Passt das Sample zum Erkenntnisinteresse? Passen die Interpretationen zu dem erhobenen Daten und erlaubt die Darstellung des eigenen Vorgehens und der gewonnenen Ergebnisse deren angemessene Überprüfbarkeit durch Dritte? Um dem Standard qualitativer Forschung gerecht werden zu können, muss für die Transparenz und Explikation bei den grundlegenden Entscheidungen, die im Laufe eines Forschungsprozesses getroffen werden, gesorgt werden: bei der Art der Datenerhebung, bei der Analyse und der Darstellung (vgl. dazu auch Glaser und Strauss, 1979,

S. 92). Das Explikationsprinzip sichert die Nachvollziehbarkeit der Interpretation und des Forschungsergebnisses.

Stärke und Gütekriterium qualitativer Forschung sind darüber hinaus, dass sie sich *offen* ihren Untersuchungsgegenständen nähert und diesen dadurch gerechter werden kann, als es standardisierte Verfahren vermögen. Diese Offenheit gibt ihr die Möglichkeit, auf Aspekte zu reagieren, die so vorab vielleicht noch nicht bedacht wurden, sich im Verlauf der Analyse aber als relevant für das Forschungsinteresse erweisen. Es kommt wesentlich darauf an, solche Wendungen produktiv in den weiteren Prozess einbauen zu können. Flexibilität und Offenheit in der Vorgehensweise qualitativer Forschung bedeuten allerdings nicht, dass die Untersuchung richtungslos oder unkontrolliert ablaufen würde. Qualitative Forschung hat vielmehr bei jeder Studie erneut den scheinbaren Widerspruch zwischen Offenheit für das Neue und der Berücksichtigung des eigenen Forschungsinteresses zu lösen. Dies geschieht in den je spezifischen Entscheidungen, die im Laufe eines Forschungsprozesses – transparent und intersubjektiv nachvollziehbar – gefällt werden müssen. Dazu zählt beispielsweise auch, dass das Untersuchungskorpus nicht vorab bestimmt wird, sondern im Fortgang der Analyse durch das Verfahren des *Theoretical Samplings* komplettiert wird (siehe hierzu Kap. 2.2).

Der Forschungsprozess einer soziologischen Film- und Fernsehanalyse stellt sich als ein sequenzielles Geschehen dar, d. h. als eine Abfolge von aufeinander bezogenen prozeduralen Schritten, die eine ebenso offene wie auch kontrollierte Vorgehensweise am Material sicherstellt. Ziel dieses Forschungsprozesses ist es, die Transparenz über den gesamten Verlauf der Analyse hinweg zu gewährleisten. Abbildung 1.4 bildet den gesamten Prozess mit seinen einzelnen Arbeitsschritten ab.

Der Verlauf einer soziologischen Film- und Fernsehanalyse lässt sich in drei Phasen untergliedern:

Ziel der *ersten Phase* ist es, das Forschungsdesign des Projekts zu entwerfen. Dazu gehört u. a., dass man die (vorläufige) Forschungsfrage entwickelt, sich mit dem aktuellen Forschungsstand zu diesem Thema vertraut macht sowie die Relevanz einer solchen Forschung formuliert (siehe dazu Kap. 2). Die *zweite Phase* umfasst die detaillierte Arbeit am filmischen Material. Hier werden die medialen Produkte protokolliert, analysiert und interpretiert (siehe dazu Kap. 3–5). In der *dritten Phase* geht es um das Verfassen des Abschlussberichts einer Film- und Fernsehanalyse, der die Ergebnisse im Rahmen eines Referats, einer Hausarbeit oder auch einer Abschlussarbeit bündelt (siehe dazu Kap. 6).

Wichtig dabei ist, dass die Arbeitsschritte in Phase eins und zwei in jeder Film- und Fernsehanalyse zwar zunächst nacheinander bearbeitet werden, die Analyse insgesamt aber immer zirkulär verläuft. Der Prozess beschränkt sich also nicht auf ein einmaliges lineares Abarbeiten der einzelnen Schritte, sondern der Wissenszuwachs, der sich im Laufe eines Projekts seitens der Forschenden einstellt, muss in jeder Phase berücksichtigt und integriert werden. Das betrifft die Phase der Konzeption ebenso wie die der Analyse. Der Wissenszuwachs ist daher ein konstitutiver Bestandteil des

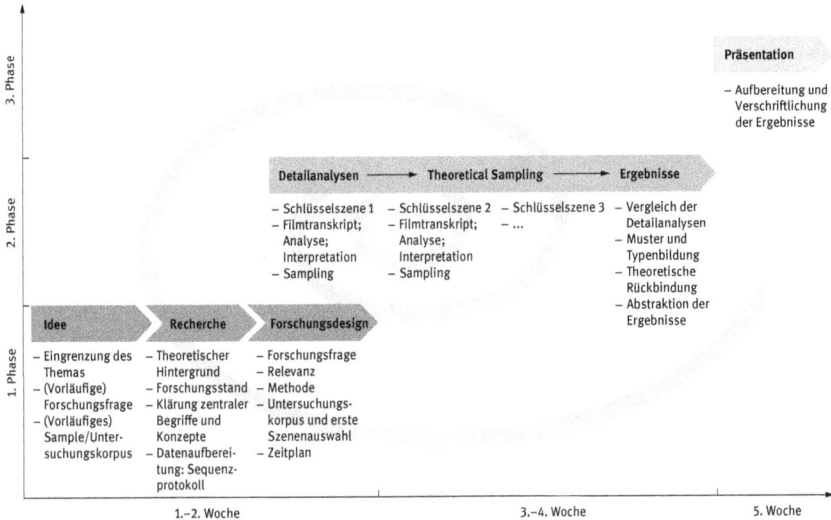

Abb. 1.4: Der Forschungsprozess (eigene Darstellung). Die Zeitangaben auf der x-Achse beziehen sich auf eine Film- und Fernsehanalyse im Rahmen einer Seminararbeit.

gesamten Prozesses. Diesem muss Rechnung getragen werden, indem zum Ende eines jeden Arbeitsschritts eine Phase der Reflexion erfolgen und damit je nachdem auch eine Korrektur bisheriger Annahmen oder Vorgehensweisen vorgenommen werden muss. Der Forschungsprozess muss flexibel genug sein, diese Veränderungen berücksichtigen zu können, um schließlich bestmögliche Ergebnisse zu erzielen. Nur ein zyklisch angelegter Forschungsprozess „ermöglicht die permanente Hinterfragung des verfügbaren Wissens sowie die kritische Abstimmung und Modifikation der aus dem jeweiligen Wissensstand abgeleiteten Anforderungen an Fragestellungen und Analyseverfahren (Erhebung und Interpretation), die zu einem besseren Verständnis des Untersuchungsbereichs beitragen" (Froschauer und Lueger, 2009, S. 72). Ein solches Vorgehen entspricht dem Prinzip des sogenannten ‚hermeneutischen Zirkels'. Da dieser den gesamten Forschungsprozess begleitet und den grundsätzlichen Modus qualitativen Forschens anschaulich beschreibt, haben wir ihn in unsere Abbildung des Forschungsprozesses integriert (Abb. 1.4).

Neben intersubjektiver Nachvollziehbarkeit, Offenheit und Kohärenz sind die Reflexionsphasen im zyklischen Vorgehen die vierte Stellschraube für die Güte qualitativer Forschung. Die Integration des *systematischen Zweifelns* im Verlauf einer Film- und Fernsehanalyse bezieht sich auf sämtliche Ebenen der Untersuchung: Zweifel an den Vor-Urteilen des Interpreten, Zweifel an den Gewissheiten, von denen wir im Alltag ausgehen und ausgehen müssen, wenn wir sinnvoll handeln wollen, Zweifel aber auch an den Gewissheiten der Wissenschaft und vor allem Zweifel an allzu vereinfachenden und reduktionistischen Erklärungen. Nur so lassen sich die selbstverständlichen Strukturen, Routinen und Funktionen des Alltagswissens gerade auch im Umgang mit medialer Kommunikation offenlegen.

Checkliste: Was sind die Gütekriterien qualitativer Forschung?
- Kohärenz des Forschungsprozesses
- Offenheit und Flexibilität (Theoretical Sampling)
- Intersubjektive Nachvollziehbarkeit durch Transparenz und Explikation
- Reflexionsphasen (systematisches Zweifeln)

Das Forschungsdesign enthält alle wichtigen Informationen zur Anlage einer soziologischen Film- und Fernsehanalyse und sagt bereits viel über deren Qualität aus. Wie sich ein solches Forschungsdesign zusammenstellen lässt, darum geht es im folgenden Kapitel.

1.4 Literatur

Berger, Peter L. und Luckmann, Thomas ([1966] 2009). Die gesellschaftliche Konstruktion der Wirklichkeit: Eine Theorie der Wissenssoziologie. Frankfurt a. M.: Fischer.
Brooks, Xan (2012, 22.03). Jafar Panahi: arrested, banned and defying Iran with his new film. Abgerufen von: http://www.theguardian.com/film/2012/mar/22/jafar-panahi-arrested-banned-iran (zuletzt am 09.06.2015).
Flick, Uwe, v. Kardorff, Ernst und Steinke, Ines (2005). Was ist Qualitative Forschung? Einleitung und Überblick. In Uwe Flick, Ernst v. Kardorff und Ines Steinke (Hg.), Qualitative Forschung: Ein Handbuch (S. 13–29). Reinbek bei Hamburg: Rowohlt.
FOCUS Magazin (2010, 11.10). So machen Sie mehr Geld … (Cover). 2010/41.
Friedmann, Georges und Morin, Edgar ([1952] 2010). Soziologie des Kinos. montage/AV, 19(2), S. 21–42.
Froschauer, Ulrike und Lueger, Manfred (2009). Interpretative Sozialforschung: Der Prozess. Wien: UTB.
Glaser, Barney G. und Strauss, Anselm L. (1979). Die Entdeckung gegenstandsbezogener Theorie. Eine Grundstrategie qualitativer Sozialforschung. In Christel Hopf und Elmar Weingarten (Hg.), Qualitative Sozialforschung (S. 91–111). Stuttgart: Klett-Cotta.
Keller, Reiner (2012). Das Interpretative Paradigma. Wiesbaden: Springer VS.
Keppler, Angela (2015). Das Fernsehen als Sinnproduzent: Soziologische Fallstudien. München: De Gruyter Oldenbourg.
Keppler, Angela (2006). Mediale Gegenwart: Eine Theorie des Fernsehens am Beispiel der Darstellung von Gewalt. Frankfurt a. M.: Suhrkamp.
Kurt, Ronald (2004). Hermeneutik. Eine sozialwissenschaftliche Einführung. Konstanz: UTB/UVK.
Luckmann, Thomas (1986). Grundformen der gesellschaftlichen Vermittlung des Wissens: Kommunikative Gattungen. In Friedhelm Neidhardt, M. Rainer Lepsius und Johannes Weiß (Hg.), Kultur und Gesellschaft. Sonderheft 27 der „Kölner Zeitschrift für Soziologie und Sozialpsychologie". Opladen: Westdeutscher Verlag, S. 191–211.
Luhmann, Niklas (1996). Die Realität der Massenmedien. Opladen: Westdeutscher Verlag.
Myanmar Officials Watched 'The West Wing' To Learn Democracy (2012, 20.11.) The Huffington Post. Abgerufen von http://www.huffingtonpost.com/2012/09/20/myanmar-the-west-wing-clinton_n_1899897.html (zuletzt am 11.02.2015).

Rutenberg, Jim (2004, 05.05). Disney Forbidding Distribution of Film That Criticizes Bush. Abgerufen von http://www.nytimes.com/2004/05/05/national/05DISN.html (zuletzt am 19.02.2015).
Soeffner, Hans-Georg (1999). Verstehende Soziologie und sozialwissenschaftliche Hermeneutik: die Rekonstruktion der gesellschaftlichen Konstruktion der Wirklichkeit. In Ronald Hitzler, Jo Reichertz und Norbert Schröer (Hg.), Hermeneutische Wissenssoziologie (S. 39–50). Konstanz: Universitätsverlag.
The Economist (2010, 01.05). Acropolis Now. Europe's dept crisis spins out of control (Cover). 2010/05.
Wagenknecht, Sahra (2011, 08.12). Schluss mit Mephistos Umverteilung! Frankfurter Allgemeine Zeitung, S. 29.
Wulff, Hans J. (2001). Konstellationen, Kontrakte und Vertrauen. Pragmatische Grundlagen der Dramaturgie. montage/av, 10(2), S. 131–154.

1.5 Film- und Fernsehsendungen

About:Kate (D 2013, arte)
Apocalypse Now (USA 1979, R: Francis Ford Coppola)
Blood Diamond (USA/D 2006, R: Edward Zwick)
Börse vor acht (D seit 2000, Das Erste, Moderation: Anja Kohl u. a.)
Das Herz von Jenin (D 2008, R: Marcus Vetter und Leon Geller)
Fahrenheit 9/11 (USA 2004, R: Michael Moore)
Germany's Next Topmodel (D seit 2006, ProSieben, Moderation: Heidi Klum)
Gomorrah (I 2008, R: Matteo Garrone)
Herzkino.ZDF (k. D.). Abgerufen von http://herzkino.zdf.de (zuletzt am 11.02.2015)
How to train your Dragon 2 (USA 2014, R: Dean DeBlois)
Ich bin ein Star – Holt mich hier raus! (AUS/D seit 2004, RTL, Moderation: Sonja Zietlow u. a.)
Inglourious Basterds (USA/D 2009, R: Quentin Tarantino)
Kill Bill (USA 2003, R: Quentin Tarantino)
Mann/Frau (D seit 2014, BR)
Neo Magazin Royale (D seit 2013, ZDFneo/ZDF, Moderation: Jan Böhmermann)
Noah (CAN 2013, R: Patrick Cederberg und Walter Woodman)
Roche & Böhmermann (D 2012, ZDFkultur, Moderation: Charlotte Roche und Jan Böhmermann)
Shooting Dogs (D/GB 2005, R: Michael Caton-Jones)
Sportschau (D seit 1961, Das Erste, Moderation: Gerhard Delling u. a.)
Tagesschau (D seit 1952, Das Erste, Moderation: Jan Hofer u. a.)
The Dark Knight (USA/UK 2008, R: Christopher Nolan)
The Dark Knight Rises (USA/UK 2012, R: Christopher Nolan)
The Ides of March (USA 2011, R: George Clooney)
The West Wing (USA 1999–2006, NBC)
This is not a Film (IR 2011, R: Jafar Panahi und Mojtaba Mirtahmasb)
TV Noir (D seit 2008, ZDFkultur, Moderation: Tex Drieschner)
Wall Street (USA 1987, R: Oliver Stone)
Wall Street: Money Never Sleeps (USA 2010, R: Oliver Stone)
Wer wird Millionär (D seit 1999, RTL, Moderation: Günther Jauch)

2 Forschungsdesign

In diesem Kapitel werden die Arbeitsschritte dargelegt, die zum Forschungsdesign für das je eigene Projekt führen. Zentrale Fragen, die hier beantwortet werden, lauten: Wie komme ich zu einer Forschungsfrage? Wie ist das Erkenntnisinteresse zu begründen (Kap. 2.1)? Wie stelle ich mein Untersuchungskorpus zusammen (Kap. 2.2)? Mit der Frage nach dem Korpus geht auch die Frage nach der Datenaufbereitung einher, weshalb wir bereits in diesem Kapitel auf das Sequenzprotokoll eingehen werden (Kap. 2.2). Anschließend geben wir sowohl ein Beispiel für ein Forschungsdesign aus dem Bereich Fernsehen (Kap. 2.3), als auch ein Beispiel für ein Forschungsdesign aus dem Bereich Film (Kap. 2.4). Das Kapitel endet mit der Anleitung zur Erstellung eines Projekthandbuchs als Hilfestellung bei Konzeption und Durchführung einer Film- und Fernsehanalyse (Kap. 2.5).

Der Forschungsprozess einer Film- und Fernsehanalyse lässt sich in drei Phasen einteilen: In der ersten Phase wird das Forschungsdesign angelegt. In der zweiten Phase wird die Analyse durchgeführt und in der dritten Phase werden die Ergebnisse verschriftlicht (siehe Abb. 1.4, Kap. 1.3). In der ersten Phase gilt es zunächst, das spezifische Erkenntnisinteresse der jeweiligen Film- und Fernsehanalyse zu bestimmen. Dazu gehört, dass man eine erste Forschungsfrage formuliert, sich mit dem aktuellen Forschungsstand zu diesem Thema vertraut macht sowie die Relevanz einer solchen Forschung darlegt. Hat man diese Aspekte geklärt, so lässt sich das Forschungsdesign der Studie anlegen. Dessen Erstellung steht zu Beginn einer jeden Film- und Fernsehanalyse und daran führt auch kein Weg vorbei.

Das Forschungsdesign ist die Visitenkarte einer Film- und Fernsehanalyse. Es dient nicht nur der Systematisierung und Planung der eigenen Forschung, sondern gibt am Ende einer Film- und Fernsehanalyse auch Aufschluss über die Aussagekraft der gewonnenen Untersuchungsergebnisse. Sinn und Zweck des Forschungsdesigns ist es, *begründet* und *nachvollziehbar* darzulegen, *wie* das je eigene Erkenntnisinteresse untersucht werden soll. Man erläutert die Wahl der Methode, die Zusammenstellung des Untersuchungskorpus, das Ziel der Forschung und legt dar, worin die Relevanz des Ganzen besteht. Das Forschungsdesign gibt wichtige Einblicke in die jeweilige Forschungssystematik und trägt damit zentral zur intersubjektiven Nachvollziehbarkeit einer Studie bei.

Die Ausformulierung des Forschungsdesigns dient nicht zuletzt auch dem Forschenden selbst. Es hilft dabei, den Überblick zu bewahren und für mögliche Schwierigkeiten, die im Rahmen der Analyse auftreten könnten, gewappnet zu sein. Das Forschungsdesign unterstützt also nicht nur die intersubjektive Nachvollziehbarkeit einer Analyse, sondern zwingt einen auch selbst dazu, sich – frühzeitig – über die eigenen Ziele klar zu werden.

 Aufgabe des Forschungsdesigns ist es, folgende Punkte zu klären:
- Erkenntnisinteresse: Thema und Arbeitstitel, Forschungsfrage, theoretischer Hintergrund, Forschungsstand, Relevanz
- Methode
- Zusammenstellung des Untersuchungskorpus (Sample)
- Projektplan unter Berücksichtigung zeitlicher und personeller Ressourcen

Nachfolgend werden wir die einzelnen Punkte näher erläutern. Wir beginnen mit dem Erkenntnisinteresse, bevor wir auf die Zusammenstellung des Untersuchungskorpus, das Sequenzprotokoll sowie auf zwei konkrete Forschungsdesigns von soziologischen Film- und Fernsehanalysen zu sprechen kommen.

2.1 Erkenntnisinteresse

Das Erkenntnisinteresse ist Ausgangspunkt und Motor eines jeden Projekts. Es umfasst das anvisierte Thema und die dazugehörige Forschungsfrage. Im Rahmen des Erkenntnisinteresses wird erläutert, warum Sie sich für ein Thema entschieden haben und unter welcher Fragestellung Sie sich dem jeweiligen Produkt nähern werden.

Das **Erkenntnisinteresse** einer soziologischen Film- und Fernsehanalyse umfasst die Forschungsfrage und damit das Grundproblem des Projekts sowie dessen Zielsetzung. Daraus geht die Relevanz des gewählten Themas sowie die theoretische Ausgangsposition hervor.

Richtet sich das Erkenntnisinteresse auf Untersuchungsgegenstände aus den Bereichen Film und Fernsehen, so bietet sich eine soziologische Film- und Fernsehanalyse als die Methode der Wahl an. So unstrittig dieser erste Satz auch klingen mag, so knüpft hieran doch eine ganz grundlegende Frage an, nämlich: Welche soziologisch relevante Erkenntnis kann mithilfe einer Analyse der Produkte aus Film- und Fernsehen überhaupt gewonnen werden? Die Kurzantwort darauf lautet (die lange Version ist dem vorangegangenen Kapitel zu entnehmen): Die Produkte aus Film und Fernsehen interessieren als Untersuchungsgegenstände (nicht nur) in der Soziologie, da sie einen zentralen Bestandteil der sozialen Konstruktion von Wirklichkeit darstellen. Filme, Serien, Gameshows sowie viele weitere audiovisuelle Produkte der Medienunterhaltung und -information sind aussagekräftige Indikatoren ihres jeweiligen soziokulturellen Umfelds. Sie fungieren als Archivare und Vermittler des Zeitgeists und stellen einen produktiven Zugang zum Wissensvorrat einer Gesellschaft dar. In der Präsentation der Produkte werden Normen, Werte und Wissen öffentlich vermittelt, wodurch die kommunikativen Angebote aus Film und Fernsehen einen wichtigen Beitrag zum Aufbau der sozialen Welt der Zuschauer leisten. Eben diese Normen und Werte sowie dieses Wissen kann die soziologische Film- und Fernsehanalyse freilegen. Ihr Ziel ist ein intersubjektiv nachvollziehbares Verständnis und Aufzeigen der Sichtweisen, die durch die Machart der betreffenden Produkte angeboten werden. Sie kann zeigen, wie bestimmte Themen – beispielsweise Sterbehilfe in Michael Hanekes Film *Amour* (F/D/AT 2012) – in medialen Produkten dargestellt und damit immer auch auf eine bestimmte Art und Weise gerahmt und zur Diskussion angeboten werden. Die Film- und Fernsehanalyse ist ein Weg, zu verstehen, *warum* diese Produkte *wie* verstanden werden können. Dies ist das *generelle* Erkenntnisinteresse einer Film- und Fernsehanalyse aus mediensoziologischer Perspektive, welches es in jeder einzelnen Film- und Fernsehanalyse in das je *spezifische* Erkenntnisinteresse und damit auch in eine konkrete Forschungsfrage zu übersetzen gilt.

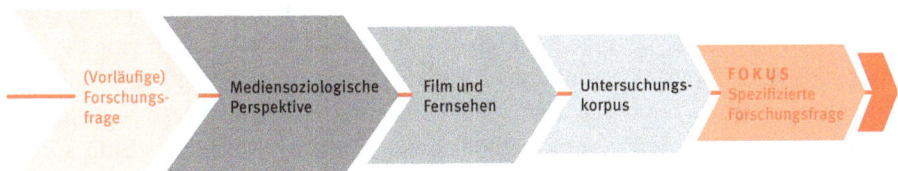

Abb. 2.1: Vom allgemeinen zum spezifischen Erkenntnisinteresse einer soziologischen Film- und Fernsehanalyse (eigene Darstellung)

Formulierung der Forschungsfrage

Forschungsfragen, für die sich eine soziologische Film- und Fernsehanalyse als Methode eignet, zielen auf das Wissen und die Wertungen ab, die *mediale Produkte* dem Nutzer durch ihre Gestaltung zur Verfügung stellen. Ausgangspunkt für diesen Zuschnitt der Methode bildet die Annahme, dass mediale Produkte in ihrer Art der Darstellung eine spezifische Sicht auf die jeweils präsentierten Themen anbieten. Die Frage nach den Darstellungspraktiken ist daher immer auch die Frage danach, wie bestimmte Themen gerahmt und/oder verhandelt werden. Die inhaltlichen Aspekte der medialen Untersuchungsgegenstände sind mit den formalen, also den ästhetischen, Aspekten der Produkte aufs Engste verwoben. Ohne eine Untersuchung des *Wie* kann es keine Beantwortung des *Was* geben. Forschungsfragen nach der filmischen Darstellung sind daher in der Regel *Wie*-Fragen und müssen immer relativ offen formuliert werden, um der besonderen Form der filmischen Darbietung auf jeden Fall gerecht werden zu können.

Beides – Erkenntnisinteresse und Forschungsfrage – gilt es zu Beginn des Projekts schriftlich festzuhalten. Dabei gelten für die Forschungsfrage insbesondere zwei Bedingungen: Sie muss ebenso klar wie offen gestellt sein. Es kann sich zu diesem Zeitpunkt des Projekts zwar nur um eine vorläufige Formulierung der Forschungsfrage handeln, da sich die Fragestellung im Laufe der Analyse noch wandeln wird, dennoch stellt die frühzeitige Formulierung der Fragestellung einen wichtigen Klärungsprozess für das gesamte Projekt dar. Erst, wenn man sich über die Marschrichtung, welche eine Forschungsfrage nun einmal vorgibt, im Klaren ist, kann das Projekt wirklich beginnen.

Warum muss die Forschungsfrage eine (1.) zunächst vorläufige und (2.) offene Fragestellung sein? Beide Fragen lassen sich klären, indem man sich noch einmal den Charakter qualitativer Forschung vergegenwärtigt, nämlich, dass es sich hierbei um eine „entdeckende Wissenschaft" (Flick, von Kardorff und Steinke, 2005, S. 24) handelt. Es geht um nichts Geringeres als darum, Neues in den Daten zu entdecken; etwas, das man vorher so zumindest noch nicht wusste. Darum können die entsprechenden Forschungsfragen im Prinzip auf nichts – bzw. nicht viel – zurückgreifen und *müssen* sich dem Untersuchungsgegenstand gegenüber offen zeigen. Im weiteren Verlauf der Film- und Fernsehanalyse verändert sich dieses Wissen in aller Regel, womit im besten Fall eine Konkretisierung, manchmal aber auch eine Revidierung, des Forschungsfokus einhergeht. Die ständig notwendige Reflexion und eine daraus eventuell folgende Anpassung der Forschungsfrage im Fortgang der Analyse ist notwendiger Bestandteil des methodischen Vorgehens. In diesem Sinn spricht Maxwell davon, dass Forschungsfragen der Anfang und auch das Ergebnis eines Forschungsdesigns sind (vgl. Maxwell, 1996, S. 49).

Der erste Schritt, die Formulierung der Forschungsfrage, ist also ein ganz zentraler Schritt. Die Forschungsfrage ist der Kompass eines jeden Projekts mit weitreichenden Konsequenzen: An ihr richtet sich die Erarbeitung des Forschungsstands aus, die Arbeit am filmischen Material sowie die Diskussion der Ergebnisse am Ende des Projekts. Eine Film- und Fernsehanalyse ohne Forschungsfrage ist wie ein Baum ohne Stamm, das kann nicht funktionieren und ergibt einfach keinen Sinn. Versucht man ein Projekt dennoch mit einer nur vagen Vorstellung des eigenen Erkenntnisinteresses durchzuführen, läuft man unweigerlich Gefahr, sich im Unspezifischen zu verzetteln. Denn wenn keine Klarheit über den Fokus der Analyse besteht, kann z. B. weder begründet werden, nach welchen Kriterien man sein Untersuchungskorpus generieren wird, noch unter welchen Aspekten man sich dem jeweiligen Material annähern möchte. Entscheidungen darüber müssen im Laufe einer Film- und Fernsehanalyse immer wieder getroffen werden und lassen sich nur mit einem konkreten Forschungsfokus stimmig *begründen*.

Film- und Fernsehanalysen operieren mit **offenen Forschungsfragen**. Die Forschungsfrage ist der Kompass für Ihr Forschungsprojekt. An ihr orientieren sich alle weiteren Arbeitsschritte: die Erstellung des Forschungsstands, das Untersuchungskorpus, die Analyse selbst und die Diskussion der Ergebnisse. Dennoch muss die erste Fassung der Fragestellung immer als eine vorläufige gelten, die im Lauf der Forschung nachjustiert werden kann, sofern das Material dies erfordert. Mit der konkreten Forschungsfrage lässt sich das Forschungsdesign einer Film- und Fernsehanalyse anlegen.

Checkliste: Folgende Punkte sollten bei der Formulierung der Forschungsfrage bedacht werden:
- Forschungsfragen müssen klar und eindeutig formuliert sein.
- Forschungsfragen müssen offen formuliert sein.
- Ist der Satzbau Ihrer Fragestellung zu komplex (Stichwort Schachtelsätze), sollten Sie folgende drei Punkte überdenken: (1.) Enthält Ihre Forschungsfrage mehrere Forschungsinteressen? Wenn ja, entscheiden Sie sich für eins der Themen. (2.) Ist dies nicht möglich, machen Sie zwei Fragen daraus und setzen Sie die Fragen in ein Verhältnis zueinander (Leitfrage und Folgefrage). (3.) Entfernen Sie alle Vorannahmen aus der Forschungsfrage und formulieren Sie sie noch einmal neu.
- Fällt das Formulieren der Forschungsfrage von Anfang an schwer: Beginnen Sie Ihre Forschungsfrage mit einem *Wie*.

Wir wollen Ihnen im Folgenden verschiedene Möglichkeiten aufzeigen, wie man zu sinnvollen Forschungsfragen für soziologische Film- und Fernsehanalysen gelangen kann und was bei ihrer Formulierung zu beachten ist. Zu Beginn einer Film- und Fernsehanalyse steht häufig erst einmal nur eine Widersprüchlichkeit oder Auffälligkeit, die man beobachtet hat: Sei es, dass bei *Roche & Böhmermann* (D 2012, ZDFkultur) geraucht und Whiskey getrunken wird, dass die Serie *Girls* (USA seit 2012, HBO) wie ein Gegenentwurf zu *Sex and the City* (USA 1998–2004, HBO) wirkt oder auch, dass die Gewaltdarstellung in *Drive* (USA 2011, R: Nicolas Winding Refn) auffällig ist. Manchmal steht zu Beginn einer Film- und Fernsehanalyse sogar nur das Format oder eine einzelne Sendung fest, beispielsweise die Mockumentary *Exit through the Gift Shop* (UK 2010, R: Banksy) oder der WDR-Vierteiler *Endlich Deutsch!* (D 2014, R: Lutz Heineking, jr.). Man weiß noch gar nicht so genau, was einen an diesem Format interessiert, sondern nur, dass es einen interessiert. Und genau dieses erste Interesse gilt es zu explizieren, nicht zuletzt, um entscheiden zu können, ob sich dahinter überhaupt auch ein relevantes Thema verbirgt. Zu diesem Zweck heißt es nun, Schritt für Schritt das potenzielle Thema weiter ein- und auch von anderen möglichen Themen abzugrenzen. Denn es ist eine grundlegende Eigenschaft medialer Produkte, dass sie in der Regel mehrere Themen und Fragestellungen zulassen. Im Folgenden werden wir nun sowohl an einem Beispiel für ein Format des Fernsehens als auch für einen Kinofilm exemplarisch den Weg von einer ersten Beobachtung zu einer Forschungsfrage nachzeichnen.

Forschungsfrage Fernsehen

Nehmen wir als Beispiel die Rubrik *#meantweets* aus der Late-Night-Show *Jimmy Kimmel Live!* (USA seit 2003, ABC), die seit dem 22.03.2012 regelmäßig und mit großem Erfolg gesendet wird. In der Rubrik werden u. a. Stars dazu aufgefordert, die gemeinsten Tweets, die sie je über sich erhalten haben, vorzulesen und gegebenenfalls zu kommentieren. Die einzelnen Statements der Stars werden direkt hintereinander geschnitten. Der finale Einspielfilm, der in der Sendung ausgestrahlt wird, dauert circa zwei Minuten und ist anschließend beispielsweise auch auf dem Online-Videoportal YouTube abrufbar. Alles, was wir zu diesem Zeitpunkt also haben, ist nicht mehr als ein aktuelles und populäres Phänomen, das in seinem kommunikativen Gestus auffällt. Damit haben wir aber immerhin schon einmal einen Anfang.

Abb. 2.2–2.4: Stills aus *#meantweets 7* (*Jimmy Kimmel Live!*, 22.05.2014)

Ein Weg, wie man nun zu einer tragfähigen Forschungsfrage gelangen kann, führt über den Versuch, den Gegenstand genauer zu beschreiben: Was kennzeichnet den Untersuchungsgegenstand – in unserem Fall die Rubrik *#meantweets*? Die Beantwortung dieser Frage, die sich an jeden beliebigen filmischen Gegenstand richten lässt, führt zu den Auffälligkeiten des Produkts. Bei der Rubrik *#meantweets* beispielsweise fällt auf, dass hier die sogenannten ‚Neuen Medien' auf das ‚alte Medium' Fernsehen treffen. Dies allerdings verursacht keinen televisuellen Kollaps, sondern die Inhalte aus den Neuen Medien gehen hier mit den ästhetischen Bedingungen des Fernsehens eine Verbindung ein, die das Publikum sogar zum Lachen bringt.

Von einer solchen Beobachtung lassen sich erste potenzielle Forschungsfragen ableiten und zwar indem Sie schlicht nach den Aspekten fragen, die auffällig, aber noch nicht erklärt sind. Die Kunst und Krux bei der Formulierung der Forschungsfrage besteht also genau darin, nach etwas zu fragen, was man (noch) nicht kennt. Bleiben wir bei unserem Beispiel: Auffällig, so haben wir gesagt, ist das Zusammentreffen von Neuen Medien (Twitter) und klassischen Medien (Fernsehen) in der Rubrik *#meantweets*. Die Forschungsfrage, die genau nach diesem Aufeinandertreffen fragt, kann lauten: Wie werden die Neuen Medien durch ihre Verwendung in der Rubrik *#meantweets* in ein Fernsehformat integriert?

Die Relevanz einer solchen Fragestellung ergibt sich aus dem Erkenntnisinteresse, von dem die Forschungsfrage ihren Ausgang nimmt. Die Aufgabe des

Erkenntnisinteresses besteht darin, den Forschungsfokus theoretisch und disziplinär zu rahmen. Bleiben wir bei der Rubrik #meantweets: Interessiert man sich aus mediensoziologischer Perspektive für Themen wie Medienkonvergenz, für den Wandel des Leitmediums Fernsehen im digitalen Zeitalter oder für Formen televisueller Interaktion, ist der Zuschnitt auf ein solches Format im Rahmen einer Hausarbeit durchaus sinnvoll und die Fragestellung wird relevant. Die Rahmung der Forschungsfrage durch deren theoretische Verortung sowie die Klärung ihrer Relevanz ist Bestandteil eines jeden Forschungsdesigns. Eine Forschungsfrage ohne Relevanz ist keine Forschungsfrage. Wir kommen darauf zurück.

Die Frage nach der Integration der sozialen Medien in ein Fernsehformat ist natürlich nur ein Aspekt, unter dem man sich der Rubrik #meantweets annähern kann. Weitere Möglichkeiten eröffnen sich, indem man andere Auffälligkeiten in den Fokus der Frage rückt, z. B.: Wie wird der Star in der Rubrik #meantweets dargestellt? Oder: Wie wird die kommunikative Gattung des Klatschs in der Rubrik #meantweets modifiziert? Für welchen Fokus Sie sich letztlich entscheiden, hängt stets von Ihrem Erkenntnisinteresse ab: Interessieren Sie sich z. B. für die Rolle des Stars und dafür, ob sich sein „außerfilmisches Image" (Lowry, 1997, S.11) durch einen Twitter-Account verändert, liegt die Wahl des Fokus auf der Hand. Ebenso, wenn Sie sich für Varianten etablierter „kommunikativer Gattungen" (vgl. z. B. Luckmann, 1986) der alltäglichen Kommunikation wie dem Klatsch im Zuge des medialen Wandels interessieren.

Forschungsfrage Film
Der Weg zur Forschungsfrage für eine Filmanalyse verläuft ähnlich wie bei den Produkten des Fernsehens. Nehmen wir als Beispiel den Film *Sin City* (USA 2005, R: Robert Rodriguez und Frank Miller), eine recht brutale Comic-Adaption in Schwarz-Weiß mit einigen wenigen farbigen Elementen, z. B. einem grünen Augenpaar, dem gelben Körper des Bösewichts Yellow Bastard (Abb. 2.7) und natürlich immer wieder auch dem roten Blut auf den schwarz-weißen Körpern der Protagonisten. Auffällig ist der Film also allein schon aufgrund seiner Gestaltung. Interessant daran ist aber nun, dass, obwohl der Film sich um eine wenig realistische Ästhetik bemüht, er eine erstaunlich intensive Debatte über seine Art der Gewaltdarstellung anzettelte. Die Liste der *External Reviews* auf der Onlineplattform International Movie Database ist beispielsweise mehr als 350 Einträge lang (Sin City (2005): External Reviews, www.imdb.com). Diese gibt einen Ausschnitt des Diskurses wieder, in welchem sich die Kritiker völlig uneinig darüber sind, ob *Sin City* nun Kino in Vollendung sei oder einfach nur Trash, der „in einer wichtigtuerischen Optik menschenverachtend, sadistisch und distanzlos Gewaltverherrlichung betreib[e]" (Götz, 2005, www.filmzentrale.com).

Abb. 2.5–2.7: Stills aus *Sin City*

Der Kritikerstreit im Falle von *Sin City* ist ein deutlicher Hinweis darauf, dass die Spielräume sozialen Wissens bezüglich der Verwendung von Gewalt in diesem Film neu ausgelotet werden. Genau an diesem Punkt kann eine soziologische Filmanalyse ansetzen. Auf die Frage ‚Was kennzeichnet den Untersuchungsgegenstand – in unserem Fall *Sin City*?' lässt sich vor diesem Hintergrund also zunächst antworten: die ebenso ausführliche wie verfremdete Darstellung von Gewalt, durch die der Film wiederum die Reflexion gesellschaftlicher Bewertungsprozesse von Gewalt voranzutreiben scheint (Kritikerdiskurs). Eine dazu passende Forschungsfrage müsste lauten: Welche Spielräume von sozialem Wissen über Gewalt werden in *Sin City* verhandelt? Oder etwas schlichter formuliert: Wie wird Gewalt in *Sin City* dargestellt? Der thematische Rahmen einer solchen Forschungsfrage wäre in diesem Fall das interdisziplinär bestellte Forschungsfeld rund um das Verhältnis von Medien und Gewalt, welches dann im Rahmen des Forschungsstands der Studie entsprechend aufbereitet würde.

Fragen dieser Art geht eine soziologische Film- und Fernsehanalyse nach, die sich dabei immer auch als Gesellschaftsanalyse versteht. Denn die Analyse der Darstellungsweisen von Gewalt in *Sin City* trägt Wesentliches zum Verständnis des sozialen Wissens über Gewalt bei. Eine Analyse der Darstellungsweisen berücksichtigt immer auch das Produktionsumfeld eines Films, seine Entstehungszeit und seinen soziokulturellen Kontext, auf den sich die filmischen Angebote stets beziehen. Aufgrund dieser soziopolitischen Sättigung der Produkte lassen sich im Fazit einer solchen Analyse auch Fragen diskutieren wie: ‚Inwiefern ist die Gewaltdarstellung in *Sin City* so skandalös?' oder ‚Was sind die ästhetischen und sozialen Bedingungen dafür, dass ein solcher Film zum entsprechenden Zeitpunkt in die Kinos kommt?'.

! **Forschungsfragen** heben immer Aspekte eines Untersuchungsgegenstands hervor, die Wesentliches zur Analyse des Kernthemas, der sozialtheoretischen Grundfrage des Produkts und damit auch des Projekts, beitragen.

Ein anderer Weg zur Forschungsfrage führt über das Thema – die Grundfrage – des jeweiligen Untersuchungsgegenstands. Denn der Telos der Forschungsfrage und das Thema des Untersuchungsgegenstands stehen in der Regel in einer engen Verbindung miteinander. Der Weg zum Thema führt über drei analytisch unterscheidbare Formen, durch die wiedergegeben werden kann, wovon ein Produkt handelt. Entweder man gibt den *Plot* einer Geschichte wieder oder die *Story* oder man bringt kurz und knapp das *Thema* des Ganzen auf den Punkt. Drei grundlegende Begriffe also, wenn es darum geht, festzuhalten, ‚worum es geht', die sich aber ganz wesentlich in ihrem Grad der Ausführlichkeit und Abstraktion unterscheiden (vgl. dazu auch Bordwell und Thompson, 2010).

Der *Plot* ist der chronologisch wiedergegebene Handlungsablauf eines Films. Hier wird festgehalten, was sich wann, wo, wie und mit welchen Figuren ereignet hat. Der Plot organisiert die Informationsvergabe der Geschichte für den Rezipienten, indem er „wichtige Handlungselemente auslässt, andere stark betont, nichtnarrative (deskriptive) Einheiten in breiter Form darstellt, die chronologische Abfolge der Handlung umstellt oder die Zeit der Geschichte extrem rafft" (Borstnar, Pabst und Wulff, 2002, S. 152). Im Fall von *Sin City* würde eine Wiedergabe des Plots wie folgt beginnen: Es ist Nacht. Eine Frau zieht sich alleine von einer Party auf eine große Dachterrasse zurück. Ein Mann folgt ihr, bietet ihr eine Zigarette an, gesteht ihr seine Liebe, küsst und erschießt sie. Die Wiedergabe würde wie folgt enden (dazwischen lagen 115 weitere beschriebene Filmminuten): Becky geht mit Armbinde einen Krankenhausflur entlang, während sie mit ihrer Mutter telefoniert. Sie betritt den Fahrstuhl, in dem sie ein fremder Mann (der Mann aus der ersten Szene) mit Namen anspricht und ihr eine Zigarette anbietet. Becky verabschiedet sich von ihrer Mutter und legt auf.

Die *Story* hingegen gibt nicht den Verlauf, sondern die Kerngeschichte eines Films wieder. Indem man die Story formuliert, benennt man erste Bedeutungsschichten, die die einzelnen filmischen Handlungsabläufe nicht unmittelbar zur Anschauung bringen, sehr wohl aber transportieren. Im Fall von *Sin City* ließe sich die Story beispielsweise wie folgt zusammenfassen: *Sin City* zeichnet in vier lose miteinander verknüpften Erzählsträngen das düstere Bild einer fiktiven Stadt, in der nur noch ein Gesetz, das des Stärkeren, zu gelten scheint. Korruption, Prostitution, Kinderschändung, Kannibalismus, Vergewaltigung, Erpressung und jede Menge weitere Formen von Gewalt bestimmen den Alltag in dieser Stadt der Sünde, in der die vier recht schlichten, aber tatkräftigen Helden John Hartigan, Marv, Dwight McCarthy und The Man versuchen, das vermeintlich Richtige zu tun. John Hartigan ist ein gealterter Polizist, der die junge Nancy Callahan vor dem perversen Yellow Bastard beschützen möchte, dafür selbst mordet und schließlich auch sein eigenes Leben für die Sicherheit Nancys opfert. Marvs exzessiver Rachefeldzug bildet den zweiten Erzählstrang des Films. Er will den Mord an seiner Goldie um jeden Preis rächen. Im dritten Erzählstrang will Dwight McCarthy seine Freundin Shellie vor ihrem gewalttätigen Exfreund beschützten, was letztlich zu einem Blutbad zwischen den Prostituierten und der korrupten Polizei in Old Town, dem Rotlichtviertel der Stadt, führt. Gerahmt werden die drei Handlungen durch zwei Auftritte von

The Man, einem Auftragskiller, der in beiden Sequenzen fehlerfrei und zuverlässig seiner Arbeit nachgeht.

Das *Thema* ist die Grundfrage, der sich ein Film stellt und um die sich letztlich die Handlung dreht. Mit der Formulierung des Themas bringt man den Sinn des Erzählten auf den Punkt. Während also Plot und Story sich mit der inhaltlichen Ebene des Films befassen, enthält das Thema das, wovon der Film im Kern erzählt, indem er seine Geschichte so erzählt, *wie* er sie erzählt. Bei *Sin City* ließe sich folgendes beispielsweise als Thema benennen: *Sin City* fragt nach der Rolle von Gewalt-Schauspielen in gegenwärtigen Gesellschaften. Die anspruchslosen Handlungsstränge und die Schlichtheit der Hauptfiguren gepaart mit exzessiven Gewaltdarstellungen weisen darauf hin, dass es in diesem Film nicht annähernd nur um die an sich schon fragwürdige Lösung von Konflikten durch Gewalt geht, sondern um die Ausstellung der üblichen Schauspiele filmischer Gewalt an sich. Damit bietet der Film mehr an, als nur die in der Filmkritik monierte ‚distanzlose Gewaltverherrlichung'. Er lädt vielmehr dazu ein, die Präsenz und Exaltiertheit von Gewalt in der Populärkultur zu hinterfragen. Eine Forschungsfrage, die sich von diesem Thema herleiten lässt, könnte lauten: ‚Wie wird Gewalt in *Sin City* dargestellt?'

Bei der **Formulierung von Forschungsfragen** für Produkte aus Film und Fernsehen gilt:
- Forschungsfragen für eine soziologische Film- und Fernsehanalyse konzentrieren sich zwar auf einen bestimmten Aspekt, fragen aber immer auch nach der ‚Moral von der Geschichte', nach der „gesellschaftlichen Pointe" wie es bei Brecht heißt (Brecht, 1967, S. 755).
- Ein kurzer Einspielfilm wie *#meantweets* ergibt bereits mindestens drei Forschungsfragen, von der Vielzahl an Möglichkeiten bei einem Spielfilm wie *Sin City* oder einer Fernsehserie ganz zu schweigen. Diese Mehrdeutigkeit ist ein Charakteristikum filmischer Produkte, der man bei jeder Film- und Fernsehanalyse aufs Neue begegnen wird. Gerade aber weil die Produkte immer verschiedene Zugänge anbieten, ist es aus forschungspragmatischer Perspektive dringend erforderlich, sich nur auf die Fragen zu konzentrieren, die man im Rahmen der jeweils angestrebten Form der Verschriftlichung auch sinnvoll beantworten kann. Darüber, welcher Aspekt fokussiert wird, entscheidet das Erkenntnisinteresse der Studie. Bei einer Filmanalyse von *Sin City* wird die Fragestellung eine andere sein, wenn Sie sich für Gewaltdarstellungen interessieren, als wenn Sie sich für die Frauenrollen interessieren, die der Film anbietet.
- Des Weiteren wird deutlich, dass man sich bei der Formulierung der Forschungsfrage in der Regel bereits etablierter Theorien oder Konzepte bedient, im Fall von *#meantweets* beispielsweise aus dem Forschungsfeld des Stars (Forschungsfrage 3) und im Falle von *Sin City* aus der Gewalt- oder der Geschlechterforschung. Deren Grundannahmen und Grundbegriffe gilt es im Vorfeld der Analyse zu klären und für das Forschungsdesign zu nutzen.
- Erste Formulierungshilfen für prägnant gestellte Forschungsfragen sind: Wie wird das Thema/Konzept *XY* im Untersuchungsgegenstand *Z* dargestellt? Oder: Wie wird das Thema/Konzept *XY* im Untersuchungsgegenstand *Z* verhandelt? Oder: Welche Rolle spielt das Thema/Konzept *XY* im Untersuchungsgegenstand *Z*?

Aufarbeitung des Forschungsstands (Literaturrecherche)
Die Literaturrecherche und damit auch die Erarbeitung des Forschungsstands stellt die erste Prüfung des gewählten Forschungsfokus dar. Hier klärt sich, ob sich Ihr Thema so bearbeiten lässt, wie Sie es konzipiert haben. Und hier werden aus vorläufigen Begriffen, mit welchen man behelfsweise zu Beginn eines Projekts arbeitet, begründete theoretische Konzepte. Denn unabhängig davon, ob Sie eine Fernsehserie, einen Film oder politische Wahlwerbespots untersuchen: Sie werden zwangsläufig Begrifflichkeiten wie Identität, Öffentlichkeit, Gewalt, Familie oder auch Wirklichkeit verwenden. Diese Begrifflichkeiten gilt es im Rahmen Ihres Projekts exakt zu klären. In der Auseinandersetzung mit der bereits bestehenden einschlägigen Forschungsliteratur ist es zum einen ein ganz grundsätzlicher Arbeitsschritt, zu definieren, was beispielsweise mit Gewalt gemeint ist, d. h. wie und worüber Gewalt definiert wird, welche empirischen Phänomene damit ein- bzw. ausgeschlossen sind. Eine klare und unmissverständliche Begriffsarbeit bildet einen wichtigen Grundstein für eine solide und valide Forschung. Nur wenn Sie klar definieren können, *warum* Sie sich *wofür* interessieren, können Sie auch zu soliden und validen Ergebnissen kommen. Zum anderen ist es die Gelegenheit, um zu sondieren, was bereits für einschlägige Studien erschienen sind. Hilfreich ist bei der Aufarbeitung des Forschungsstands die Anfertigung von kurzen Exzerpten. Versuchen Sie sich nach der Lektüre folgende Fragen kurz und schriftlich zu beantworten: (1.) Wie lautet die Forschungsfrage? (2.) Welche Produkte umfasst das Untersuchungskorpus? (3.) Welche Methode wurde verwendet? (4.) Wie wurde die Relevanz begründet? (5.) Welche Ergebnisse wurden erzielt? (6.) Worin besteht der Mehrwert dieser Studie für Ihr Projekt?

Mit der Literaturrecherche zum gewählten Forschungsfokus lassen sich, neben der begrifflichen Spezifizierung und der Zusammenfassung des empirischen Status quo zwei weitere zentrale Aspekte für das Forschungsdesign einer soziologischen Film- und Fernsehanalyse klären: die Relevanz des Themas sowie dessen Verortung innerhalb der aktuellen Forschungslandschaft. Beides hängt eng zusammen. Die Fragestellung kann z. B. wissenschaftlich relevant sein, weil sie versucht, einen bisher wenig erforschten Bereich zu beleuchten, also im Idealfall versucht, dazu beizutragen, eine vorhandene Forschungslücke zu schließen. Durch die Erarbeitung des Forschungsstands kann sich allerdings auch herausstellen, dass Ihr gewählter Fokus schon mehrfach untersucht wurde. Dies muss nicht das Ende Ihres Ansatzes bedeuten, doch es gilt, sich hierzu in Bezug zu setzen. Vielleicht finden Sie andere Aspekte, die so noch nicht untersucht wurden oder Sie bieten ein methodisch ergiebigeres Vorgehen an. So oder so: Sinn und Zweck der Sichtung des Forschungsstands ist es, das eigene Thema (inter-)disziplinär zu verorten, die Relevanz des gewählten Fokus herauszustellen (z. B. durch ein Desiderat) und – last but not least – auch die Forschungsfrage der Untersuchung weiter zu präzisieren.

> **Checkliste: Literaturrecherche**
> Suchen Sie nach
> - nationalen und internationalen Studien sowie theoretischen Texten, die zur Klärung der zentralen Begrifflichkeiten des Forschungsfokus beitragen (Gewalt, Star, Neue Medien etc.),
> - nationalen und internationalen Studien sowie theoretischen Texten, die sich bereits mit dem anvisierten Film oder Format auseinandergesetzt haben.
>   - Handelt es sich um ein etabliertes Format oder Genre, z. B. um einen Western wie *True Grit* (USA 2010, R: Joel Coen und Ethan Coen), empfiehlt es sich, die Recherche nicht über das Genre zu starten, sondern über den spezifischen Film.
>   - Handelt es sich um relativ neue und immer noch unbeachtete Produkte wie die Webserie *Mann/Frau* (D seit 2014, BR), gehen Sie bei der Recherche anders vor. Hier bietet es sich an, nach dem Phänomen im Allgemeinen zu suchen. Gerade bei Fernsehformaten kann es zudem recht hilfreich sein, nach ausländischen Vorläufern und entsprechender Forschung zu suchen.
> - den Figuren, Schauspielern und Regisseuren Ihres Untersuchungsgegenstands. Diese bringen häufig – gerade bei der Aufsatzrecherche – deutlich höhere Trefferquoten als die jeweiligen Film-, Serien- bzw. Sendungstitel.
> - den einschlägigen Quellen, die in den Literaturverzeichnissen der Artikel angegeben werden, die sich nach der Lektüre für Ihr Projekt als ergiebig erwiesen haben.

Ein Rechercheprotokoll, in dem die Suchbegriffe und deren verschiedene Kombinationsweisen sowie die Orte der Recherche (Bibliotheken, Datenbanken, Google Scholar etc.) festgehalten werden, steigert die Effizienz einer Literaturrecherche.

Im Zuge der Aufarbeitung des Forschungsstands fragen Studierende immer wieder, wie mit Interviews, Blogeinträgen oder auch Zeitungsartikeln zum fokussierten Film oder zur Serie zu verfahren sei. Sind sie Teil des Forschungsstands oder Teil der Analyse? Es gibt verschiedene Möglichkeiten, auf solche Quellen im Rahmen einer Film- und Fernsehanalyse zurückzugreifen, Bestandteil des Forschungsstands sind sie jedoch nicht. Sie entsprechen schlicht nicht den Gütekriterien wissenschaftlichen Arbeitens. Zwei Möglichkeiten, journalistische oder User-generierte Quellen dennoch zu integrieren, wären:

- *Aufhänger*: Zitate aus derlei Quellen bieten sich häufig als Aufhänger für die Einleitung einer Film- und Fernsehanalyse an. Wenn in einem Interview des Regisseurs beispielsweise der gleiche Konflikt thematisiert wird, wie Sie ihn auch in Ihrem Projekt fokussiert haben, wenn in Blogeinträgen über die Wirkung des Films spekuliert wird oder wenn Filmkritiker etwas auf den Punkt bringen, was ihnen dabei hilft, pointiert zu ihrem Thema hinzuführen – dann bietet sich die Zitation solcher Quellen an.
- *Relevanzbegründung*: Wenn es Auffälligkeiten in diesen Quellen gibt, die die Relevanz ihres Themas verdeutlichen, z. B. der Filmkritikerstreit im Fall von *Sin City* (vgl. Kap. 2.1), Reportagen, die das fokussierte Thema auf die Agenda aus der Perspektive berichterstattender Medien setzen oder ein überdurchschnittlich hohes Kommentieren des Untersuchungsgegenstands im Netz. Auf

weitere Aspekte der Relevanzbegründung kommen wir im folgenden Abschnitt zu sprechen.

Relevanzbegründung
In jedem Projekt ist die Relevanz des Forschungsinteresses explizit darzulegen. Im Fall einer Film- und Fernsehanalyse gilt es in diesem Zusammenhang sowohl zu klären, was Sie sich von einer Produktanalyse im Allgemeinen versprechen (vgl. Kap. 1), als auch von der anvisierten Produktanalyse im Speziellen.

In der **Relevanzbegründung** einer soziologischen Film- und Fernsehanalyse ist die in Kapitel 1 eingeführte Argumentation zur Relevanz von Produktanalysen im Allgemeinen mit dem je spezifischen Forschungsinteresse zusammenzuführen.

Die Relevanz von Produkten stellt sich über verschiedene Aspekte ein, einige haben wir hier aufgelistet:
– Mediale Produkte, die Brennpunktthemen behandeln: Menschenhandel, Sterbehilfe, Selbstjustiz, Drogenmissbrauch, Gewalt, Armut, Bildung, soziale Medien, Alter, Integration, Stereotype, Geschlechterrollen, Krieg, Kriminalität, Wertewandel, Wissenschaft, Umwelt etc.
– Mediale Produkte über weitgehend tabuisierte Themen, die öffentliche Debatten angestoßen haben, z. B.: Homosexuelle Cowboys (*Brokeback Mountain*, USA/CAN 2005, R: Ang Lee), zum Umgang mit Geschichte (*Inglourious Basterds*, USA/D 2009, R: Quentin Tarantino), Blutdiamanten (*Blood Diamond*, USA/D 2006, R: Edward Zwick) etc.
– Mediale Produkte, die sich durch einen medienreflexiven Gestus auszeichnen, indem sie beispielsweise selbst vom Mediensystem handeln (*Veronica Guerin*, IR/USA 2003, R: Joel Schumacher), indem sie ihre eigene Konstruiertheit zum Thema machen (*The Truman Show*, USA 1998, R: Peter Weir) oder aber weil sie es sich zur Aufgabe gemacht haben, über verschiedene Verfahrensweisen der Medien selbst zu berichten (*heute-show*, D seit 2009, ZDF), *Neo Magazin Royale* (D seit 2013, ZDFneo/ZDF), *Die Anstalt* (D, seit 2014, ZDF).
– Mediale Produkte, die durch ihre Grundfrage/ihr Thema die Reflexion etablierter normativer Ordnungen anstoßen: Menschrechte (*The Green Wave*, D 2010, R: Ali Samadi Ahadi), Krieg (*The American Sniper*, USA 2014, R: Clint Eastwood), Selbstjustiz (*Monster*, USA/D 2003, R: Patty Jenkins).
– Mediale Produkte, die einen Kultstatus zugeschrieben bekommen haben und dadurch eine signifikante Position im kommunikativen Haushalt einer Gesellschaft einnehmen, z. B. *Tatort* (D/AT/CH seit 1970) auf Das Erste.
– Mediale Produkte, die durch ihre Produktionsbedingungen auf sich aufmerksam machen, z. B. durch das Pentagon geförderte Kriegsfilme (*Black Hawk Down*, USA/UK 2001, R: Ridley Scott, *We Were Soldiers*, USA/D 2002,

R: Randall Wallace) oder Low-Budget-Produktionen wie *Margin Call* (USA 2011, R: J. C. Chandor).
- Mediale Produkte, die überdurchschnittlich hohe bzw. niedrige Ergebnisse eingespielt haben (Box Office Mojo, www.boxofficemojo.com).
- Die Aktualität, die ein mediales Produkt durch seine Grundfrage erhält, wie der 2014 angelaufene Film *Man, Woman and Children* (USA 2014, R: Jason Reitman), der von der Rolle der sozialen Medien in unserem Alltag handelt oder auch ein Film wie *Minority Report* (USA 2002, R: Steven Spielberg), der bereits 2002 das Thema der Datenvorratsspeicherung thematisierte. Ebenso können Ereignisse, wie beispielsweise der ‚Batman'-Amoklauf in einem Kino im US-amerikanischen Aurora dazu führen, dass bestimmte Fragestellungen und mediale Produkte ins Zentrum des wissenschaftlichen Diskurses rücken (vgl. Chronik des Massakers von Aurora, www.sueddeutsche.de, 21.07.2012).
- Mediale Produkte, die durch neue Wege der Zuschauer-Partizipation in der Medienproduktion auf sich aufmerksam machen: *About:Kate* (D 2013, arte), *The Voice of Germany* (D seit 2011, ProSieben/SAT1), *Jung & Naiv – Politik für Desinteressierte* (D seit 2013, Joiz) etc.

Idealerweise wird die Relevanz eines Themas mit mehreren Aspekten, die auch jenseits dieser Aufzählung liegen können, begründet. Die Relevanz einer soziologischen Filmanalyse der Politsatire *The Ides of March* (USA 2011, R: George Clooney), die sich für die Inszenierung politischer Kommunikation interessiert, lässt sich z. B. aufbauend auf folgenden Aspekten begründen:
- Aktueller Bezug: *The Ides of March* startete am 05.10.2011 in den US-amerikanischen Kinos und damit während der Vorwahlen für den Präsidentschaftswahlkampf 2012 – der Phase des Wahlkampfs, in welcher der Film selbst auch angesiedelt ist.
- *The Ides of March* handelt von den ‚Hinterbühnen' politischer Kommunikation und setzt das Thema der Spindoktoren und Wahlkampfstrategen auf die öffentliche Agenda.
- George Clooney (hier Koproduzent, Koautor, Regisseur und Schauspieler) zählt zu den politisch aktiven Hollywoodstars, der mit *The Ides of March*, wie zuvor schon mit *Good Night, and Good Luck* (USA 2005, R: George Clooney), ein weiteres Beispiel für einen Film, der politisch aufklären möchte, auf den Markt bringt.
- Das dezidiert politische Kino scheitert immer wieder an den Kinokassen, auch z. B. das hochkarätig besetzte Politdrama *Lions for Lambs* (USA 2007, R: Robert Redford). Doch *The Ides of March* schafft es immerhin auf den 74. Platz unter den hundert meistgesehenen Filmen des Jahres 2011 (2011 Domestic Grosses: Total Grosses of all Movies Released in 2011, www.boxofficemojo.com).

Ist das Erkenntnisinteresse geklärt – die Forschungsfrage ausformuliert, begründet und im entsprechenden Forschungsfeld verortet – kann das Untersuchungskorpus zusammengestellt werden.

2.2 Untersuchungskorpus (Sample), Theoretical Sampling und Sequenzprotokoll

Das Untersuchungskorpus (oder auch Sample) enthält das filmische Material, welches Gegenstand der empirischen Analyse sein wird. Für die Zusammenstellung des Untersuchungskorpus ist das Ziel der Untersuchung entscheidend. Denn auch wenn im Rahmen einer Film- und Fernsehanalyse immer die Besonderheit des jeweiligen Fallbeispiels im Mittelpunkt steht, so geht es doch immer auch darum, über den jeweiligen Fall hinaus typische Muster und Strukturen sichtbar werden zu lassen, also darum: in *welchem Sinn* die untersuchten Produkte von *exemplarischer Bedeutung* für gesellschaftliche Zustände bzw. Veränderungen sind.

Das Sampling, der Auswahlprozess der Untersuchungseinheiten für eine Film- und Fernsehanalyse, verläuft in zwei Schritten. Zunächst wird das Untersuchungskorpus im Ganzen bestimmt: der Film, die Filme, die Serie(n), die Werbespots einer bestimmten Branche oder Marke etc. In einem zweiten Schritt gilt es dann, sich weiter auf das Material einzulassen, um die Schlüsselszenen für den gewählten Fokus zu ermitteln, die schließlich Gegenstand der Detailanalyse sein werden.

Entscheidend für die Bestimmung des Korpus ist stets die Forschungsfrage:

Forschungsfrage	Korpus
Wie wird politische Kommunikation in *The Ides of March* dargestellt?	*The Ides of March*
Wie wird der Star in der Rubrik *#meantweets* der Show *Jimmy Kimmel Live!* dargestellt?	*Jimmy Kimmel Live!*, Rubrik: *#meantweets*
Wie wird Gewalt in *Sin City* dargestellt?	*Sin City*
Bricht die Talkshow *Roche & Böhmermann* mit den Regeln ihrer Gattung? Wenn ja, wie und mit welchen Konsequenzen?	*Roche & Böhmermann* und *3nach9*
Welche Feindbilder werden – wenn ja, wie – in der ersten Staffel der Serie *Homeland* gezeichnet?	*Homeland (1. Staffel)*
Hat die Einbindung von Amateurvideos in die *Tagesschau* Einfluss auf die mediale Gattung ‚Fernsehnachrichten'? Wenn ja, wie und mit welchen Konsequenzen?	*Tagesschau*
Welche Vorstellungen von Familie werden in *The Sopranos* – wie – inszeniert?	*The Sopranos*
Wie wird der ‚Spekulant' im zeitgenössichen Kino inszeniert?	*Margin Call, Wall Street: Money never sleeps, Cosmopolis, Unter Dir die Stadt*

Je nach Forschungsfrage stehen also mediale Gattungen im Fokus des Interesses, die sich unterschiedlich anspruchsvoll gegenüber der Frage nach dem Sampling verhalten, was schlicht mit der stark variierenden Dauer der Produkte zusammenhängt. Unabhängig davon, ob im Mittelpunkt der Analyse ein 100-minütiger Spielfilm steht oder eine Serie wie *The Sopranos* (USA 1999–2007, HBO), die sechs Staffeln, genau genommen 86 Episoden und damit circa 4.730 Minuten Spielzeit umfasst, stellt sich im Anschluss an die Bestimmung des gesamten Untersuchungsgegenstands die Frage nach der weiteren Selektion des Materials. Um den Anforderungen audiovisuellen Materials analytisch gerecht zu werden, ist dringend anzuraten, sich für die Detailanalyse auf Schlüsselszenen zu konzentrieren und anhand dieser exemplarisch zu argumentieren.

Unter Schlüsselszenen versteht man im Allgemeinen die *Plotpoints* (vgl. Field, 1993, S. 60ff.) eines Films. Der Begriff stammt aus der klassischen Drehbuchlehre des Kinos und bezeichnet die Szenen, die die maßgeblichen Wendungen in der Handlung eines Films, meist überraschend, einleiten, z. B. wenn Peter Parkers Onkel in *Spider-Man* (USA 2002, R: Sam Raimi) erschossen wird. Diese Szenen beeinflussen ganz entscheidend die Entwicklung der Handlung und der Figuren, da letztere hier mit neuen Bedingungen oder sogar Herausforderungen konfrontiert werden. Charakteristisch für diese Szenen ist, dass in ihnen zentrales Wissen über die Handlung, die Figuren und über den Grundkonflikt des Produkts verhandelt wird. Das gleiche Prinzip gilt auch für die diversen Sendungen des Fernsehens, wenn z. B. ein Wetteinsatz bei *Wetten, dass..?* (D/AT/CH 1981–2014, ZDF/u. a.) eingelöst wird oder ein Tor bei einem Fußballspiel fällt. Je nach Forschungsfokus sind jedoch nicht nur die dramaturgischen Plotpoints des Films, der Show oder der Serie von Interesse, sondern: Es interessieren die Plotpoints des jeweils fokussierten Themas. Wenn der Forschungsfokus auf die Inszenierung von Gewalt in *Sin City* ausgerichtet ist, dann interessieren die Szenen, in denen zentrales Wissen über den Umgang mit Gewalt verhandelt wird. Wenn der Fokus sich auf die Integration Neuer Medien in klassischen Fernsehformaten wie der *Tagesschau* (D seit 1952, Das Erste) richtet, dann interessieren die Szenen, in denen die Neuen Medien Verwendung finden. Die detaillierte Analyse solcher Kernszenen für das jeweilige Forschungsinteresse bildet den Mittelpunkt der Film- und Fernsehanalyse.

Die **Szenenauswahl für die Detailanalyse** hängt grundlegend mit dem Forschungsfokus des jeweiligen Projekts zusammen. Je nach Forschungsfokus verändert sich die Szenenauswahl, sogar bei ein- und demselben Film. Als Anhaltspunkte für die erste Szenenauswahl bieten sich (u.a.) folgende Aspekte an:
– Plotpoints
– signifikante thematische Verdichtung des fokussierten Themas
– inszenatorische Auffälligkeiten wie Brüche, Wiederholungen etc.
– Etablierung des Themas (Anfang)
– Auflösung des Themas (Schluss)
– Szenen der filmischen Bewertung des Themas

Handelt es sich um eine Serie, eine Fernsehshow oder ein anderes Format, von welchem mehrere Episoden zur Verfügung stehen, wie es z. B. auch bei der *Tagesschau* als Untersuchungsgegenstand der Fall wäre, so ist vor der Auswahl der Schlüsselszenen ein weiterer selektiver Zwischenschritt zu unternehmen. Es gilt zu begründen, welche Ausstrahlungen letztlich das Sample bilden werden: Nur die Folgen aus der ersten Staffel? Immer nur die ersten und letzten Folgen einer Staffel? Die 20-Uhr-Ausstrahlungen der *Tagesschau* in einer künstlichen Woche (vgl. zum Prinzip der künstlichen Woche Raupp und Vogelgesang, 2009, S. 137f.)? Schnell wird an diesen wenigen Beispielen deutlich, dass die Auswahl immer nur in enger Abstimmung mit der Forschungsfrage getroffen und begründet werden kann.

Stehen besonders kurze filmische Produkte wie Wahlwerbespots o. Ä. im Fokus des Interesses, geht man umgekehrt vor. Hier muss das Material nicht eingegrenzt, sondern es kann erweitert werden. Wenn Sie sich beispielsweise für den TV-Spot eines Kommunikationsdienstleisters interessieren, gilt es, das Sample zu vervollständigen, indem sie die Spots anderer Anbieter, die Spots desselben Anbieters in anderen Ländern oder ältere Spots desselben Anbieters (je nach Erkenntnisinteresse) in das Sample mitaufnehmen.

Allgemein gefasst verläuft das Sampling in einer Film- und Fernsehanalyse über folgende Zwischenschritte:

Sampling I	Sampling II
Film →	→ Szenenauswahl (Schlüsselszenen)
Serie o. Ä. → Staffeln → Episoden →	→ Szenenauswahl (Schlüsselszenen)
Spots → thematisch verwandte Spots →	→ Spotauswahl (Schlüsselszenen)

Bei der Bestimmung der Schlüsselszenen, der Szenenauswahl für die Detailanalyse (Sampling II), orientiert sich die Film- und Fernsehanalyse am Prinzip des Theoretical Samplings (vgl. Glaser und Strauss, [1967] 2010).

Theoretical Sampling (I)
Die Herausforderung bei der Bestimmung der Schlüsselszenen im Rahmen einer qualitativen Film- und Fernsehanalyse besteht darin, sowohl fokussiert als auch offen an das Material heranzugehen. Zum einen soll das Material den weiteren Fortgang der Analyse vorgeben, zum anderen soll der Forschungsfokus nicht aus den Augen gelassen werden. Die Lösung ist ein kontrolliertes Hin- und Hergehen zwischen dem Material und dem gewählten Forschungsfokus. Dieser Grundgedanke findet sich auch in der Vorgehensweise des Theoretical Samplings wieder: Das finale Sample kann nicht zu Beginn einer Analyse schon feststehen, sondern es ergibt sich erst nach und nach durch den Fortgang der Analyse und des auf diese Weise

hinzugewonnenen Wissens. Es ist der Verlauf der Analyse, der darüber entscheidet, welche Szenen als Nächstes detailliert untersucht werden.

> **!** Das **Theoretical Sampling** ist der Königsweg innerhalb qualitativer Studien (Flick, 2005, S. 262), um auch umfassendere Samples untersuchen zu können. Es bietet die Möglichkeit, das empirische Material in seiner Komplexität zu bewahren und es nicht durch vorab aufgestellte Kriterien reduzieren zu müssen.

Zu Beginn einer Film- und Fernsehanalyse kann man sich jedoch noch nicht auf aus dem Gegenstand entwickelte Ergebnisse beziehen. So gilt es, die ersten Szenen streng forschungsfragenorientiert nach einem ersten Gang durch das Material zu bestimmen. Zu diesem Zweck erschließt man sich das gesamte Untersuchungskorpus mittels eines Sequenzprotokolls.

Sequenzprotokoll

Das Sequenzprotokoll ist eine knappe, rein auf den Inhalt bezogene schriftliche Fixierung des filmischen Ablaufs. Hier werden die Klangbildverläufe der audiovisuellen Produkte in eine schriftliche Form überführt, wodurch das Produkt in gewisser Weise, wenn auch freilich hochgradig reduziert, in Papierform verfügbar wird. Das Sequenzprotokoll umfasst immer den vollständigen Film, die vollständige Episode, den vollständigen Spot etc. (vollständig heißt inklusive Vor- und Abspann). Notiert werden allerdings nicht die Details der filmischen Gestaltung, sondern die szenischen Inhalte, sodass die Sequenzprotokolle eine der Logik des Films folgende Gliederung des Geschehens abbilden.

> **!** Das **Sequenzprotokoll** erfüllt verschiedene Zwecke:
> – Es dient einer ersten Annäherung an das filmische Material.
> – Es verschafft eine Orientierung über den Gesamtaufbau des Produkts.
> – Es ist die schriftliche Fixierung des filmischen Verlaufs.
> – Es dient der intersubjektiven Nachvollziehbarkeit der Interpretation, indem der Bezug der Interpretationen zu den Ausgangsdaten jederzeit hergestellt werden kann.
> – Es dient der Zitierbarkeit des filmischen Materials.

Sequenzen lassen sich mit Kapiteln in Büchern oder den direkt anwählbaren Abschnitten von Filmen über das DVD-Menü vergleichen. Eine Sequenz umfasst ein Stück Film, das einer Handlungseinheit entspricht, die räumlich, zeitlich und thematisch zusammenhängt. Sie bildet eine relativ autonome, in sich abgeschlossene Einheit, die der innerfilmischen Logik nach zusammengehört. Eine Sequenz grenzt sich in der Regel deutlich erkennbar gegenüber der sich unmittelbar anschließenden Sequenz ab. Dazu werden Textgliederungssignale verwendet wie Establishing Shots, die einen Ortswechsel markieren, Auf- und Abblenden, die beispielsweise eine Veränderung in der Figurenkonstellation oder der Erzählzeit (z. B. Wechsel zu einer Traumsequenz) markieren oder auch markante Elemente auf der Tonebene, die das Ende, das Ausklingen, einer Sequenz anzeigen (vgl. Wulff, 2002, S. 547).

Beim Erstellen des Sequenzprotokolls geht es darum, den filmischen Verlauf zu gliedern, auch, um sich einen Überblick über das Produkt zu verschaffen. Die *Sequenz* ist die größte Erzähleinheit, in die sich ein filmischer Erzählverlauf gliedern lässt. Sie umfasst meist mehrere *Szenen* und noch mehr *Einstellungen* und bietet sich daher für eine erste Annäherung an ein filmisches Produkt an. Eine Einstellung ist die kleinste filmische Erzähleinheit. Sie wird begrenzt durch den Wechsel der Kameraeinstellung, z. B. durch einen Schnitt, Schwenk, eine Fahrt oder einen Zoom (auf verschiedene Kameraoperationen kommen wir in den Kap. 3.2.1–3.2.3 zu sprechen). Eine Szene ist nach der Einstellung die nächstgrößere Erzähleinheit. Sie wird traditionellerweise mit Aristoteles als Einheit von Raum, Zeit, Handlung und Personen bestimmt (vgl. Borstnar, Pabst und Wulff, 2002, S. 139). Alle drei Begrifflichkeiten sind grundlegend, um filmisches Erzählen, egal ob in Form eines Spielfilms, einer Dokumentation oder eines Werbespots, gliedern zu können.

Bleiben wir zur Erläuterung der Bestimmung der drei Erzähleinheiten bei dem Beispiel *The Ides of March*. Die erste Szene des Films besteht aus elf Einstellungen. Der erste Einstellungswechsel findet nach 30 Sekunden statt, wenn aus der Nahaufnahme (Einstellung 1, Abb. 2.8) auf die Großaufnahme des Gesichts von Stephen Meyers umgeschnitten wird (Einstellung 2, Abb. 2.8). Der erste Szenenwechsel findet nach zwei Minuten und 48 Sekunden statt, wenn der Handlungsraum, das Theater, verlassen wird und sich das filmische Geschehen in den öffentlichen Raum verlagert (Szene 2, Abb. 2.8). Die Aristotelische Bestimmung der Szene als Einheit von Raum (Theater), Zeit (Erzählzeit = erzählte Zeit), Handlung (Soundcheck) und Personen (die Szene beginnt mit dem Auftritt Stephen Meyers und endet mit seinem Abgang) ist damit gegeben.

Die erste Sequenz umfasst elf Szenen. Die innerfilmische Logik, die den Zusammenhang dieser ersten elf Szenen herstellt, ist die Einführung in den grundlegenden Handlungskontext des Films: die Hinter- und Vorderbühnen im politischen Wahlkampf, auf welchen mit allerlei Mitteln um den Wahlsieg gerungen wird. Zu diesem Zweck begleitet die Kamera den Spindoktor und Protagonisten des Films Stephen Meyer in seinem Arbeitsalltag. Hierzu zählt die sorgfältige Präparierung der Bühne für das Fernsehduell inklusive Soundcheck und verstecktem Fußpodest für den etwas zu kleinen Präsidentschaftskandidaten (Szene 1, Abb. 2.8). Die öffentliche Bühne wird in Form einer thematischen Montage der berichterstattenden Medien über den Wahlkampf eingeführt, bevor dann die Beobachtung und Instrumentalisierung der Medien durch die Spindoktoren gezeigt wird.

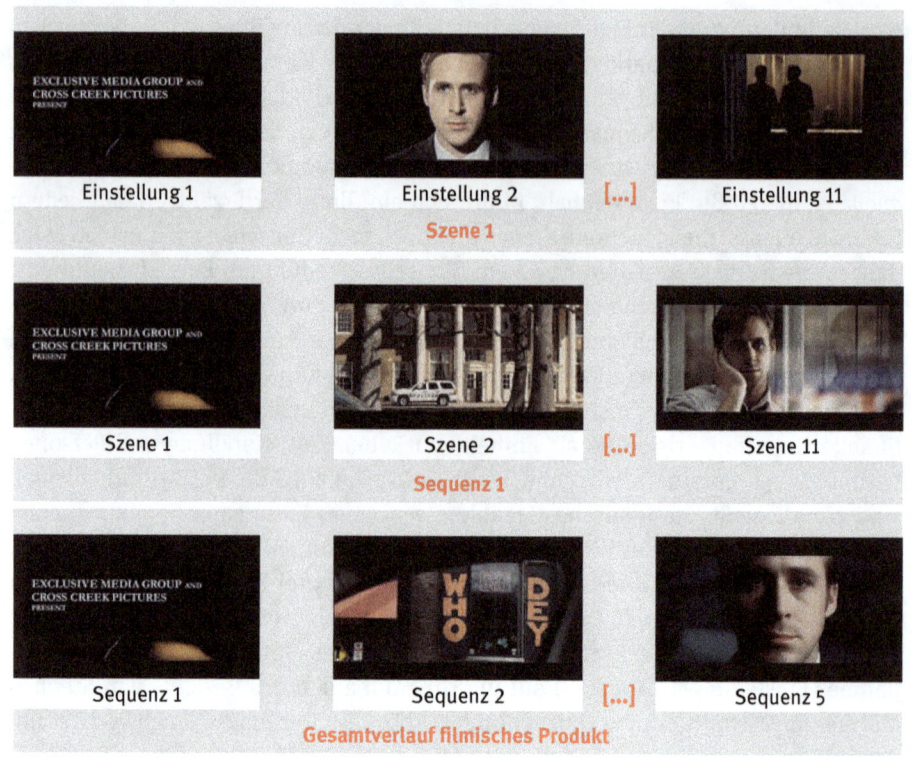

Abb. 2.8: Einstellung – Szene – Sequenz

Des Weiteren werden in dieser ersten Sequenz zwei Subplots gestartet: Stephen Meyers lässt sich auf einen Flirt mit einer Praktikantin im eigenen Team ein und erhält einen Anruf von Tom Duffy, dem Wahlkampfleiter der gegnerischen Seite. Mit diesem Anruf endet die erste Sequenz (Szene 11, Abb. 2.8). Die Grenze zwischen Sequenz eins und zwei wird durch einen signifikanten Ortswechsel markiert. Von einer Nahen auf Stephen im Wahlkampfbüro wird auf die Außenansicht der Bar umgeschnitten, die Tom Duffy für das Treffen vorgeschlagen hat (Sequenz 2, Abb. 2.8). Zum ersten Mal begibt sich damit die Filmhandlung in eine Räumlichkeit, die nichts mit dem Wahlkampf des eigenen Teams zu tun hat.

Für kein filmisches Produkt gibt es nur eine korrekte Bestimmung der Sequenzen. Die Benennung der Sequenzen kann variieren, oft sprechen für verschiedene Varianten gleich gute Gründe. Entscheidend ist, dass die Gliederung des filmischen Produkts in Form des Sequenzprotokolls schlüssig ist und es seinen Zweck für die Analyse erfüllt, nämlich sich einen ersten Überblick über das Material zu verschaffen. Darum empfiehlt es sich, die Untergliederung nicht zu kleinteilig anzulegen, sodass das Protokoll auch einen leserfreundlichen Überblick leisten kann. Eine

2.2 Untersuchungskorpus (Sample), Theoretical Sampling und Sequenzprotokoll — 43

sinnvolle Entscheidungshilfe bei der Bestimmung der Sequenzen ist die Forschungsfrage, denn je nach Fokus variiert die Einteilung der Sequenzen.

Der Aufbau eines Sequenzprotokolls wird nun anhand eines Ausschnitts aus *Ice Age: The Meltdown* (USA 2006, R: Carlos Saldanha) erläutert: Man legt eine Tabelle im DIN-A3-Querformat an. Das Sequenzprotokoll beinhaltet in den ersten horizontalen Zeilen die Gliederung des Produkts in seine Sequenzen, die sogenannte Sequenzliste.

Sequenz	1	2	3	4	5
Zeit	00'00''00 - 02'44''62	02'44''62 - 14'44''58	14'44''47 - 26'03''87	26'03''87 - 37'11''98	37'11''98 - 50'30''33
Handlungsverlauf	Vorspann	Campo del *Sid*	*Ellie*	*Manny* und *Ellie*	Kindheitserinnerungen
	[1_1] Labels	[2_1] "This global warming is killing me!" Die Tiere genießen den Badespass in der Eisschmelze.	[3_1] Alle Tiere machen sich in einem riesen Zug, auf zu der Arche am Ende des Tals.	[4_1] *Scrat*	[5_1] *Sid & Diego* lassen nicht locker und ermuntern *Manny* weiterhin *Ellie* den Hof zu machen. *Manny* geht noch mal auf sie zu.
	[1_2] *Scrat* = eine zuerst nicht weiter in die Handlung einbezogen Zwischenhandlung von *Scrat* & seiner Nuss.	[2_2] Die Nachricht von der Flutung des Tals erreicht den Wasserpark.	[3_2] *Scrat*	[4_2] *Manny* versucht *Ellie* zu erklären, dass sie ein Mammut ist.	[5_2] *Ellie* entdeckt ihr Vergangenheit [Backflash] & erkennt, dass sie ein Mammut ist. Sie kommen sich näher.
	[1_3] Titel	[2_3] *Sid* will mehr Respekt von seinen Freunden *Diego* und *Manny* und will vom höchsten Turm des Wasserparks springen.	[3_3] *Manny* glaubt ein Mammut gefunden zu haben, wird jedoch enttäuscht.	[4_3] Auf einem Eissee kommt es zu einem Kampf mit Unterwassertieren. *Manny* verhält sich 'heldenhaft' & erntet Spot von *Ellie*.	[5_3] *Scrat*
		[2_4] "I'm talking about you being the last of your kind" *Manny* wird immer wieder damit konfrontiert, das letzte Mammut zu sein.	[3_4] Sie treffen auf *Ellie* und ihrer Brüder. *Ellie* ist ein Mammut und glaubt sie sei ein Opossum. Gemeinsam ziehen sie weiter.	[4_4] *Scrat*	[5_4] *Manny* bietet ihr an die "Spezies Mammut" zu retten, was zu Streit führt. *Ellie* ist verletzt und beleidigt.
		[2_5] *Diego* & *Manny* wollen *Sid* daran hindern, zu springen. Dabei entdecken sie, dass das Gerücht über die Flut wahr ist.		[4_5] *Sid & Diego* wollen *Manny* ermuntern, *Ellie* den Hof zu machen. Er schießt über das Ziel hinaus & verletzt dabei einen ihrer Brüder ausversehen.	[5_5] Hals über Kopf starten sie ihre Wanderung in der Nacht und geraten in große Gefahr. *Ellie* und *Manny* entschuldigen sich.
		[2_6] Sie warnen die anderen Tiere und überzeugen sie von der Dringlichkeit der Gefahr und der Flucht.			

Abb. 2.9: Sequenzprotokoll I

Die einzelnen Sequenzen werden zunächst nummeriert (Zeile 1), dann werden die Zeiteinheiten der Sequenzen protokolliert (Zeile 2) und anschließend wird der Handlungsverlauf der Sequenzen betitelt (Zeile 3). In der vertikalen Spalte unterhalb der Sequenzen wird der szenische Inhalt kurz in Subsequenzen zusammengefasst. Die Rede ist von Subsequenzen, da sich gerade beim Spielfilm die vertikale Untergliederung des Sequenzprotokolls in Szenen als zu kleinteilig erweist. Im Dienst der Übersichtlichkeit empfiehlt es sich, auch auf der Ebene der Untergliederung der Sequenzen je nach Materialverlauf Szenen zu Subsequenzen zusammenzufassen. Einstellungsgenau protokolliert wird das filmische Material erst im Zuge der Detailanalyse (siehe dazu Kap. 3.5 *Filmtranskripte*). Die Kurzinhalte des Sequenzprotokolls orientieren sich an der Forschungsfrage, sodass das Protokoll einen Exzerptcharakter erhält. Auch die Subsequenzen werden jeweils durchnummeriert, sodass filmische Passagen im Fließtext gezielt zitiert werden können, z. B. *Ice Age: The Meltdown* [2_3].

Es empfiehlt sich, das Sequenzprotokoll bereits zu Beginn der Analyse anzulegen und es als Grundlage für das Festhalten von Memos (vgl. Strauss, 1991 [1987], S. 151–199) zu verwenden. Im Rahmen einer Film- und Fernsehanalyse halten Sie in einem Memo Ihre Beobachtungen und Ihre ersten oder auch schon weiterentwickelten Interpretationsansätze fest. Indem man diese innerhalb des Sequenzprotokolls notiert, ordnen sich die Memos in die filmische Gliederung ein. Auf diese Weise begleitet das Anfertigen von Memos den Forschungsprozess von Anfang an, führt zu dessen permanenter Reflexion und – viel wichtiger – dokumentiert den Prozess der Interpretation. Markieren Sie im Sequenzprotokoll die Schlüsselszenen für Ihre Film- und Fernsehanalyse. Nutzen Sie die Möglichkeit, hierbei mit verschiedenen Farben arbeiten zu können, z. B. indem Sie verschiedenen thematischen Aspekten auch verschiedene Farben zuordnen.

Nach dem ersten Gang durch das Material lässt sich das angelegte Sequenzprotokoll in die finale Form des Sequenzprotokolls überführen (Abb. 2.10). Es bietet sich an, hierzu die App *avlog* zu nutzen. Die App und ihr Benutzerhandbuch stehen Ihnen auf der Verlagswebsite (Stichwort: Soziologische Film- und Fernsehanalyse) zum Download als Freeware zur Verfügung. Diese Form des Sequenzprotokolls zeichnet sich dadurch aus, dass sie es ermöglicht, den filmischen Verlauf framegenau in die Papierform zu überführen. Das finale Sequenzprotokoll enthält immer die *Partitur* und die *Legende* eines Films und ist ebenfalls auf DIN-A3-Format angelegt. Anhand des dargestellten Ausschnitts wird deutlich, dass das Sequenzprotokoll die Komplexität filmischen Erzählens durchaus anzeigt, indem es weder die Synchronizität des Gezeigten aufhebt, noch versucht, das Gesehene in Worte zu übersetzen. Das vollständige Sequenzprotokoll zu *Harry Potter and the Order of the Phoenix* (UK/USA 2007, R: David Yates) finden Sie ebenfalls auf der Verlagswebsite.

Die Partitur folgt framegenau der Chronologie des jeweiligen Gegenstands der Analyse. Je nach Untersuchungsgegenstand und Forschungsinteresse gestaltet sich eine solche Partitur völlig unterschiedlich, der Aufbau bleibt jedoch der gleiche. Unterhalb der Zeitleiste verlaufen mehrere Spuren parallel. Die erste Spur enthält die Sequenzliste, die das erste Sequenzprotokoll ergeben hat.

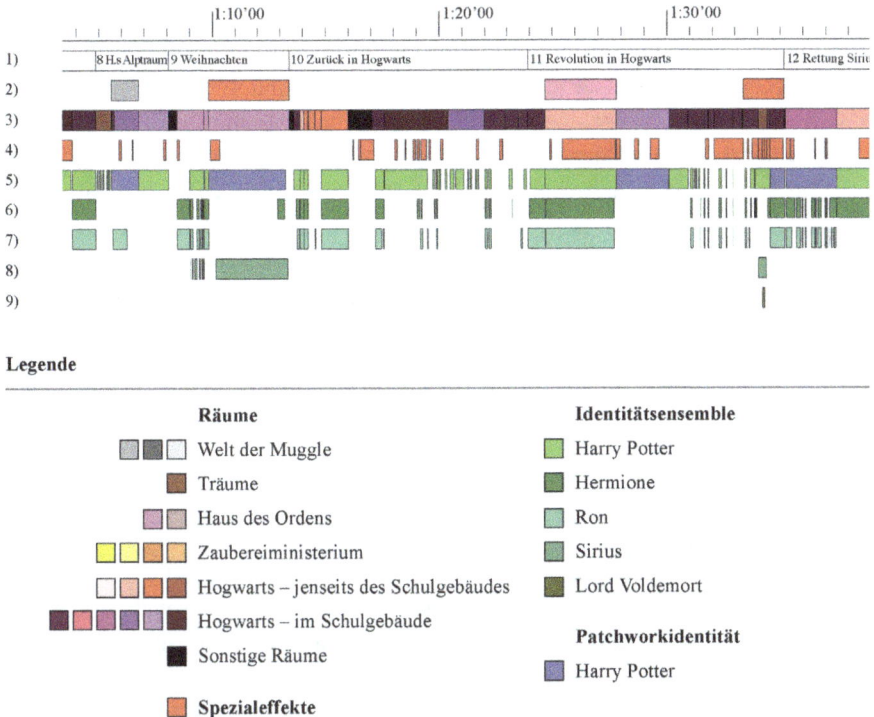

Abb. 2.10: Sequenzprotokoll II

Die zweite Spur bildet die Schlüsselszenen ab, die im Mittelpunkt der Detailanalyse stehen. Die Markierung der Schlüsselszenen im filmischen Verlauf ist ein wichtiges Signal dahingehend, dass in der Film- und Fernsehanalyse wohl ausgewählte Szenen detailliert untersucht werden, diese Detailanalysen aber immer auf den gesamten Film bezogen bleiben.

An die Spur der Schlüsselszenen schließen sich die Spuren an, auf welchen signifikante Merkmale des jeweiligen Forschungsfokus festgehalten werden können: Szenen der Gewalt (*Sin City*), Szenen der politischen Kommunikation (*The Ides of March*), Szenen der Zuschauerinteraktion (*Jimmy Kimmel Live!*). Des Weiteren bietet es sich an, eine Spur anzulegen, welche die Räume der Filmhandlung abbildet, eine Spur, die den Protagonisten abbildet sowie eine Spur, auf der die formellen Auffälligkeiten angezeigt werden (Montageformen, Rückblenden sowie akustische Auffälligkeiten). Die finale Belegung der Spuren hängt letztlich vom Forschungsfokus ab und variiert von Projekt zu Projekt. Innerhalb eines Projekts sollte die Spurenbelegung der einzelnen Produkte jedoch einheitlich verlaufen, da dies der besseren Vergleichbarkeit dient.

Die Legende erläutert den Farbencode, der den einzelnen Spuren zugewiesen wurde und gibt die Titel der Schlüsselszenen an, die immer dem Erscheinen nach aufgelistet sind. Des Weiteren enthält jede Legende die Kerndaten der untersuchten Filme: Titel, Produktionsland, Jahr, Regisseur, Gesamtspiellänge und das Box-Office-Ergebnis (vgl. vollständiges Sequenzprotokoll auf der Verlagswebsite).

Ist die Studie abgeschlossen und verschriftlicht, werden beide Protokolle im Anhang der Arbeit der Scientific Community zur Verfügung gestellt.

Die Sequenzprotokolle verändern sich im Laufe einer Analyse ebenso wie die Forschungsfrage und das Korpus, vielleicht kommen weitere Spuren dazu, andere entfallen womöglich; Schlüsselszenen kommen hinzu oder werden wieder gelöscht. Diese Veränderungen gehen mit dem Fortgang der Analyse und dem Theoretical Sampling einher.

Ist das Protokoll erstellt, wurde die erste Schlüsselszene bestimmt und detailliert untersucht (darum geht es in den Kap. 3–5), kann mit dem Theoretical Sampling begonnen werden.

Theoretical Sampling (II)
Beim Theoretical Sampling werden die zu untersuchenden Schlüsselszenen nicht vor der Analyse festgelegt, sondern im Wechsel von Analyse, Auswahl und weiteren Analysen erst nach und nach bestimmt. Nach der detaillierten Analyse einer ersten Szene, die forschungsfragenorientiert bestimmt wurde, erfolgt auf Basis der gewonnenen Erkenntnisse eine Reflexion bzw. Neubestimmung weiterer Schlüsselszenen.

Die Auswahl der nächsten Schlüsselszenen erfolgt auf zwei unterschiedliche Weisen. Zum einen nach dem Prinzip der maximalen Kontrastierung, d. h. Sie untersuchen möglichst gegensätzliche Szenen, um das Thema in seiner Breite erfassen zu können. Und zum anderen nach dem Prinzip der minimalen Kontrastierung, bei dem Sie Ihre Ergebnisse durch weitere ähnliche Szenen sättigen. In beiden Fällen bedeutet Sampling das Anstellen von Vergleichen, was im Fall einer Film- und Fernsehanalyse auf die Ausarbeitung von Interpretationen ausgerichtet ist, sprich: Die Ergebnisse aus der Interpretation von Szene eins werden mit den Ergebnissen aus der Interpretation von Szene zwei verglichen (vgl. Kap. 5.2 *Komparative Analyse: Interpretieren und Validieren*).

Der Vergleich der Szenen dient dazu, die Richtigkeit der zunächst gewonnenen Ergebnisse zu prüfen. Bestätigt sich das gewonnene Verständnis aus der ersten Schlüsselszene durch die Analyse der zweiten Schlüsselszene, trägt dies zur Sättigung der Interpretation bei. Nur durch die komparative Analyse lässt sich zeigen, dass sich herausgearbeitete Aspekte wiederholen; nur so können sich überhaupt erst Muster herausstellen und Interpretationen validiert werden.

Wenn man sein Sample plant, stellt sich früher oder später die Frage nach der Anzahl der Szenen, die zu analysieren sind. Befolgt man das Prinzip des Theoretical Samplings, ist jedoch nicht die Anzahl detailliert untersuchter Szenen für die ausreichende Analyse eines filmischen Produkts entscheidend, sondern der Punkt der *theoretischen Sättigung*. Man spricht von gesättigt, wenn durch die komparative

Analyse keine weiteren Erkenntnisse mehr hinzugewonnen werden können. Manche Projekte lassen es aus forschungsökonomischer Perspektive, z. B. wenn eine Abschlussarbeit in sechs Wochen verfasst werden muss, allerdings schlicht nicht zu, dass alle Aspekte eines Phänomens untersucht werden. In diesen Fällen hat der Forschende selbst zu entscheiden, wann er über ausreichend gesättigte Ergebnisse verfügt, um ein Fazit mit noch vorläufigem Charakter formulieren zu können (vgl. Glaser und Strauss [1967] 2010, S. 37–131).

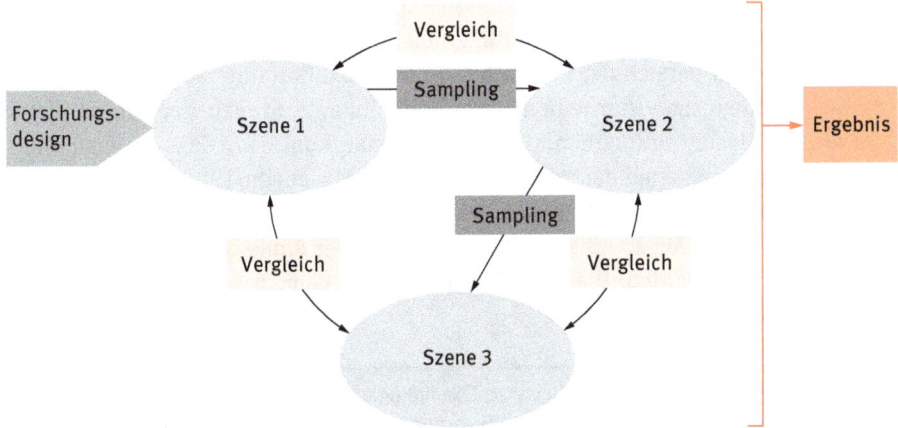

Abb. 2.11: Sampling bei einer Film- und Fernsehanalyse in Anlehnung an Flick (2002, S. 73)

Greifen wir zur Veranschaulichung noch einmal die Rubrik *#meantweets* aus der Show Jimmy Kimmel Live! auf. Die Forschungsfrage lautet: Wie wird der Star in der Rubrik *#meantweets* der Show *Jimmy Kimmel Live!* dargestellt? Der gesamte Untersuchungsgegenstand ist die Late-Night-Show *Jimmy Kimmel Live!*. Im Fokus der Analyse steht die Rubrik *#meantweets*, genau genommen die Ausgabe der *Celebrities read Mean Tweets*. Das Sample umfasst somit zum Zeitpunkt als dieses Buch verfasst wurde acht Ausgaben der Late-Night-Show, sodass das konkrete Sample für die Detailanalyse sich aus maximal acht Einspielfilmen von circa je zwei Minuten Dauer zusammensetzt. Das Sampling beginnt mit der ersten Ausgabe der Rubrik. Nach der Detailanalyse wird die darauffolgende Ausgabe analysiert und die Ergebnisse werden verglichen. So verfährt man weiter, bis der Punkt der theoretischen Sättigung erreicht ist, mit anderen Worten: bis in der detaillierten Analyse der Strukturen und Besonderheiten weiterer Ausgaben keine neuen Erkenntnisse zu dem untersuchten Phänomen mehr erschlossen werden können.[1]

---

[1] In Kapitel 5 spielen wir dieses Prozedere an Beispielen ausführlich durch.

Steht ein Film im Mittelpunkt der Untersuchung, verfährt man ähnlich. Nehmen wir als Beispiel erneut den Film *The Ides of March*. Die Forschungsfrage lautet: Wie wird politische Kommunikation in *The Ides of March* dargestellt? Die erste Szene, die sich anbietet, um das Sampling zu beginnen, ist die Eröffnungsszene: Hier wird der Fokus des Films im Feld der politischen Kommunikation etabliert, nämlich der Blick auf die ‚Hinterbühnen' des politischen Geschehens. Mit dem aus dem Material gewonnenen Aspekt der ‚Hinterbühne', der sich unter Rückgriff auf die Unterscheidung des Soziologen Erving Goffman ([1995] 2003, S. 99–128) zwischen Vorder- und Hinterbühne zu einem theoretisch reflektierten interpretativen Rahmen ausarbeiten lässt, kann der Film weiter nach signifikanten Szenen zum Umgang mit Vorder- und Hinterbühnen im Bereich der politischen Kommunikation untersucht werden. Dies geschieht, indem man zum einen weitere signifikante Szenen der ‚Hinterbühne' detailliert analysiert und zum anderen, indem man kontrastiv dazu Szenen detailliert untersucht, in denen der Protagonist Stephen Meyers die Hinterbühne verlässt, um selbst im Rampenlicht zu stehen. Dies geschieht z. B. in der Schlussszene. Die Detailanalysen werden so lange weitergeführt, bis der Punkt der theoretischen Sättigung erreicht ist, sprich: Wenn zu dem Phänomen keine weiteren neuen Erkenntnisse mehr gewonnen werden können.

! Aufgrund der Vorgehensweise des **Theoretical Samplings** steht das finale Sample der Schlüsselszenen immer erst am Ende einer Film- und Fernsehanalyse fest. Im Forschungsdesign gilt es entsprechend zu argumentieren, dass
– bei Szenen angesetzt wird, die sich aus bestimmten Gründen für die Bearbeitung der Forschungsfrage anbieten und dass
– das Sample erst im Verlauf der Analyse komplettiert werden kann.

Projektplanung unter der Berücksichtigung zeitlicher und personeller Ressourcen
Mit dem Forschungsdesign erstellen Sie den Fahrplan für Ihr Projekt, der vorgibt *was – wann – wie* gemacht wird, um die Forschungsfrage bestmöglich zu beantworten. Genau aus diesem Grund empfiehlt es sich, bei der Planung des Projekts immer auch einen Zeitplan zu erstellen, der von Anfang an die zeitlichen und personellen Ressourcen berücksichtigt. Auch wenn den methodischen Fragen eines Projekts ein zentraler Stellenwert zukommt, so muss das Vorhaben in der Regel immer auch in einer nur begrenzt zur Verfügung stehenden Zeit, und, im Falle einer Haus- oder auch Abschlussarbeit, auch von nur einer Person realisierbar sein.

Checkliste: Zeitplan
Bei der Planung einer Film- und Fernsehanalyse sind folgende Punkte zu beachten:
- Beschaffung des Materials für das Untersuchungskorpus
- Auswertung der Literatur
- Erstellung des Forschungsdesigns
- Datenaufbereitung (plus Transkription)
- Datenauswertung (plus Transkription)
- Verschriftlichung
- Druck

Beginnen Sie Ihr Projekt mit einem Check der Verfügbarkeit Ihres Untersuchungsmaterials. Denn sollte es Ihnen nicht gelingen, einen Untersuchungsgegenstand wie etwa die *Rundshow* (D 2012, BR) oder auch die Kinofassung aus dem Jahr 1984 von *Once Upon a Time in America* (IT/USA 1984, R: Sergio Leone) aufzutreiben, erübrigen sich freilich die weiteren Schritte. Bedenken Sie auch bei der Beschaffung der Literatur, dass Bestellungen über die Fernleihe oftmals einiges an Zeit in Anspruch nehmen. Auch diese Bestellfristen sind bei der Projektplanung zu berücksichtigen.

Steht Ihr Forschungsdesign, so lässt es sich auf Lücken prüfen, indem Sie sich den Fragen aus dieser Checkliste stellen:

Checkliste: Forschungsdesign
- Warum ist das Thema relevant?
- Warum ist für dieses Thema eine soziologische Film- und Fernsehanalyse die richtige Methode?
- Ist die Forschungsfrage offen und unmissverständlich formuliert oder enthält sie Vorannahmen?
- Wurde auch die internationale Forschungslage recherchiert?
- Liegt Ihnen Ihr Untersuchungsgegenstand in beliebig wiederholbarer Form vor?

2.3 Forschungsdesign: *Neue Medien – Neues Fernsehen?* (Beispiel Fernsehen)

Für jedes Forschungsdesign sollte man einen Arbeitstitel anlegen. Für das folgende Beispiel ist es: ‚Neue Medien – Neues Fernsehen? Eine Produktanalyse zur Rolle der Neuen Medien am Beispiel des *Neo Magazin Royale* (Arbeitstitel)'.

Erkenntnisinteresse
Thema, Forschungsfrage
Das Fernsehen war einst architektonischer Mittelpunkt eines jeden Wohnzimmers. Und heute? Selbst das TV-Urgestein Frank Elstner twittert zum Aus von *Wetten, dass..?*: „Dem Nachwuchs gehört die Zukunft im Netz!" (https://twitter.com/frank_elstner/status/452559544812847105). Das ‚gute alte' Fernsehen steht unter Zug-

zwang, wenn es ‚zeitgemäß' bleiben und die junge Zielgruppe nicht an die Daueroption ‚Neue Medien' verlieren möchte. Aber: Was ist ‚zeitgemäßes Fernsehen' und welche Rolle spielen dabei die ‚Neuen Medien'? Diesen Fragen wird am Beispiel der Late-Night-Show *Neo Magazin Royale* nachgegangen, einem Format, welches sich geradezu selbst die Frage nach einem ‚zeitgemäßen Fernsehen' zu stellen scheint. In der Show von Jan Böhmermann kommen die Neuen Medien auf unterschiedliche Art und Weise zum Einsatz. So wird die Sendung immer zuerst in der Mediathek angeboten, bevor sie dann donnerstags um 22.15 Uhr auf ZDFneo und seit Februar 2015 auch Samstagnacht auf ZDF ausgestrahlt wird. Für seine Experimentierfreude im Umgang mit den Neuen Medien wurde das *Neo Magazin Royale* 2014 mit dem Grimme-Preis ausgezeichnet (www.grimme-institut.de). So stellen sich also folgende Fragen: Wie integriert das *Neo Magazin Royale* die Neuen Medien in seine Sendung? Und verändert sich dadurch – und wenn ja, wie – die mediale Gattung der Late-Night-Show?

Theoretischer Hintergrund: Mediensoziologische Perspektive

Das Fernsehen ist eine unter vielen gesellschaftlichen Instanzen der Sinnvermittlung. Es präsentiert und generiert mit seinen Darbietungen unaufhörlich Verständnisse, die unsere Kultur und Gesellschaft entscheidend modifizieren. Als Teil der sozialen Wirklichkeit hat es einerseits Anteil an deren Konstitution, andererseits bezeugt es diese auf besondere Weise. Ein Leitmedium wie das Fernsehen ist damit sowohl Bestandteil als auch Motor des sozialen Wandels. Und so lässt sich eine der zentralen Fragen unserer Zeit, nämlich die Frage nach der Rolle der Neuen Medien in unserem Alltag, auch an das Fernsehen richten: Welche Rolle spielen die Neuen Medien für das und im Fernsehen? Dieser Frage wird mit der Produktanalyse des *Neo Magazin Royale* nachgegangen. Denn nur, wenn man die genauen Verfahren untersucht, mit denen das Fernsehen kommuniziert, was immer es kommuniziert, kann man seiner Rolle innerhalb der Gesellschaft theoretisch gerecht werden (vgl. Keppler, 2015). In den Präsentationsweisen des Fernsehens werden Normen, Werte und Wissen öffentlich vermittelt, durch die das mediale Produkt einen wichtigen Beitrag zum Aufbau einer gemeinsamen Welt der Zuschauer leistet. Es sind diese Formen der Präsentation, welche die Film- und Fernsehanalyse eingehend untersucht. Sie verfolgt das Ziel, an konkreten Beispielen, hier dem *Neo Magazin Royale*, aufzuzeigen, wie z. B. durch die Entwicklung des Internets sich nicht nur ein Medienwandel, sondern auch ein Gesellschaftswandel vollzieht.

Forschungsstand zu einschlägiger Literatur in folgenden Bereichen
- Medien- bzw. Fernsehsoziologie
- Geschichte des Fernsehens
- Mediale Gattung ‚Late-Night-Show'
- Social TV (Neue Medien und Fernsehen)

Relevanz
- Aktualität: ein Leitmedium im Wandel, Analyse der Rolle der Neuen Medien für das und im Fernsehen
- Desiderat: aktuelle Forschung hauptsächlich im Bereich der Nutzung, keine Studien im Bereich der Produktanalyse

Zusammenstellung des Untersuchungskorpus (Theoretical Sampling)
Das Grundsample bilden alle neun Episoden der ersten Staffel des *Neo Magazin Royale*. Es handelt sich um ein junges und preisgekröntes Format mit einem vielseitigen Einsatz Neuer Medien (Ausstrahlungspolitik, Rubriken, Second-Screen-Angebote). Im Fokus der Detailanalyse stehen folgende drei Rubriken des Sendeformats:
- *Hashtag der Woche* (neun Ausgaben); Begründung: direkte Integration der Neuen Medien in das Sendungsformat; Kommunikationsangebot an die Zuschauer durch die Integration der Neuen Medien. Erster Fall für das Theoretical Sampling ist der erste Hashtag aus der ersten Sendung.
- *Prism is a Dancer* (drei Ausgaben); Begründung: direkte Integration der Neuen Medien in das Sendungsformat; Kommunikation vom Zuschauer über die Neuen Medien, die in die Sendung integriert werden. Erster Fall für das Theoretical Sampling ist die erste Ausgabe der Rubrik aus der ersten Sendung.
- *Begrüßung durch William Cohn* (neun Ausgaben); Begründung: William Cohns Begrüßung ist eine Replik auf die Programmansager, die einen festen Bestandteil des frühen Fernsehens darstellten, seit Mitte der neunziger Jahre jedoch nur noch eine marginale Rolle spielen. Hier wird in der Gestaltung kein direkter Bezug auf die Neuen Medien vorgenommen, im Gegenteil: Es ist ein Bezug zum ‚vergangenen' Fernsehen (kontrastives Sampling). Erster Fall für das Theoretical Sampling ist die erste Begrüßung aus der ersten Sendung.

Methode
Verfahren wird nach der soziologischen Film- und Fernsehanalyse. Sie ist ein hermeneutisches, dem interpretativen Paradigma der Soziologie verpflichtetes, qualitatives Vorgehen, die ebenso kontrolliert wie offen verfährt und damit der Komplexität des Untersuchungsgegenstands gerecht wird.

2.4 Forschungsdesign: *Spekulative Narrationen* (Beispiel Film)

Der Arbeitstitel für unser Forschungsdesignbeispiel aus dem Bereich ‚Film' lautet: ‚Spekulative Narrationen. Zur Aufarbeitung der Finanzkrise im Gegenwartskino (Arbeitstitel)'.

Erkenntnisinteresse
Thema, Forschungsfrage
Am Anfang war die Pleite. Das Aus der renommierten Investmentbank *Lehman Brothers* im Herbst 2008 wird gemeinhin als Startschuss für eine der gewaltigsten Finanzkrisen seit Einführung der Börse genannt. Die massiven Einbrüche auf den globalen Finanzmärkten katapultierten Informationen aus der und über die Finanzwelt auf die medialen Agenden. Dort sollte informiert, aufgeklärt und ein Geschehen erklärt werden, das kaum noch jemand zu verstehen schien. Auch der fiktive Film nahm sich diesem Thema an. Keine zwei Jahre nach dem Banken-Crash lief *Wall Street: Money Never Sleeps* (USA 2010, R: Oliver Stone) in den Kinos an, 2011 folgte *Margin Call* (USA 2011, R: J. C. Chandor), die hochkarätig besetzte Low-Budget-Produktion von J. C. Chandor. Beide Filme hatten damit die Herausforderung angenommen, das Unsichtbare der Finanzökonomie sichtbar zu machen (vgl. Stäheli und Verdicchio, 2006, S. 109), was freilich wiederum mit sich brachte, dass die Filme selbst Spekulationen über die Vorgänge an der Börse und über den globalen Finanzmarkt zur Verfügung stellten. Diesen spekulativen Aufklärungsversuchen und Formen der Sichtbarkeitsmachungen der Finanzkrise im fiktiven Spielfilm wird in dieser Studie unter der nachstehenden Forschungsfrage nachgegangen: Wie wird die Finanzkrise in *Margin Call* und *Wall Street: Money Never Sleeps* verhandelt?

Theoretischer Hintergrund: Mediensoziologische Perspektive
Filme entstehen nicht im gesellschaftsleeren Raum – das Gegenteil ist der Fall: Sie sind immer auch Reaktionen auf das gesellschaftliche Umfeld, in dem sie entstehen. Sie bieten in ihrer Machart immer bereits Interpretationen sozialer Realität an und geben damit Deutungen vor, die in der Aufnahme durch ein verstreutes Publikum die Verhältnisse der sozialen Wirklichkeit verändern und weiterhin verändert haben. Diese Deutungen verhalten sich keineswegs neutral zu dem, was dargeboten wird, sondern in den Darbietungsweisen der Filme werden Normen, Werte und Wissen öffentlich vermittelt, wodurch Filme einen wichtigen Beitrag zum Aufbau einer gemeinsamen Welt der Zuschauer leisten. Als Teil des kollektiven Gedächtnisses einer Gesellschaft eröffnen sie einen Zugang zum gesellschaftlich geteilten Wissensvorrat, indem sie selbst Wissen beitragen, stabilisieren oder auch verändern. Im Mittelpunkt einer soziologischen Film- und Fernsehanalyse steht die Freilegung dieses Wissens.

Ziel dieser soziologischen Filmanalyse ist es, Einblicke in das Verfahren filmischer Aufklärungsversuche zur Finanzkrise zu erhalten und damit zugleich in die Selbstwahrnehmung gegenwärtiger kapitalistischer Gesellschaften. Der empirische Fokus liegt dabei auf dem filmischen Wissen über die Finanzkrise 2008/2009 und verfolgt die eingangs formulierte Leitfrage nach den filmischen Darstellungsformen der Finanzkrise im Kino und damit auch, wie die in den jeweiligen Filmen angelegten Spielräume sozialen Wissens verfasst sind.

Forschungsstand über die einschlägige Literatur in folgenden Bereichen
- Medien- bzw. Filmsoziologie
- Finanzökonomie
- Einschlägige Filmanalysen

Relevanz
- Aktualität: medialer Aufarbeitungsdiskurs der Finanzkrise
- Desiderat: im Hinblick auf filmsoziologische Produktanalysen

Zusammenstellung des Untersuchungskorpus (Theoretical Sampling)
Wall Street: Money Never Sleeps (USA 2010, R: Oliver Stone)
- Begründung: unmittelbare und explizite Auseinandersetzung mit der Finanzkrise
- Erste Szene für das Theoretical Sampling ist die Eröffnung des Films, in der der Grundkonflikt bereits vorbereitet wird.

Margin Call (USA 2011, R: J. C. Chandor)
- Begründung: unmittelbare und explizite Auseinandersetzung mit der Finanzkrise
- Erste Szene für das Theoretical Sampling ist die Eröffnung des Films, in der der Grundkonflikt bereits vorbereitet wird.

Methode
Verfahren wird nach der soziologischen Film- und Fernsehanalyse. Sie ist ein hermeneutisches, dem interpretativen Paradigma der Soziologie verpflichtetes, qualitatives Vorgehen, die ebenso kontrolliert wie offen verfährt und damit der Komplexität des Untersuchungsgegenstands gerecht wird.

2.5 Tipp: Projekthandbuch

Legen Sie sich bereits im Zuge der Projektplanung ein digitales Projekthandbuch an, das Sie von Anfang an pflegen. Das Projekthandbuch ist eine Ordnerstruktur, die sich aus folgenden Unterordnern zusammensetzt (und die man dem je eigenen Projekt angleicht):

> **Projekthandbuch:**
> 1. Exposé/Forschungsdesign
> 2. Finanzierung/Stipendien
> 3. Zeit und Arbeitsplan
> 4. Unterlagen Verwaltung (z. B. Anmeldung)
> 5. Datenarchivierung
> 6. Analyse
> 7. Literatur
> 8. Protokolle und Filmtranskripte
> 9. Inhaltsverzeichnis
> 10. Kapitel
> 11. Referat/Kolloquium etc.
> 12. Literaturliste
> 13. Sonstiges

2.6 Literatur

2011 Domestic Grosses: Total Grosses of all Movies Released in 2011 [Auflistung] (o. D.). Abgerufen von http://www.boxofficemojo.com/yearly/chart/?yr=2011&p=.htm (zuletzt am 09.03.2015).

Bordwell, David und Thompson, Kristin (2010). Film Art: An Introduction. New York: McGraw-Hill.

Borstnar, Nils, Pabst, Eckhard und Wulff, Hans J. (2002). Einführung in die Film- und Fernsehwissenschaft. Stuttgart: UTB/UVK.

Box Office Mojo. Abgerufen von http://www.boxofficemojo.com (zuletzt am 10.03.2015).

Brecht, Bertolt (1967). Gesammelte Werke in 20 Bänden (Band 16). Frankfurt a. M.: Suhrkamp.

Chronik des Massakers von Aurora (2012, 21.07.). Abgerufen von http://sz.de/1.1418632 (zuletzt am 27.03.2015).

Elstner, Frank (2015,05.04.) @frank_elstner. Abgerufen von https://twitter.com/frank_elstner/status/452559544812847105 (zuletzt am 09.05.2015).

Field, Syd (1993). Das Handbuch zum Drehbuch. Übungen und Anleitungen zu einem guten Drehbuch. Frankfurt a. M.: Zweitausendundeins.

Flick (2005). Methodologie qualitativer Forschung. In Uwe Flick, Ernst v. Kardorff und Ines Steinke (Hg.), Qualitative Forschung: Ein Handbuch (S. 251–265). Reinbek bei Hamburg: Rowohlt.

Flick, Uwe, v. Kardorff, Ernst und Steinke, Ines (2005). Was ist Qualitative Forschung? Einleitung und Überblick. In Uwe Flick, Ernst v. Kardorff und Ines Steinke (Hg.), Qualitative Forschung: Ein Handbuch (S. 13–29). Reinbek bei Hamburg: Rowohlt.

Flick, Uwe (2002). Qualitative Forschung. Eine Einführung. Reinbek bei Hamburg: Rowohlt.

Glaser, Barney G. und Strauss, Anselm L. ([1967] 2010). Grounded Theory: Strategien qualitativer Forschung. Bern: Hans Huber.

Goffman, Erving ([1959] 2003): Wir alle spielen Theater: Die Selbstdarstellung im Alltag. München: Piper.

Götz, André (2005). Sin City [Review]. Abgerufen von http://www.filmzentrale.com/rezis/SinCityag.htm (zuletzt am 09.03.2015).

Keppler, Angela (2015). Das Fernsehen als Sinnproduzent: Soziologische Fallstudien. München: De Gruyter Oldenbourg.

Lowry, Stephen (1997). Stars und Images: Theoretische Perspektiven auf Filmstars. montage/AV, 6(1), S. 10–35.

Luckmann, Thomas (1986). Grundformen der gesellschaftlichen Vermittlung des Wissens: Kommunikative Gattungen. In Friedhelm Neidhardt, M. Rainer Lepsius und Johannes Weiß (Hg.), Kultur und Gesellschaft: Sonderheft 27 der Kölner Zeitschrift für Soziologie und Sozialpsychologie. Opladen: Westdeutscher Verlag, S. 191–211.
Maxwell, Joseph A. (1996). Qualitative Research Design: An Interactive Approach. London et al.: Sage.
NEO MAGAZIN (ZDF/ZDFneo) (o. D.). Abgerufen von http://www.grimme-institut.de/html/index.php?id=1874 (zuletzt am 09.03.2015).
Raupp, Juliana und Vogelgesang, Jens (2009). Medienresonanzanalyse: Eine Einführung in Theorie und Praxis. Wiesbaden: Springer VS.
Sin City (2005): External Reviews [Auflistung] (o. D.). Aufgerufen von http://www.imdb.com/title/tt0401792/externalreviews?ref_=tt_ql_op_5 (zuletzt am 09.03.2015).
Stäheli, Urs und Verdicchio, Dirk (2006). Das Unsichtbare sichtbar machen: Hans Richters „Die Börse als Barometer der Wirtschaftslage". montage/AV, 15(1), S. 108–122.
Strauss, Anselm L. ([1987] 1991). Grundlagen qualitativer Sozialforschung: Datenanalyse und Theoriebildung in der empirischen soziologischen Forschung. München: Fink.
Wulff, Hans J. (2002). Sequenz. In Thomas Koebner (Hg.), Reclams Sachlexikon des Films (S. 547–549). Stuttgart: Reclam.

2.7 Film- und Fernsehsendungen

3 nach 9 (D seit 1974, Radio Bremen TV, Moderation: Giovanni di Lorenzo u. a.)
About:Kate (D 2013, arte)
Amour (F/D/AT 2012, R: Michael Haneke)
Black Hawk Down (USA/UK 2001, R: Ridley Scott)
Blood Diamond (USA/D 2006, R: Edward Zwick)
Brokeback Mountain (USA/CAN 2005, R: Ang Lee)
Cosmopolis (CAN 2012, R: David Cronenberg)
Die Anstalt (D seit 2014, ZDF, Moderation: Max Uthoff und Claus von Wagner)
Drive (USA 2011, R: Nicolas Winding Refn)
Endlich Deutsch! (D 2014, R: Lutz Heineking, jr.)
Exit Through the Gift Shop (UK 2010, R: Banksy)
Girls (USA seit 2012, HBO)
Good Night, and Good Luck (USA 2005, R: George Clooney)
Harry Potter and the Order of the Phoenix (UK/USA 2007, R: David Yates)
heute-show (D seit 2009, ZDF, Moderation: Oliver Welke)
Homeland (USA seit 2011, Showtime)
Ice Age: The Meltdown (USA 2006, R: Carlos Saldanha)
Inglorious Basterds (USA/D 2009, R: Quentin Tarantino)
Jimmy Kimmel Live! (USA seit 2003, ABC, Moderation: Jimmy Kimmel)
Jung & Naiv – Politik für Desinteressierte (D seit 2013, Joiz, Moderation: Tilo Jung)
Lions for Lambs (USA 2007, R: Robert Redford)
Man, Woman and Children (USA 2014, R: Jason Reitman)
Mann/Frau (D seit 2014, BR)
Margin Call (USA 2011, R: J. C. Chandor)
Minority Report (USA 2002, R: Steven Spielberg)
Monster (USA/D 2003, R: Patty Jenkins).

Neo Magazin Royale (D seit 2013, ZDFneo/ZDF, Moderation: Jan Böhmermann)
Once Upon a Time in America (IT/USA 1984, R: Sergio Leone)
Roche & Böhmermann (D 2012, ZDFkultur, Moderation: Charlotte Roche und Jan Böhmermann)
Rundshow (D 2012, BR, Moderation: Richard Gutjahr)
Sex and the City (USA 1998–2004, HBO)
Sin City (USA 2005, R: Robert Rodriguez und Frank Miller)
Spider-Man (USA 2002, R: Sam Raimi)
Tagesschau (D seit 1952, Das Erste, Moderation: Jan Hofer u. a.)
Tatort (D/AT/CH seit 1970, Das Erste)
The American Sniper (USA 2014, R: Clint Eastwood)
The Green Wave (D 2010, R: Ali Samadi Ahadi)
The Ides of March (USA 2011, R: George Clooney)
The Sopranos (USA 1999–2007, HBO)
The Truman Show (USA 1998, R: Peter Weir)
The Voice of Germany (D seit 2011, ProSieben/SAT1, Moderation: Thore Schölermann)
True Grit (USA 2010, R: Joel Coen und Ethan Coen)
Unter Dir die Stadt (D 2010, R: Christoph Hochhäusler)
Veronica Guerin (IR/USA 2003, R: Joel Schumacher)
Wall Street: Money Never Sleeps (USA 2010, R: Oliver Stone)
We Were Soldiers (USA/D 2002, R: Randall Wallace)
Wetten, dass..? (D/AT/CH 1981–2014, ZDF, Moderation: Thomas Gottschalk u. a.)

3 Analyseverfahren I: Mikroebene

Ziel dieses Kapitels ist es, zentrale Verfahren filmischer Darbietung vorzustellen. Den Anfang machen einige grundsätzliche Bemerkungen zum Aufbau des Filmbilds (Kap. 3.1) sowie zur filmischen Herstellung von Bedeutungsangeboten. Beides hängt unmittelbar zusammen und hat Konsequenzen für den Gang der Analyse. Im Anschluss werden ausgewählte Grundoperationen filmischer Inszenierung vorgestellt, zunächst für die visuelle (Kap. 3.2), dann für die auditive Ebene (Kap. 3.3), um anschließend einige grundlegende Verfahren der Gesamtkomposition (Kap. 3.4) von filmischen Produkten zu nennen. Eine Ausnahmestellung unter den audiovisuellen Dimensionen nimmt das Continuity System ein, auf welches wir gesondert zu sprechen kommen (Kap. 3.4.5). Anschließend wird das Transkriptionssystem (Kap. 3.5) des hier vorliegenden Verfahrens eingeführt. Das Kapitel endet mit einigen Tipps zur Transkription audiovisueller Produkte (Kap. 3.6).

Der Forschungsprozess einer Film- und Fernsehanalyse, so wie wir ihn in Kapitel 2 vorgestellt haben, dient der schlüssigen und überprüfbaren Annäherung an das jeweilige filmische Produkt. Er schafft die Voraussetzungen für ein nachvollziehbares, am Gegenstand belegbares Interpretieren. Letzteres ist das zentrale Anliegen der Film- und Fernsehanalyse. Es geht darum, offenzulegen, *wie* filmische Produkte wirklichkeitsrelevantes Orientierungswissen anbieten. Dieses *Wie* lässt sich nur mithilfe einer detaillierten Untersuchung der jeweiligen Machart der Produkte beantworten. Die Machart filmischer Produkte ist das Ergebnis des Zusammenspiels von klanglichen und bildlichen Elementen, auf welchem der kommunikative Gehalt medialer Produkte beruht. Paul Watzlawicks auf die interpersonale Kommunikation gemünztes Wort gilt ganz besonders auch für die Produkte aus Film und Fernsehen: dass man mit Bildern wie mit Tönen nicht nicht kommunizieren kann (vgl. Watzlawick, Beavin und Jackson, 1969, S. 53). Der Prozess des Interpretierens selbst, die Ausdeutung des filmischen Materials (vgl. Kap. 5), kann also ohne eine genaue Untersuchung der klanglichen und bildlichen Elemente gar nicht vonstattengehen. Die soziologische Film- und Fernsehanalyse schenkt daher ihre Aufmerksamkeit den elementaren Operationen der sichtbaren und hörbaren Prozesse des filmischen Verlaufs und behält dabei stets das Zusammenspiel von Bild und Ton im Blick, durch das der spezifische Gehalt – die Bedeutung – der filmischen Produkte entsteht.

> Die Formulierung und Begründung eines Erkenntnisinteresses, die Auswahl eines Untersuchungsgegenstands sowie die Herstellung von Sequenz- und Einstellungsprotokollen sind wichtige Arbeitsschritte im Rahmen einer Film- und Fernsehanalyse. Sie bereiten jedoch die eigentliche Arbeit am filmischen Material – dessen Interpretation – nur vor. Die detaillierte Betrachtung und Deutung der einzelnen Komponenten audiovisueller Produkte sowie deren Zusammenspiel im filmischen Verlauf sind **die zentralen Aufgaben einer soziologischen Film- und Fernsehanalyse**. Nur auf diese Weise kann das kommunikative Potenzial von medialen Produkten erkennbar gemacht werden.

Mindestens 14 bis 16 bewegte Bilder pro Sekunde sind die Grundvoraussetzung für das menschliche Gehirn, um eine Bewegung – einen Film – wahrzunehmen. Dennoch ist Film mehr als die Summe seiner Bilder und Töne. Filmisches Erzählen entfaltet sich im Zusammenspiel und Verlauf seiner verschiedenen Komponenten. Darum richtet die Film- und Fernsehanalyse ihr Augenmerk sowohl auf die Ebene der filmischen Verfahren (Mikroebene) als auch auf die Ebene des filmischen Verlaufs (Makroebene). Die Mikroebene ist die Ebene des filmbildlichen Details, die Ebene der Kameraführung, des Sounddesigns, des Schnitts etc. Die Makroebene ist die Ebene des filmischen Großrhythmus, auf der ein Grundproblem oder Grundkonflikt bearbeitet wird, Personen vorgestellt und Figuren entwickelt werden, indem die präsentierten Zustände und Ereignisse durch die dramaturgische Ordnung z. B. einer Liveshow oder eines Spielfilms charakterisiert und perspektiviert werden. Über beide Ebenen vermittelt sich letztlich das, wovon die Produkte jeweils im Ganzen handeln. Sie komplettieren sich gegenseitig: Die Art der Darbietung verleiht dem Gezeigten und Gesagten eine Bedeutsamkeit, die von der gesamten Dramaturgie der jeweiligen Filme, der Anordnung der einzelnen Einstellungen, Szenen und Sequenzen im filmischen Verlauf nicht zu trennen ist. Denn wie eine Person oder eine Figur, eine Debatte oder eine Katastrophe im Verlauf eines filmischen Produkts dargestellt werden, trägt wesentlich zu deren Wahrnehmung bei. Dem Verhältnis zwischen filmischem Detail und Großrhythmus muss jede gelungene Interpretation Rechnung tragen. Wir kommen darauf in Kapitel 5 zurück.

Beiden Ebenen haben wir jeweils ein eigenes Kapitel gewidmet. Kapitel 3 *Analyseverfahren I: Mikroebene* stellt zentrale Verfahren der filmischen Darstellung vor (u. a. Mise en Scène, Montage, Ton, Beleuchtung, Kameraoperationen etc.). Kapitel 4 *Analyseverfahren II: Makroebene* geht auf Aspekte der filmischen Gesamtkonzeption ein (u. a. Figurenkonstellationen, Genres, Erzählperspektiven). Da es ohne das filmsprachliche Detail aber keine filmische Makroebene geben kann, dieses also die unhintergehbare Basis allen filmischen Erscheinens und auch Erzählens darstellt, liegt der Schwerpunkt auf der Erläuterung der einzelnen filmischen Verfahren (Kapitel 3). Für beide Kapitel gilt, dass es nicht um eine umfassende Erörterung der einzelnen Aspekte und Verfahren gehen soll, sondern um eine komprimierte Darstellung der zentralen Grundoperationen filmischer Präsentationsweisen. Zum einen, da eine umfassende Erörterung nicht im Rahmen dieses Bands zu leisten wäre, und zum anderen, weil dies schon an andere Stelle mehrfach und überzeugend publiziert wurde.[1]

Bevor wir auf die einzelnen filmischen Verfahren zu sprechen kommen, werden wir auf die grundständige Beschaffenheit des Filmbilds selbst eingehen: seine Konstitution aus Bild und Ton. Die Feststellung der Audiovisualität als Merkmal filmischer Produkte mag zwar auf den ersten Blick als nur allzu selbstverständlich erscheinen. Sie trägt jedoch Wichtiges zur Erläuterung der dem Filmbild anhaftenden hohen Glaubwürdigkeit bei. Um diesen Zusammenhang von audiovisuellem Ausdruck, Präsentation und Wirklichkeitsbezug geht es uns im Folgenden.

3.1 Die Einheit von Bild und Ton

Filmische Produkte, welcher Art sie auch sein mögen, ob Sportübertragungen, Blockbuster, Talkshows etc., stellen eine Einheit aus akustischen und visuellen Elementen dar. Von wenigen, theoretisch nicht ins Gewicht fallenden Ausnahmen abgesehen (da selbst stumme oder stummgeschaltete Filme auf dem Niveau der heutigen Technik wegen ihrer fehlenden Klangdimension akustisch auffällige Objekte sind), sind Filme audiovisuelle Abläufe, die von den Zuschauern selbstverständlich als solche aufgefasst werden. Diese Selbstverständlichkeit darf in der Analyse von Filmen und Fernsehsendungen nicht übergangen werden. Ihr Gegenstand ist das Klangbildgeschehen der Produkte: ihre filmische ‚Sprache', die sich in der Gleichzeitigkeit von Bild und Ton artikuliert. Bei diesem Verhältnis handelt es sich keineswegs um ein additives, sondern durchweg um ein integrales Verhältnis: Der Klang fügt dem Bild nicht nur etwas hinzu, der Klang verwandelt das Bildgeschehen, das seinerseits einwirkt auf das, was akustisch vernehmbar ist.

In Film *Charley Varrick* (USA 1973, R: Don Siegel) gibt es eine Szene, in der ein mafioser Bankdirektor und ein kleiner Filialleiter auf einer Fahrt ins Grüne einen Zwischenstopp vor einem Gatter machen, hinter dem eine Rinderherde grast. Die beiden vertreten sich die Beine und sprechen miteinander. Blendet man die Tonspur aus, so handelt es sich zunächst um eine höchst idyllische Szene, ein Eindruck, der nach und nach durch den offensichtlichen Ernst der Unterhaltung gestört wird. Mit der Einblendung der Tonspur aber verändert sich die Szene ganz. Den beiden, so erfährt man, steht das Wasser bis zum Hals, da sie durch eine Verwicklung von Zufällen bei den Mafiabossen im Verdacht stehen, eine große Summe Geld veruntreut zu haben. Der Direktor macht seinem Untergebenen klar, wie tödlich ernst die Lage ist, unter anderem durch den Hinweis, wie beneidenswert das Leben der sorglos grasenden Rinder doch sei. Der Dialog verwandelt die bedrohte Idylle des stummen Bilds in eine Szenerie des Schreckens.

---

[1] Hilfreiche Publikationen zu diesen Aspekten sind u. a.: Borstnar, Pabst und Wulff (2002); Hickethier (2012); Kuchenbuch (2005); Koebner (2011).

Deutlich wird das enge Verhältnis von visueller und akustischer Ebene auch bei Aufnahmen von Originalschauplätzen, wie man sie in Reportagefilmen häufig sieht. Diese Aufnahmen kommunizieren oft eine andere Atmosphäre, sobald der Ton ausgeschaltet wird. Durchkomponierte Nachrichtenfilme erwecken manchmal den Eindruck, alle relevanten Informationen seien bereits im gesprochenen Text enthalten. Das ist jedoch nicht zutreffend. Die Angaben eines verbal übermittelten Texts mögen viele relevante Informationen über ein Ereignis enthalten, sie enthalten jedoch niemals alle relevante, durch den Film vermittelte Kommunikation. Denn dazu gehören die Bildstrategien der Beglaubigung und Konkretisierung, Animation und Illustration, ohne die der Gehalt der verbal übermittelten Botschaft nicht derselbe wäre. Das Bild fügt dem Wort und der Klang dem Bild etwas Wesentliches hinzu.

Die Bedeutung der akustischen Dimension kann man sich am Beispiel von Spielfilmen leicht dadurch klarmachen, dass man die musikalische Kommentierung ändert, von der etwa im Hollywoodkino die Wendung einer Handlung zum Guten oder Schlechten oft sehr genau begleitet wird. Hier von ‚Kommentierung' zu sprechen, ist selbst bereits irreführend: In einem sentimentalen Film beispielsweise vollzieht sich die Wendung zum Guten oder Schlechten nicht zuletzt *durch* die erklingende Musik. Nicht anders verhält es sich mit der gesprochenen Sprache. Es gibt keine Filme, die in ihrer ästhetischen und informativen Valenz unverändert bleiben, wenn die Sprache auf einmal ausfällt, wie es beispielsweise bei Sportübertragungen immer wieder geschieht. Für die Choreografie und Dramatik dessen, was im Bild zu sehen ist, sind die akustische Kulisse und der wertende Kommentar wesentliche Elemente. Ohne diese spielt sich ein anderer Film ab, auch wenn sich, was das Sichtbare betrifft, gar nichts anderes abspielt. Berühmt geworden ist das umgekehrte Beispiel der verzögerten Fußballübertragung des Champions-League-Spiels zwischen Madrid und Dortmund am 01.04.1998, bei der 70 Minuten lang ‚nichts' auf dem Rasen passierte, weil die Fans eines der Tore umgerissen hatten und weit und breit kein Ersatz zu finden war (*UEFA Champions League 1997/98. Halbfinale*, 1998, RTL, 01.04.1998). Der Kommentator Marcel Reif und der Studiomoderator Günther Jauch jedoch verwandelten dieses Nichtgeschehen in ein veritables dialogisches Geschehen, durch das auch das Herumstehen von Hilfskräften und Funktionären auf dem Rasen zu einem besonderen Schauspiel wurde. Der Ausfall der eigentlichen Aktion und die hierdurch drohende Langeweile wurden durch die geistreiche Kommentierung zu einem Ereignis eigener Art. Dem Sichtbaren wurde durch den Dialog der Journalisten Leben eingehaucht, mehr Leben sogar, als dem nachfolgenden Spiel noch zugetraut wurde (dem eine geringere Einschaltquote zuteilwurde als dem unvorhergesehenen Vorspiel) (vgl. dazu Keppler 2006a und 2006b).

Ähnlich ist von Talkshows zu sagen, dass sie alles andere als gefilmtes Radio darstellen, bei dem man sich das von der Bildregie Dargebotene auch hätte sparen können. Der sichtbare Dialog der Mienen und Gesten, der Körperhaltungen, je nach

Sendung auch der Bewegungen der Moderatoren, mit wenigen Worten: Der bildlich bewegte und dadurch auf besondere Weise bewegende Schauplatz des verbalen Austauschs ist wesentlich für das, was sich in diesen Sendungen abspielt. Überspitzt gesagt: Das Bild macht die Musik, der Ton bewegt die Bilder.

Sprache ist wie **Musik** auch eine integrale Dimension des filmischen Bewegungsbilds. Wie Schnitt, Montage, Kameraführung, Lichtregie und Farbgebung sorgen Sprache und Musik für den spezifischen Rhythmus eines ganzen Films. Zugleich sind sie wesentliche Medien der in Filmen verkörperten Gehalte: Sie transportieren Stimmungen, vermitteln Informationen, geben Rätsel auf, führen in die Irre, beruhigen oder beunruhigen, wiegeln auf oder wiegeln ab, stellen klar oder lassen im Unklaren. Zusammen bilden Bild und Klang die in einem Film geschaffenen und von ihm gezeigten Situationen. Die Interpretation dieses Zusammenhangs von visueller und akustischer Bewegung ist die erste Aufgabe einer ernstzunehmenden Filmanalyse.

Das soweit Gesagte zeigt: Filmische Darbietungen sind in jedem Fall das Ergebnis einer mehr oder weniger aufwendigen Inszenierung, die ihre eigene Anordnung von Bezügen auf tatsächliche oder fiktionale Begebenheiten herstellt, die auch im Fall dokumentarischer Berichte niemals einer bloßen Wiedergabe vorgegebener Realität gleichkommt. Selbst eine ambitionierte Dokumentation wie *24h Berlin – Ein Tag im Leben* (D 2009, R: Volker Heise u. a.) kann immer nur Ausschnitte sozialer Wirklichkeit zeigen, bedingt durch technische, soziale und pragmatische Aspekte. So sehr im filmischen Bild Zustände, Objekte und Ereignisse erkennbar werden, die den Zuschauern aus ihrer Alltagswirklichkeit – oder aus anderen Formen bildlicher Darstellung – vertraut sind, so erscheinen diese hier stets in einem innerbildlichen und zudem akustisch aufbereiteten Kontext, der ihnen eine spezifische Signifikanz verleiht. Man kann dabei zwischen den Bedeutungsebenen der *Denotation* und der *Konnotation* unterscheiden. Ein Auto auf der Leinwand ist ebenso eindeutig als ein Auto wahrzunehmen, wie eines im alltäglichen Straßenverkehr. Dies ist die Ebene der Denotation. Hier geht es um das, *was* jeweils im filmischen Bild identifizierbar ist, also darum, worauf sich die betreffenden Aufnahmen beziehen. Die Ebene der Konnotation hingegen betrifft die vielfältigen Zusammenhänge, die durch die *Art* ihrer Aufnahme hergestellt werden, also das, *als was* die jeweils sichtbaren und hörbaren Gegebenheiten präsentiert werden. So deutlich die gegenständliche Welt im Film häufig auch erscheinen mag (Denotation), so komplex sind ebenso häufig die sinnhaften Verweisungszusammenhänge, in die sie sich eingebettet findet (Konnotation) (vgl. Winter, 1992, S. 35).

Die meisten Vorlagen filmischer Bilder sind nicht frei von Konnotationen. Oft ist es so, wie es der Filmemacher Hartmut Bitomsky bereits in den 1970er Jahren beschrieben hat: „Die Kamera sucht die Welt an den Stellen auf, wo sie schon Bedeutung angenommen hat" (Bitomsky, 1972, S. 40). Nicht selten handelt es sich um etablierte Sekundärbedeutungen, die gesellschaftlich weitgehend geteilt werden, z. B. bei einem Löwen die Bedeutung von ‚Macht' und ‚Stärke' oder bei einem Kreuz dessen christliche Bedeutung. Aber auch, ob eine Limousine, ein Jeep oder ein gebrauchter Ford ins Bild fährt, kann einen erheblichen Unterschied machen. Die Prägnanz des filmischen Ausdrucks stellt also nicht nur den Bezug zu einem bezeichneten Objekt her, beispielsweise zu einer weißen Stretchlimousine wie in Cronenbergs *Cosmopolis* (CAN 2012, R: David Cronenberg), sondern auch zu einer schon codierten Wahrnehmungsbedeutung, hier dem Auto als Statussymbol. Diese Konnotationen aus dem vorfilmischen gesellschaftlichen Zusammenhang kann ein Objekt, wenn es dann im Rahmen eines filmischen Produkts erscheint, nicht einfach von sich abschütteln. Im Gegenteil, die Konnotationen werden meist gemeinsam mit dem und durch das Objekt Bestandteil des filmischen Bedeutungsangebots. Dies ist die Ebene der außerfilmischen Konnotation (vgl. Kap. 4.4).

Filmische Produkte verfügen zudem noch über eine dritte Ebene der Herstellung von Bedeutung: die der *innerfilmischen Konnotation*, die zumal in Spielfilmen eine tragende Rolle spielt (vgl. Wollen, 1973). Insbesondere auf dieser Ebene zeigt sich, dass Film nicht nur ein Medium der Aufzeichnung von bereits vorfilmisch konnotierten Begebenheiten ist, sondern dass die abgebildeten Objekte „durch die filmische Operation interpretiert, kombiniert, in einen anderen Kontext versetzt und in diesem Zusammenhang erneut zum ‚Sprechen' gebracht" werden (Kuchenbuch, 2005, S. 93). Die weiße Stretchlimousine fungiert in *Cosmopolis* beispielsweise weder allein als Fortbewegungsmittel, noch nur als Statussymbol für einen schier unvorstellbar wohlhabenden Spekulanten. Sondern durch die Art und Weise, wie die Limousine in Szene gesetzt wird, insbesondere durch die Wahl der Beleuchtung und Kameraobjektive, wird die Egomanie und Weltabgewandtheit des Protagonisten gleichermaßen zum Ausdruck gebracht. Die Stretchlimousine gleitet durch die Straßen New York Citys, während sich in den dunklen Scheiben des Flaggschiffs marktwirtschaftlicher Dekadenz der Alltag der Stadt spiegelt. Alles prallt an diesem weißen Panzer ab: die Eier der Demonstranten ebenso wie der tatsächliche Alltag einer Stadt. So inszeniert *Cosmopolis* den Investmentbanker als einen des Lebens überdrüssigen Misanthropen, der in seinem abgeriegelten Mikrokosmos durch die soziale Wirklichkeit streift, ohne mit dieser in Berührung kommen zu müssen.

Alle drei Ebenen der filmischen Herstellung von Bedeutung, die der Denotation, die der außerfilmischen Konnotation ebenso wie die der innerfilmischen Konnotation, bilden gemeinsam den potenziellen Aussagegehalt eines filmischen Produkts, wobei die dritte Ebene die genuin filmische Form der Bedeutungskonstruktion ist und darum auch im Fokus der Film- und Fernsehanalyse steht. Denn die Art und Weise *wie* Film Begebenheiten, Gegenstände und Personen zum Erscheinen bringt, entscheidet maßgeblich über den kommunikativen Gehalt der Filme. Es ist auch insbesondere diese Ebene, die ein Know-how bezüglich filmischer Verfahren einfordert, will man sie adäquat beschreiben und interpretieren.

> Filmische Produkte bieten stets eigene Interpretationen faktischer oder möglicher Wirklichkeiten an. Dies gilt für Dokumentationen ebenso wie für Nachrichtenfilme oder Krimis.
> Das filmische Kommunikationsangebot beruht niemals nur auf dem Was des jeweils Gezeigten, sondern stets auch darauf, wie dieses gezeigt wird, wobei vorfilmische Sinnbezüge oft zugleich übernommen und transformiert werden.

Aufgrund der maßgeblichen Rolle der spezifischen filmischen Verfahren für das Verständnis von filmischen Produkten wird in der Film- und Medienwissenschaft immer wieder dazu übergegangen, von einer genuinen ‚Sprache' des Films zu sprechen. In den 1960er- und 1970er-Jahren haben vor allem Christian Metz (1973) und Jean-Marie Peters (1972) versucht, diesem Begriff einen strikten Sinn zu verleihen. Es hat sich jedoch herausgestellt, dass die Analogie von Film und Sprache, wie schon diejenige von Musik und Sprache, theoretisch nicht allzu weit trägt. Trotz vieler Typisierungen in filmischen Verfahren, von denen gleich noch die Rede sein wird, finden sich hier keine abgegrenzten Elemente, die sich mit Buchstaben, Worten oder Sätzen einer Sprache vergleichen ließen. Das Filmbild bietet sich vielmehr in der Fülle und Bewegung seiner Elemente dar, an welchen der Zuschauer signifikante Dinge und Ereignisse, Figuren und Handlungen, Zustände und Verläufe erkennen kann. Daher ist alle Aussicht auf eine wie auch immer geartete ‚Grammatik' der filmischen Rede vergebens. Nichtsdestotrotz ist das filmische Bild durch Einstellung, Schnitt, Montage, Kameraführung, Farb- und Lichtregie ein vielfach artikuliertes Bild, und es ist für die Film- und Fernsehanalyse entscheidend, zu verfolgen, was in diesen Prozessen geschieht: wie die Objekte, Szenen, Personen, Verläufe durch die filmische Aufnahme dargeboten werden, welche Zeit zu ihrer Wahrnehmung bleibt, welche Ansichten jeweils präsentiert und montiert werden etc.

Die Rede von einer ‚Filmsprache' ist allein in metaphorischer Bedeutung sinnvoll. Wenn also künftig von filmsprachlichen Aspekten die Rede ist, dann lenkt diese Formulierung die Aufmerksamkeit auf die gesamte Dramaturgie von filmischen Produkten und hebt die Interdependenz ihrer Formelemente hervor. Wie diese Integration jeweils geleistet wird, ob synchron oder asynchron, harmonisch oder dissonant, kontrastreich oder kontrastarm, ist für den Grundbegriff des Filmischen nicht entscheidend, da alles dies Fälle der Einheit seiner Klangbildprozesse sind. Was durch Filme gleich welcher Art kommuniziert wird, ergibt sich stets aus ihrer gesamten Dramaturgie. Keine der beteiligten Dimensionen, weder das bildliche, noch das musikalische, noch das sprachliche Geschehen dürfen isoliert werden. Keine ist allein für den Gehalt von Filmen verantwortlich.

Die vorläufige Trennung der visuellen und auditiven Dimensionen filmischer Klangbildverläufe ist in der Praxis der Analyse allerdings oftmals erforderlich, um der ästhetischen Komplexität filmischer Produkte gerecht zu werden. Desgleichen gilt übrigens für ihre Vermittlung, weshalb wir nun auch zunächst die visuellen

Verfahren filmischer Darstellung vorstellen werden, anschließend die auditiven und abschließend diejenigen Verfahren, die die audiovisuellen Dimensionen betreffen.

3.2 Visuelle Dimensionen

Fundamental für die Analyse der visuellen Darstellung sind die verschiedenen Verfahrensweisen der Kamera: die Kameraoperationen. Die Stellung der Kamera gegenüber einem ausgewählten Objekt bestimmt die bedeutungstragenden Merkmale des finalen Bilds in vielfacher Hinsicht. Die Kamera nimmt in der filmischen Darbietung nicht nur die Rolle des ‚Gegenübers' der gezeigten Objekte ein, sie gibt den Betrachtern – oft zusammen mit einer spezifischen Anordnung der im Bild sichtbaren Gegenstände – auch eine spezifische Sichtweise der Objekte vor, über die sich diese in der Regel nicht hinwegsetzen können. Diesen basalen Strukturen des filmischen Bilds muss jede Interpretation von filmischen Produkten Rechnung tragen.

Einstellungsgröße, *Kameraperspektive* und *Kamerabewegung* sind eigene filmische Mitteilungsquellen. Diese Kameraoperationen bilden die Grundvoraussetzungen für die Sichtbarmachung von Objekten und Situationen. Schnitt und Montage wählen aus diesem Material aus und fügen die einzeln aufgenommenen und durch die Art ihrer Aufnahme bereits bedeutsamen Bilder zu einer Bildfolge mit wiederum eigenem Aussagegehalt zusammen. Einen vollständigen Aufschluss über strukturelle und ästhetische Merkmale eines filmischen Verlaufs kann erst die Analyse der Montage ergeben. Da Schnitt und Montage jedoch Verfahren sind, die stets das visuelle und das akustische Geschehen filmischer Bilder betreffen, werden wir hierauf erst bei der Behandlung der audiovisuellen Dimensionen filmischer Produkte zu sprechen kommen. Denn vorerst geht es noch nicht um den ‚Großrhythmus' filmischer Einheiten, sondern um die elementaren Möglichkeiten der Erzeugung filmischer Bilder.

3.2.1 Kameraoperationen I: Einstellungsgröße

Das Grundformat des filmischen Bilds ist die Einstellungsgröße, die durch die Position der Kamera und die Wahl des Kameraobjektivs festgelegt wird. Sie beschreibt das Größenverhältnis von abgebildetem Objekt und gesamtem Filmbild und zeigt somit das Größenverhältnis des gewählten Bildausschnitts an. Einstellungsgrößen geben einen ersten Aufschluss darüber, was die Kamera differenziert sichtbar und wie sie es sichtbar macht; sie machen unter anderem deutlich, welche Objekte die Kamera in der Ferne belässt und welche nicht. Dadurch wird eine durch die Art der Aufnahme bewirkte Stellung des Betrachters zum Betrachteten hergestellt: Die Kamera kann den Betrachter durch die Wahl der Einstellung gegenüber der gezeigten Situation auf ‚Distanz' halten, ihn direkt in eine Szene ‚integrieren' oder ihm einen größeren Überblick verschaffen als den Figuren selbst. Die Einstellungsgröße teilt uns zudem auch etwas über die Beziehung zwischen den abgebildeten Objekten bzw. über ihre Bedeutung für den weiteren filmischen Verlauf mit. Auf die zahlreichen Möglichkeiten filmischen Erzählens allein schon durch dieses eine filmische Mittel möchten wir kurz anhand dreier völlig unterschiedlicher Filmbeispiele aufmerksam machen:

Abb. 3.1–3.3: Stills aus *Pride and Prejudice* (UK 1995, BBC, Staffel 01/Episode 03, 08.10.1995) (Abb. 3.1); *5 Friends* (USA 2008, R: Steven Spielberg) (Abb. 3.2); *Vertigo* (USA 1958, R: Alfred Hitchcock) (Abb. 3.3)

Eine Einstellungsgröße wie beispielsweise die Halbtotale eröffnet einen Bildausschnitt, der mehrere Personen in einem Raum zeigen kann. Eine solche Aufnahme bietet sich an, um Aussagen darüber zu treffen, in welcher Beziehung die abgebildeten Personen und Objekte zueinander stehen. Bei Abb. 3.1 aus der BBC-Miniserie von *Pride and Prejudice* handelt es sich z. B. um eine solche Halbtotale. Elizabeth Bennet, die Dame links, hat überraschend Besuch von Mr. Darcy erhalten, dem Herrn rechts. Daran, dass unsere Protagonistin darüber keineswegs aus dem Häuschen zu geraten scheint – zumindest zu diesem Zeitpunkt der Literaturverfilmung noch nicht – lässt diese Einstellung keinen Zweifel. Sie bringt vielmehr die Distanz zwischen den beiden Figuren zum Ausdruck, indem die gewählte Einstellungsgröße insbesondere den Raum, der wortwörtlich zwischen Elizabeth und Darcy steht, zum Mittelpunkt des Bildausschnitts erhebt. Dass Darcys Heiratsantrag in einer der nächsten Szenen scheitern muss, darf nach dieser Einstellung nicht weiter überraschen. Es überrascht vielmehr, dass er überhaupt auf die Idee kommt, Elizabeth einen Antrag zu machen.

Die Großaufnahme (sowohl Abb. 3.2 als auch 3.3) wählt im Vergleich zur Halbtotalen einen deutlich engeren Bildausschnitt. Sie zählt zu den Einstellungsgrößen, die die Aufmerksamkeit des Betrachters zum einen gezielt auf einzelne Objekte lenken kann, indem sie die Objekte den Bildausschnitt dominieren lässt. In dieser Szene aus Hitchcocks *Vertigo* ist es beispielsweise der – so wird sich noch zeigen nur scheinbar – bedeutungsschwangere Blumenstrauß (Abb. 3.3). Zum anderen zählt die Großaufnahme zu den Einstellungsgrößen, die eine Form von Intimität und Nähe zwischen den Figuren herstellen kann, indem sie ihnen buchstäblich auf den Leib rückt. Zudem kann sie diese Nähe, wie unser Beispiel nun zeigen wird, ebenso zwischen Figur und Zuschauer herstellen. Der Still von Benicio Del Toro (Abb. 3.2) stammt aus der Social-Spot-Kampagne *5 Friends*. In der ausschließlich im Web veröffentlichten Kampagne ruft das ‚Who is Who' der Weltstars, darunter Forest Whitaker, Leonardo DiCaprio, Dustin Hoffman, Tobey Maguire und Julia Roberts, zur Wahl auf. In den hochwertig produzierten, überparteilichen Spots schlüpfen sie in die Rolle der Privatperson und fordern mit direktem Blick in die Kamera von der potenziellen Wählerschaft: ‚Don't Vote!'. Nach knapp 30 Sekunden wird die ironische Ebene aufgelöst und zur Benennung der ‚guten Gründe für die Wahl' übergegangen, bevor dann am Ende die Botschaft des Clips klar und unmissverständlich formuliert wird: ‚Vote!'. Die dominierenden Einstellungsgrößen dieser vier bis fünf Minuten langen Spots sind die Groß- und die Nahaufnahme. Der Zuschauer wird direkt und auf Augenhöhe angesprochen. Hier wird keine Distanz geschaffen, ganz im Gegenteil. Der kommunikative Gestus des gewählten Bildausschnitts ist unmissverständlich: Durch nichts wird von der Botschaft abgelenkt, ‚es geht um dich (den Zuschauer) und mich (in diesem Fall Benicio Del Torro) und wir beide müssen Klartext reden'.

Die Bestimmung der Einstellungsgröße ist ein grundlegender Aspekt, um Filmbilder adäquat beschreiben zu können. Die Begriffe, die wir zur Benennung verwenden, entsprechen der in der Film- und Fernsehproduktionstechnik üblichen achtstufigen Größeneinteilung.

Detail: Eng begrenzter Bildausschnitt; kleinste Objekte (z. B. Mücke) oder Details von Objekten (z. B. menschliches Auge) werden so abgebildet, dass sie die gesamte Bildfläche füllen. In diesem Beispiel ist es die Hand (Abb. 3.4).

Groß: Konzentration des Bildausschnitts auf das Gesicht einer Person/Figur bis maximal zum Hals oder einen kleineren Gegenstand, der das Bild füllt (z. B. Tasche). In diesem Beispiel ist es das Gesicht des Protagonisten Captain Benjamin L. Willard, der auf dem Kopf stehend in den Film *Apocalypse Now* eingeführt wird (Abb. 3.5).

Nah: Brustbild; Darstellung von Personen/Figuren vom Kopf bis zur Mitte des Oberkörpers; neben den mimischen werden auch gestische Elemente sichtbar; oft für die Darstellung von Diskussionen und Gesprächen verwendet (Abb. 3.6).

Abb. 3.4–3.6: Stills aus *Apocalypse Now* (USA 1979, R: Francis Ford Coppola)

Halbnah: Darstellung Kopf bis zur Taille; Aussagen über die unmittelbare Umgebung der abgebildeten Personen/Figuren werden möglich; oft zur Darstellung von Personen/Figuren im Dialog verwendet (Abb. 3.7). In diesem Beispiel ist es der noch zögernde Sergeant auf dem Flur vor dem Hotelzimmer Willards.

Amerikanische (Zwischenstufe): Personen/Figuren vom Kopf bis zu den Knien (Abb. 3.8).

Halbtotale: Personen/Figuren von Kopf bis Fuß; oft zur Darstellung von Gruppen verwendet (Abb. 3.9).

Totale: Darstellung ganzer Personen/Figuren mit deutlich mehr Umgebung; gibt einen Überblick über den Handlungsraum. Auch Ansichten auf ein Haus, einen Stau oder ein Fußballfeld ohne Spieler können Inhalt einer Totalen sein (Abb. 3.10).

Weite: Übersicht über eine Szenerie oder Landschaft, in welcher der Mensch verschwindend klein wirkt; auch Panoramaaufnahme und Supertotale genannt (Abb. 3.11).

Abb. 3.7–3.11: Stills aus *Apocalypse Now*

Nur eine fixe Bezugsgröße ermöglicht eine schlüssige Bestimmung der Einstellungsgrößen, da alle acht in einem relationalen Verhältnis zueinander stehen. Die Bezugsgröße für die Bestimmung aller Einstellungsgrößen ist stets der menschliche Körper. Nun ist in den meisten Einstellungen allerdings nicht nur ein menschlicher Körper zu sehen, sondern mehrere. Auch kann sich der Standpunkt oder die Haltung eines menschlichen Körpers innerhalb einer Einstellung verändern. Darum orientiert man sich bei der Bestimmung der Einstellungsgröße immer an dem menschlichen Körper, auf den sich das zentrale Interesse der Kamera richtet, und setzt diesen in Relation zur gesamten Bildfläche. Gleiches gilt übrigens auch für Aufnahmen, die gar keine oder auch nur zunächst keine Personen enthalten. Wenn eine Stadtansicht gezeigt wird oder ein menschenleeres Fernsehstudio, so ist es dennoch möglich, über die Bezugsgröße menschlicher Körper die Einstellungsgröße zu bestimmen. Zu

Beginn von *The Ides of March* (USA 2011, R: George Clooney) beispielsweise sehen wir zunächst nur eine leere Bühne mit einem Mikrofon im Bildvordergrund (Abb. 3.12). Dann tritt eine Person auf, die von Kopf bis Fuß zu sehen ist (Abb. 3.13), über die Bühne bis zum Bildvordergrund läuft und vor dem Mikrofon zum Stehen kommt. Jetzt sind in erster Linie noch das stark ausgeleuchtete Gesicht des Protagonisten im Profil zu sehen sowie das besagte Mikrofon (Abb. 3.14).

Abb. 3.12–3.14: Stills aus *The Ides of March*

Während dieses Handlungsablaufs verändert sich die Einstellungsgröße der Kamera kein einziges Mal. Obwohl der Protagonist Stephen Meyers zu Beginn dieser Szene in Gänze zu sehen ist und wir durchaus auch etwas über den Raum, nämlich eine Bühne, vermittelt bekommen, handelt es sich hierbei um keine Halbtotale. Über die Orientierung am menschlichen Körper und den Bildmittelpunkt dieser Einstellung lässt sich diese Kameraeinstellung als eine *Nahaufnahme* bestimmen. Hinweis auf den bildinternen Mittelpunkt gibt in dieser Szene zum Beispiel auch die Tiefenschärfe. Der Bildhintergrund bleibt die ganze Einstellung über unscharf. Erst das Profil des Protagonisten erscheint gestochen scharf im Bildvordergrund. Des Weiteren handelt es sich deshalb um eine Nahaufnahme, da der Fokus des Bildausschnitts nicht nur auf dem Profil des Protagonisten liegt, sondern auch auf dem Mikrofon. Während die Einstellungsgröße häufig schon zu Beginn einer Einstellung bestimmt werden kann, lässt sie sich in diesem Fall erst am Ende der Einstellung final bestimmen. Zwischen *Großaufnahme* und *Nahaufnahme*, der nächstgrößeren Einstellungsgröße, lässt sich am ehesten unterscheiden, wenn man berücksichtigt, ob und was der Bildausschnitt neben der primär fokussierten Person oder dem primär fokussierten Objekt noch präsentiert. Von Benicio Del Toro sehen wir zwar auch noch den Oberkörper, aber der Kopf ist angeschnitten (Großaufnahme, vgl. Abb. 3.2). Von Stephen Meyers (Nahaufnahme, vgl. Abb. 3.14) sehen wir zwar auch nur Kopf und etwas Oberkörper, aber dafür noch das Mikrofon und die Bühne.

3.2.2 Kameraoperationen II: Kameraperspektive

Die *Kameraperspektive* spezifiziert das durch die Einstellungsgröße vorgegebene Verhältnis von Kamera und aufgenommenem Objekt, indem sie die räumliche Relation des Verhältnisses klärt. Über die genaue Kameraperspektive wiederum entscheiden die Auswahl eines bestimmten Objektivs, der Standort und der Neigungswinkel der Kamera. In vielen Bildern nimmt die Kamera eine Position ein, die der Perspektive der menschlichen Wahrnehmung entspricht: Sie bietet ihre primären Objekte ‚auf Augenhöhe' dar. Dies bezeichnet man als *Normalsicht* oder *Normalperspektive*, da sie als eine neutrale Form der Kameraperspektive angesehen werden kann, von der sich andere Perspektiven mehr oder weniger auffällig abheben (denken Sie z. B. an den Bildausschnitt der *Tagesschau* (D seit 1952, Das Erste), wenn Jan Hofer die aktuellen Meldungen verliest). Im Umkehrschluss erscheint jedes Bild, das von der Normalsicht abweicht, und damit unserer alltäglichen Seherfahrung widerspricht, als befremdlich und artifiziell (vgl. Borstnar, Pabst und Wulff, 2002, S. 92–94). Abweichungen des horizontalen Neigungswinkels von der Normalsicht (Kamera in Augenhöhe) werden als *Aufsicht* bzw. *Vogelperspektive* (Abb. 3.15) und als *Untersicht* bzw. *Froschperspektive* (Abb. 3.16) bezeichnet. Die Aufsicht lässt die von oben gesehenen Objekte kleiner erscheinen und umgekehrt erscheinen die aus der Untersicht präsentierten Objekte größer und dominanter. Auf- und Untersicht können in vielfältigen Varianten auftreten, verursacht durch die Variation des Neigungswinkels der Kamera. In unserer Beispielszene aus *Citizen Kane* (USA 1941, R: Orson Welles) kommt es zum Streit zwischen den Eheleuten Susan Alexander Kane und Charles Foster Kane und die Kameraperspektive bezieht zweifellos Stellung, indem sie uns die verzweifelte Susan klein und hilflos zeigt gegenüber ihrem übermächtig erscheinenden Ehemann, der den Bezug zur Wirklichkeit immer mehr zu verlieren scheint.

Abb. 3.15–3.17: Stills aus *Citizen Kane* (Abb. 3.15–3.16); Still aus *Breaking Bad* (USA 2008–2013, AMC, Staffel 01/Episode 02, 27.01.2008)

Auch wenn die Untersicht im klassischen Erzählkino geradezu mit dieser Konnotation verwachsen zu sein scheint, so ist doch unbedingt davon abzuraten, ihr diese Bedeutung fest zuzuschreiben. In unserem späteren Beispiel zum *Kamerazoom* trägt die Untersicht nämlich keinerlei Züge einer solchen Bedeutung. Bereits jetzt wird deutlich: Die Lesarten der filmischen Mittel erschließen sich immer nur *aus* dem je spezifischen und *für* das je spezifische Material der Analyse. Wir kommen darauf im Rahmen von Kapitel 5 *Analyseverfahren III: Interpretation* zurück.

Im Fernsehen sind Nuancen im Bereich des Kameraneigungswinkels nicht selten besonderen Produktionsumständen geschuldet, z. B. einem hohen Zeit- und Aktualitätsdruck, der es nicht erlaubt, Einstellungen zu wiederholen. Sie müssen daher in der Analyse nichtfiktionaler Sendungen des Fernsehens nur dann gesondert beachtet werden, wenn Auf- bzw. Untersicht tatsächlich signifikante filmische Operationen darstellen.

Veränderungen des Vertikalwinkels zwischen Kameraachse und Objektachse können entweder zur Folge haben, dass die Frontalsicht beibehalten wird und das Objekt an den Bildrand rückt (was in Fernsehproduktionen eher selten vorkommt) oder, dass das Objekt in Schrägsicht von der Seite gesehen wird. Eine Drehung der Kamera um ihre eigene Achse wird als *Kippwinkel* bezeichnet. Dies ist eine recht ungewöhnliche Kameraeinstellung, die der Zuschauer in der Regel als befremdlich wahrnimmt (Abb. 3.17). In unserem Beispiel aus der Serie *Breaking Bad* wird der Kippwinkel mit einer Untersicht kombiniert und das zu einem Zeitpunkt, an dem die Welt des Lehrers Walter Withe immer mehr aus den Fugen zu geraten scheint. Schließlich ist er gerade dabei, in der Küche seines Ein-Familien-Hauses nach einem geeigneten Mordgerät zu suchen. So markiert die Einstellung White als einen Mann, dem sich die Dinge seiner Kontrolle immer mehr zu entziehen scheinen.

Die *subjektive Kamera* (auch *Subjektive* oder *Point-of-View-Shot*) stellt eine spezielle Form der Kameraperspektive dar. Sie legt nicht nur eine Sichtweise auf ein aufgenommenes Objekt nahe, sondern schreibt diese zudem einer der diegetischen Figuren (einer Figur der erzählten Filmwelt) zu. Es entsteht der Eindruck, man würde die Szenerie mit den Augen dieser Figur betrachten und, je nach Ausgestaltung der Einstellung, die Szene auch mit der Figur wahrnehmen. Das nachfolgende Beispiel stammt aus dem Spielfilm *Eternal Sunshine of the Spotless Mind* (USA 2004, R: Michel Gondry). Joel Barish hat sich nach langem Ringen dazu entschieden, es seiner Ex-Freundin Clementine Kruczynski gleichzutun, und lässt sich von Dr. Mierzwiak alle Erinnerungen an die gemeinsame Zeit mit Clementine aus dem Gedächtnis löschen. Als er sich dieser Prozedur unterzieht, die Apparatur dazu auf seinem Kopf sitzt (Abb. 3.18) und die ersten Erinnerungen bereits erlöschen, beginnt sich sein eigentlich betäubtes Unterbewusstsein zu regen und er versucht, den Gang der Dinge aufzuhalten. Als Dr. Mierzwiak und seine Mitarbeiter/-innen bemerken, dass der Patient wider alle Erwartungen wach ist, erhöhen sie die Dosis des Narkotikums – und Joel driftet mit der Verabreichung der Spritze wieder in die Bewusstlosigkeit ab. Die Reaktionen des Teams um Dr. Mierzwiak auf Joels Zustand werden dem Rezipienten aus der Perspektive Joels (Abb. 3.19) gezeigt, ebenso die Wirkung des Narkotikums, dargestellt durch die Reduzierung der Bildschärfe (Abb. 3.20).

Abb. 3.18–3.20: Stills aus *Eternal Sunshine of the Spotless Mind*

Die subjektive Kamera korrespondiert in Spielfilmen eng mit der Erzählinstanz eines filmischen Produkts, weshalb wir auf diese in Kapitel 4 genauer eingehen werden. Hier möchten wir lediglich mit einer kleinen Auswahl auf die verschiedenen Varianten der Gestaltung der subjektiven Kamera hinweisen. Diese kann durch den unterschiedlich stark erzeugten Grad an Nähe zur Figur variieren. Darüberhinaus kann die Subjektive durch ihre Art der Gestaltung nicht nur zeigen, was die Figur sieht, sondern auch wie die Figur es wahrnimmt. Für alle Varianten gilt: Keine Einstellungsperspektive lässt den Betrachter näher an das filmische Geschehen heran als die subjektive Einstellung.

Eine der bekanntesten Einsätze der subjektiven Kamera sind wohl die Szenen aus Hitchcocks *Rear Window* (USA 1954, R: Alfred Hitchcock). L. B. ‚Jeff' Jefferies, der gerade aufgrund eines Arbeitsunfalls mit Gipsbein an den Rollstuhl gefesselt ist und daher unfreiwillig zu Hause hockt, glaubt, einem Mord in seinem Nachbarhaus auf der Spur zu sein. Unterstützung erhält der Hobbydetektiv von Lisa Carol Fremont, die sogar in die Wohnung des Verdächtigen eindringt, um Beweise für ihren Verdacht zu sichern (nämlich, dass die Ehefrau des Nachbarn keineswegs verreist ist, sondern von ihm ermordet wurde). Und Lisa wird fündig: Sie entdeckt den Ehering der Frau, den sie Jeff durch das Fenster zeigt. Der Betrachter bekommt nun den Ring aus der Perspektive Jeffs zu sehen, der Lisa wiederum durch sein Teleobjektiv beobachtet (Abb. 3.21). Viel wurde über diese Einstellung schon geschrieben, von einer Aufforderung Lisas an Jeff, sie endlich zu ehelichen, über die Beobachterposition Jeffs als die des Kinozuschauers bis hin zu realitätstheoretischen Überlegungen darüber, wie die Wahrnehmung von Wirklichkeit durch die subjektive Perspektive gerahmt ist (vgl. z. B. Elsaesser und Hagener, 2007, S. 23–48).

Unabhängig davon, für welche Lesart man sich letztlich entscheidet, macht dieses Beispiel insbesondere darauf aufmerksam, dass man es hier mit einer sehr aussagekräftigen Einstellung zu tun hat. Sie kann (1.) auf eine Innerlichkeit der Figur verweisen, (2.) ein hohes Maß an Nähe zwischen Betrachter und Figur stiften und (3.) eine selbstreflexive Ebene über Betrachten und Wahrnehmen ins Spiel bringen.

Abb. 3.21–3.23: Stills aus *Rear Window* (Abb. 3.21); *Black Swan* (USA 2010, R: Darren Aronofsky) (Abb. 3.22); *Noah* (CAN 2013, R: Patrick Cederberg und Walter Woodman) (Abb. 3.23)

Im klassischen Erzählkino haben sich im Laufe der Filmgeschichte verschiedene Varianten der subjektiven Kamera (des Point-of-View-Shot) etabliert, die sich am Verhältnis zwischen Blicksubjekt und Blickobjekt orientieren (vgl. Borstnar, Pabst und Wulff, 2002, S. 170). *Klassischer Point-of-View-Shot*: Hier nimmt die Kamera beim Blick auf das Objekt (der Ehering an Lisas Hand) ungefähr den Standpunkt des Blicksubjekts (Jeff durch sein Teleobjektiv) ein (Abb. 3.21). *Over-Shoulder-Shot*: Die Kamera wird hinter dem Blicksubjekt positioniert und blickt über dessen Schulter auf das Objekt (Abb. 3.22). In *Black Swan* folgt die Kamera der Protagonistin beispielsweise immer wieder in genau dieser Perspektive. Sie sitzt unserer rastlosen Primaballerina quasi im Nacken und führt auf filmästhetischer Ebene das Thema der Persönlichkeitsstörung ein, indem die Kamera eben nicht ganz bei der Protagonistin ist, sondern ‚sprichbildlich' neben ihr steht. *Seitlicher Point-of-View-Shot*: Die Kamera steht unmittelbar neben dem Blicksubjekt, welches selbst nicht im Bild zu sehen ist (dies ist beispielsweise die gängige Einstellung der Interviews von Alexander Kluge in seiner Sendung *10 vor 11* (D seit 1988, RTL)). *Destabilsierender Point-of-View Shot*: Alle Kameraperspektiven, die im Verhältnis von Objekt und Blicksubjekt auf einen unmöglichen Standort verweisen, (z. B. von oben auf das Objekt, Abb. 3.45 in Kap. 3.4.3) „destabilisieren unsere räumlichen Annahmen über die Relation zwischen Blicksubjekt und Blickobjekt" (Borstnar, Pabst und Wulff, 2002, S. 170/171). Unser drittes Beispiel stammt aus dem Kurzfilm *Noah*. Der gesamte Film ist tatsächlich vollständig aus der Subjektiven gefilmt, allerdings mit einer signifikanten Einschränkung des Blickfelds. Gezeigt wird immer nur der Desktop des Computers des gleichnamigen Protagonisten bzw. *Cut-Ins*[2] darauf, worauf sich der Blick des Protagonisten gerade richtet. Noah selbst bekommt man als Zuschauer nur in Form von Fotos auf seinem Rechner zu Gesicht, im Dialogfenster, wenn er am ‚Chatroulette' teilnimmt oder wenn er mit seiner Freundin skypt (Abb. 3.23).

---

[2] *Cut-In* ist eine Einstellung, die ein Detail einer vorhergehenden Einstellung fokussiert und im Verhältnis zur vorherigen Einstellung deutlich größer abbildet.

3.2.3 Kameraoperationen III: Kamerabewegung

Die *Kamerabewegung* ist ein einstellungsinternes Phänomen. Sie umfasst sowohl die Bewegung einer stationären Kamera, bei der lediglich der Stativkopf bewegt wird, als auch die Bewegung der gesamten Kamera im Raum. Nicht selten finden wir beide Formen kombiniert. *Kamerafahrt*, *Zoom*, *Schwenk* und *Veränderung der Tiefenschärfe* sind verschiedene filmische Verfahren, um Bewegung im Bild zu erzeugen. Auf unterschiedliche Art und Weise verändern sie entweder die Ansicht des abgebildeten Objekts oder sie verursachen eine Änderung des Bildinhalts.

Die Bewegung der gesamten Kamera im Raum – die *Kamerafahrt* – ist nach wie vor eines der technisch aufwendigsten Gestaltungsmittel. In der Regel fährt hier die Kamera auf einem Kamerawagen, der möglichst auf ebenen Schienen geschoben oder gezogen wird. Schon geringste Bodenunebenheiten können bei einer schienengeführten Kamerafahrt (v. a. bei Objektiven mit einer Brennweite von über 100 mm) zu einem Flattern und damit zur Unbrauchbarkeit des Bilds führen. Kamerafahrten werden auch diejenigen Bewegungsabläufe genannt, bei denen die Kamera frei im Raum (Handkamera, ein vor allem zur Authentizitätserzeugung häufig eingesetztes stilistisches Mittel) oder auf einem Körperstativ (Steadycam) getragen wird. Kamerafahrten werden schließlich auch durch die Befestigung von Kameras an Fahrzeugen, Flugzeugen oder Kränen erzeugt. In Bezug auf das Verhältnis von Fahrt und abgefilmtem Objekt lassen sich sechs Fahrttypen unterscheiden: (1.) auf das Motiv zu (*Zufahrt*), (2.) vom Motiv weg (*Wegfahrt*), (3.) dem Motiv hinterher (*Verfolgungsfahrt*), (4.) dem Motiv voraus (*Vorausfahrt*), (5.) begleitend zum Motiv (*Parallelfahrt*) und (6.) um das Motiv herum (*Kreisfahrt*).

Die Art und Weise, wie sich die Kamera bewegt, ob schnell und spontan, kaum merklich oder unvorhersehbar, langsam oder hektisch, trägt entscheidend zum Gesamteindruck eines filmischen Produkts bei. Unabhängig davon aber, wie die Kamera sich bewegt, führt sie immer zu einer Veränderung der räumlichen Anordnungen und Sichtweisen. Die verschiedenen Formen der Kamerafahrten sind die filmischen Mittel, um den filmischen Raum der erzählten Welt weiter zu erschließen oder auch umgekehrt, um ihn zu verschließen, indem sich die Kamera beispielsweise zurückzieht (*Wegfahrt*). Jede Fahrt aber, die einer Figur ins Ungewisse folgt, nimmt den Zuschauer mit auf Erkundungsfahrt in die Tiefe des filmischen Raums und macht diesen wahrnehmbar. Verläuft die Kamerafahrt parallel zum abgebildeten Objekt, wie im folgenden Beispiel aus Jim Jarmuschs *Stranger Than Paradise* (USA/D 1984, R: Jim Jarmusch), so ist der Effekt für die Präsenz von Räumlichkeit nicht von der Hand zu weisen. Eva, die ungarische Cousine von Willie, kommt nach New York, um ihn zu besuchen. Am Flughafen angekommen, macht sie sich zu Fuß auf den Weg zu ihrem Cousin. Gelassen schlendert sie durch die Straßen der Stadt und genauso gelassen begleitet sie die Kamera dabei, während Tom Waits – ebenso gelassen wie immer – dazu aus dem tragbaren Kassettenrekorder der jungen Ungarin den Soundtrack liefert (Abb. 3.24–3.26). Alles in dieser Szene ist Bewegung – die Kamera, Eva und auch die Musik. Unklar ist lediglich, wer hier wen in Bewegung versetzt: die Kamera Eva, Eva die Kamera, die Musik Eva? Fest steht jedenfalls: Hier kommt Bewegung auf Cousin Willie zu.

Abb. 3.24–3.26: Stills aus *Stranger than Paradise*

Einen Sonderfall der Kamerafahrt bildet die *Plansequenz*. Dabei handelt es sich um eine lange Einstellung, die in der Regel nur mithilfe sehr aufwendiger Kamerafahrten umgesetzt werden kann. Die Bedeutung des Gezeigten entsteht in diesem Fall nicht durch die Montage verschiedener Einstellungen, sondern durch die Bewegungen und Handlungen innerhalb dieser einen Einstellung. Eine solche Plansequenz will, gerade wenn sie verschiedene Personen und Schauplätze umfasst, sehr gut vorbereitet sein, müssen doch alle Vorgänge aufeinander abgestimmt sein. Der französische Regisseur François Truffaut hat die Herausforderung, die eine Plansequenz für eine Filmproduktion darstellt, selbst einmal zum Gegenstand einer Filmsequenz gemacht. In *La Nuit américaine* (F 1973, R: François Truffaut) wird uns eine belebte Straße in Paris gezeigt (Abb. 3.27). Der Hauptdarsteller Alphonse kommt aus der U-Bahn, fängt seinen Vater ab und ohrfeigt diesen (Abb. 3.28). Schnitt. Die Kamera fährt nach oben und enttarnt die Szenerie als Filmset: die Schienen für den Kamerawagen, die Kamerakräne, die Scheinwerfer und die vielen Kabel – alles wird sichtbar (Abb. 3.29). Der Regisseur ist mit dem Take allerdings nicht zufrieden. Der Regieassistent ruft die Komparsen und Schauspieler der Szene zusammen, um die Bewegungsabläufe erneut aufeinander abzustimmen.

Abb. 3.27–3.29: Stills aus *La Nuit américaine*

Der Versuch einer ‚Extended Version' von einer Plansequenz ist, wenn man so möchte, der *One-Shot-Movie*. Ein Film, der versucht den Eindruck zu erwecken, er bestünde aus lediglich einer Einstellung. Hier werden notwendige Schnitte in der Regel ‚verborgen', sodass der Anschein eines schnittfreien Films entsteht. Natürlich ist die Herstellung eines solchen Films dennoch ausgesprochen aufwendig. Lange One-Shot-Movies kann man daher an einer Hand abzählen. Zu den bekanntesten zählen Hitchcocks *Rope* (USA 1948, R: Alfred Hitchcock) und Alexander Sokurovs *Russian Ark* (RUS/D 2002, R: Alexander Sokurov). Kurzfilme versuchen sich schon eher einmal an dieser Erzählform, beispielsweise *C'était un rendez-vous* von Claude Lelouch (F 1976). Gezeigt wird eine rasante Motorradfahrt durch das frühmorgendliche Paris, die pünktlich zum Rendezvous auf dem Montmartre endet. Unter Musikvideos gibt es durchaus häufiger One-Shot-Movies (sogenannte *One-Shot-Videos*). Prominente Beispiele sind die Videos zu *Undone. The Sweater Song/Weezer* (USA 1994, R: Spike Jonze), *I won't let you down/OK Go* (J 2014, R: Kazuaki Seki und Damian Kulash, Jr.) und, natürlich darf der Klassiker unter ihnen nicht unerwähnt bleiben, Bob Dylans *Subterranean Homesick Blues* von 1965 mit Allen Ginsberg im Hintergrund (USA, R: Donn Alan Pennebaker).

Als technischer Ersatz der aufwendigeren Kamerafahrt gilt die Erzeugung von Bewegung im Bild durch *Zoomen*. Die Brennweitenveränderung des Objektivs wird hier im Bild als Bewegung sichtbar. Der Zoom lässt im Gegensatz zur Fahrt Räume aber nicht räumlich, sondern flächig erscheinen. Bei einer Brennweitenveränderung durch den Zoom geht die perspektivische Verschiebung hintereinanderliegender Objekte zunehmend verloren. Gleichzeitig verändert sich mit der Brennweite der Bildwinkel und damit die Größe des Bildausschnitts. Wird der Bildwinkel kleiner, scheint sich die Kamera dem Objekt zu nähern. Wird der Bildwinkel größer, entsteht der Eindruck, dass sich die Kamera rückwärts bewegt. Da es sich um keine tatsächliche Bewegung des Geräts Kamera handelt, wird der Zoom auch häufig ‚optische Kamerafahrt' genannt.

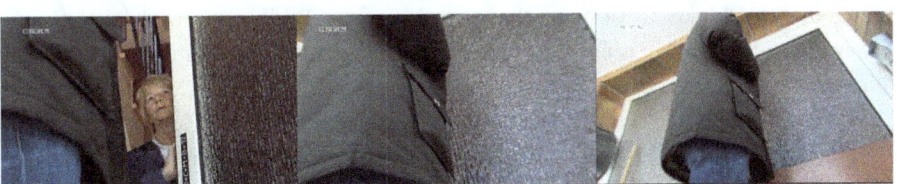

Abb. 3.30–3.32: Stills aus *Christopher Posch – Ich kämpfe für Ihr Recht!* (D seit 2010, RTL, Staffel 03/Episode 04, 06.11.2013)

Zooms kommen besonders häufig in den Formaten des Reality-TV zum Einsatz. Zum einen sicherlich, weil es sich hierbei um kein aufwendiges, mit Kosten verbundenes Stilmittel handelt, zum anderen, weil der Zoom keiner natürlichen Seherfahrung entspricht und daher verlässlich Aufmerksamkeit generiert. In unserem Beispiel ist Reality-TV-Anwalt Christopher Posch Silvia Rataj auf der Spur (Abb. 3.30). Es besteht der Verdacht, dass Silvia Rataj im Namen ihrer Nachbarin Petra Richter ‚Homeshopping' betreibt, im Moment der Zustellung die Pakete selbst entgegennimmt und die Nachbarin auf den Rechnungen sitzen lässt. Also macht sich Posch auf, für das Recht der betrogenen Frau Richter zu kämpfen. Mit dabei ist natürlich auch die Kamera, als Posch bei Frau Rataj klingelt (Abb. 3.30–3.32), um erneut das Gespräch mit ihr zu suchen. Aus einer extremen Untersicht nimmt die Kamera das Geschehen auf und zoomt weg (Abb. 3.32), als Posch die Tür vor der Nase zugeschlagen bekommt. Die Kombination der unruhigen Handkameraführung mit der starken Untersicht und dem Zoom verleiht dieser Szene eine signifikante Doppeldeutigkeit. Zum einen suggeriert die filmische Gestaltung der Szene: Die Arbeit des Rechtsanwalts steht im Fokus des Geschehens. Die Kamera liegt vielmehr auf der Lauer und versucht, einen Blick auf das Geschehen zu erhaschen, denn die Tatsächlichkeit der Ereignisse lässt keine aufwendigen Drehvorbereitungen zu. Hier wird nichts zweimal gedreht, sondern die Kamera ist dabei, wenn sich die Dinge ‚live' ereignen und sie nimmt auf, was sie kriegen kann. Dies ist die eine Lesart. Zum anderen ist es aber gerade die unübersehbar auffällige Gestaltung dieser Szene, die beständig auf die eigene Konstruiertheit aufmerksam macht, einem Format rund um das Verhältnis von Dokumentation und Fiktion (vgl. dazu auch Keppler, 2015, Kap. 9).

Der *Kameraschwenk* bezeichnet eine weitere Form der bildlichen Bewegungserzeugung bei feststehender Kamera. Die Kamera wird hierbei um ihre vertikale Achse nach links oder rechts geschwenkt oder um ihre horizontale Achse nach oben oder unten. Dreht sich die Kamera um die eigene Blickachse, spricht man vom *Rollen*. Alle drei Varianten werden als Bewegung im Bild wahrgenommen. Ähnlich wie bei der Kamerafahrt macht es auch hier einen Unterschied, ob die Kamera einem bewegten Objekt folgt oder ob sie ein starres Motiv in ‚Bewegung versetzt'. Wenn sich durch den Schwenk die Kamera mit einem sich bewegenden Objekt ‚mitbewegt', bleibt dieses Objekt im Bildausschnitt und nur der Bildhintergrund ändert sich. Erfolgt ein Schwenk bei einem starren Motiv, so kann sich der Bildinhalt völlig verändern. Im folgenden Beispiel aus dem Politthriller *Three Days of the Condor* (USA 1975, R: Sydney Pollack) hat es gerade an der Tür geklingelt. Die Kamera schwenkt deshalb vom Schreibtisch der Empfangsdame (Abb. 3.33) über die Sitzecke zur Eingangstür (Abb. 3.34), durch die ein vermeintlicher Postbote hereinkommt (Abb. 3.35). Dieser zückt ebenso überraschend wie schnell sein Maschinengewehr, mit dem er umgehend besagte Dame erschießt, sodass zum Rückschwenken der Kamera keine Zeit mehr bleibt, sondern nur noch für einen direkten Schnitt.

Abb. 3.33–3.35: Stills aus *Three Days of the Condor*

Je nach Geschwindigkeit und Motivbezug unterscheidet man zwischen bestimmten Varianten des Schwenks: (1.) ein sehr schneller Schwenk ist ein *Reißschwenk*, (2.) ein sehr langsamer Schwenk ist ein *panoramierender Schwenk*, (3.) folgt der Schwenk dem Motiv, spricht man vom *begleitenden Schwenk*, (4.) ein Schwenk, der sich vom Motiv löst und die Umgebung erkundet, ist ein *tastender Schwenk* und (5.) ein Schwenk, der sich marginal am Motiv orientiert, ist ein *Ausgleichsschwenk*.

Das Besondere am filmischen Mittel des Schwenks ist, dass er in der Lage ist, auch ein starres Bildmotiv künstlich in Bewegung zu versetzen. Der Schwenk von einem Politiker zum nächsten in einer Talkrunde, von einem Zuhörer zum anderen, von einer Stadtansicht zur nächsten – zahllose Varianten dieses Stilmittels sehen wir tagtäglich in Film und Fernsehen; unbewegte Objekte werden so von der Kameraführung in Bewegung versetzt.

Ein weiteres Mittel, das eine auffällige Bewegung innerhalb der Bilddarbietung erzeugt, ist die Veränderung der *Tiefenschärfe* (korrekter, aber ungebräuchlicher ist der technische Ausdruck *Schärfentiefe*, der den Sachverhalt genauer trifft). Indem hier hintereinander gestaffelte Bereiche des Bildausschnitts scharf oder unscharf erscheinen, entsteht ebenfalls der Eindruck von Bewegung. Bleiben wir bei dem Überwachungsthriller *Three Days of the Condor*. In der ausgewählten Szene überwacht ein Mann eine Straße. Das Thema der Überwachung wird bereits in der ersten Einstellung der Szene angekündigt, da nicht nur eine Überwachungskamera gezeigt wird (Bildecke oben links), sondern zudem auch die Filmkamera selbst durch ihre Position in diesem thematischen Kontext verortet wird (Abb. 3.36). Die gewählte Position der Kamera und die hohe Tiefenschärfe konstituieren im Zusammenspiel zweierlei: Zum einen entsteht durch die Tiefenschärfe ein räumlicher Realismus, der dem filmischen Bildausschnitt den Ausdruck von räumlicher Tiefe verleiht. Zum anderen verknüpft die Position der Kamera den Zuschauerblick mit dem eines Überwachenden, auf welchen in persona in der anschließenden Einstellung umgeschnitten wird (Abb. 3.37). Dieser steht in der gezeigten Straße, schaut nach rechts und dann wieder nach links. Wir bekommen ihn in einer Nahaufnahme gezeigt, die Kamera fokussiert sein Profil und der Bildhintergrund, die Straße, bleibt unscharf. Während er seinen Kopf nach links dreht, verändert sich dann die Tiefenschärfe, sodass der Kopf des Mannes unscharf und die Straße scharf zu sehen sind.

Obwohl die Kameraposition die Gleiche bleibt, wird das Gefühl von Drehung erzeugt.

Abb. 3.36–3.38: Stills aus *Three Days of the Condor*

3.2.4 Bildkomposition/Mise en Scène

Elemente des Bildaufbaus und der Bildgestaltung werden in der Filmwissenschaft üblicherweise unter der Überschrift *Mise en Scène* behandelt. Es werden in erster Linie die Gestaltungsmittel angesprochen, die den Raum betreffen, der von der Kamera aufgenommen werden soll, also eine bestimmte Komposition von Objekten, ein bestimmter Einsatz des Lichts und eine spezifische Koordination der Bewegungen der in der Szene tätigen Akteure. Darum wird die Mise en Scène als einstellungsinternes Phänomen gerne auch als *Innere Montage* bezeichnet. Sie bildet das Gegenstück zur Montage. Denn die Mise en Scène bedient sich gerade nicht des Arrangements unterschiedlicher Bilder in zeitlicher Abfolge, wie es für die Montage üblich ist, sondern sie lässt den Eindruck des Bildraums durch die simultane Zusammenfügung einzelner Bildinhalte entstehen. Die verschiedenen Bildinhalte werden quasi innerhalb einer Einstellung ‚montiert'. Dies betrifft die Figuren und Objekte genauso wie das Zusammenspiel der verwendeten filmischen Verfahren (Kameraeinstellung, -perspektive, -bewegung, Beleuchtung, Ton etc.). „Mise en Scène", so schreiben Borstnar, Pabst und Wulff (2002), „ist damit im Grunde genommen eine noch ganz und gar vorfilmische Konstruktion von Weltzuständen für die spezifischen (Blick-)Möglichkeiten der Kamera" (S. 99), deren finaler Bildeindruck durch die Bewegung vor und hinter der Kamera entsteht.

Auch wenn der spezifische filmische Raum primär dadurch entsteht, dass sich die ‚Räume' einzelner Einstellungen oder Einstellungssequenzen zu einem räumlichen Kontinuum zusammenfügen, so muss doch gerade auch die ‚Montage im Bild', wie sie durch die Bildkomposition innerhalb einzelner Einstellungen entsteht, beachtet werden. Wie Objekte und Personen im Bildraum angeordnet sind bzw. ob sie erkennbar angeordnet sind, ist für die Bedeutung des Dargebotenen ausschlaggebend. Ebenso macht es einen Unterschied, ob etwas ausgeleuchtet oder im Dunkeln gelassen wird, ob es scharf oder eher unscharf abgebildet wird. Bei der Film- und

Fernsehanalyse muss daher bedacht werden, was den Bildaufbau (also die Bildkomposition im engeren Sinn) innerhalb der einzelnen Einstellungen kennzeichnet.

Im Hinblick auf die Bildkomposition ist die *Anordnung der Bildobjekte* entscheidend: Befinden sie sich in der Mitte oder am Rand? Wie ist ihre Erscheinungsgröße im Bild? Wie sind Fluchtlinien, Symmetrien, Proportionen und dergleichen im Bild organisiert? Dies sind Formen der Aufmerksamkeitssteuerung innerhalb des filmischen Bilds, mit denen Motivbereiche hervorgehoben oder verdeckt und Beziehungen zwischen ihnen etabliert werden. Durch das Arrangement der Bildinhalte entstehen Aufmerksamkeitszentren sowie auch -peripherien, die das Gezeigte entscheidend kommentieren. Ob etwas im Bildmittelpunkt, im Hintergrund, verdeckt oder am äußersten Bildrand platziert wird, kann einen Unterschied machen. Diese Bedeutungszuweisungen sind immer auch abhängig von gesellschaftlich und kulturell verankerten Deutungsmustern.

Unser erstes Beispiel (Abb. 3.39), wieder aus Orson Wells *Citizen Kane*, erzählt in nur einer Einstellung die Geschichte eines Selbstmords und die eines Ehemanns, der zu spät kommt. Dies gelingt in diesem Fall über das Arrangement der verschiedenen Objekte sowie die Ausnutzung der räumlichen Tiefe. Die Einstellung zeigt ein abgedunkeltes Schlafzimmer. Im Bildvordergrund steht – scharf, und nicht zu übersehen, – die leere Medizinflasche sowie das Glas, aus dem getrunken wurde. Im Bildmittelgrund sieht man etwas unschärfer die bereits tote Frau in ihrem Bett liegen, im Bildhintergrund dann die Zimmertüre, unter deren Spalt das helle Licht aus dem Flur in den abgedunkelten Raum der toten Gattin dringt. Kane wird gleich durch diese Tür kommen, in der Hoffnung, das Schlimmste verhindern zu können, doch es wird zu spät sein.

Abb. 3.39–3.41: Stills aus *Citizen Kane* (Abb. 3.39); *Germany's Next Topmodel* (D seit 2006, ProSieben, Staffel 04/Episode 05, 13.03.2009) (Abb. 3.40); *Casablanca* (USA 1942, R: Michael Curtiz) (Abb. 3.41)

Auch wenn die Mise en Scène in erster Linie über eine starke Tradition in Filmtheorie und -geschichte verfügt, so ist sie genauso zentral für die Analyse televisueller Produkte. Denn die Frage nach der Mise en Scène zielt in erster Linie darauf ab, was im Bild zu sehen ist und wie es im Bild präsentiert wird. Und diese Frage richtet sich an alle filmischen Produkte unabhängig von ihrem Produktionskontext. Unser zweites Beispiel stammt aus der Realitysoap *Germany's Next Topmodel* (Abb. 3.40). In der Castingshow bekommen junge Bewerberinnen Staffel für Staffel aufs Neue die ‚einzigartige' Chance, von Heidi Klum zu ‚Germany's Next Topmodel' gekürt zu werden. Ob sie das Zeug dazu haben, müssen ‚Heidis Mädchen' in unterschiedlichen Prüfungen, in der Regel in recht ausgefallenen Shootings oder Stylings, unter Beweis stellen. Am Ende jeder Folge entscheidet eine Jury – angeführt von Heidi Klum – wer in dieser Woche nach Hause gehen muss und wer weiter dabei bleiben und darauf hoffen darf, am Ende zu einem ‚Topmodel' gekürt zu werden. Aus eben besagten ‚Gerichtsszenen' der Show stammt der abgebildete Still. Hell ausgeleuchtet und ganz in Weiß bildet Heidi Klum den Mittelpunkt der Szenerie. Abgesichert durch die Jury, die, bildlich gesprochen, ebenso hinter Heidi steht, wie sie hier hinter ihr sitzt, wird Klum nun ‚rechtsprechen'. Die Bildkomposition erhebt Heidi Klum in die Rolle einer Hohepriesterin des Modelgewerbes (vgl. Keppler, 2015, Kap. 4).

Auch die *Lichtführung* leistet einen wichtigen Beitrag dafür, wie wir ein Geschehen auf dem Bildschirm oder der Leinwand wahrnehmen. Nicht nur die Erkennbarkeit der Objekte, sondern die von den Bildern ausgehende Stimmung wird ganz wesentlich von der Art des Lichts bestimmt. Die Lichtführung in einem filmischen Produkt ist immer auch eine Zeigehandlung. Ob etwas im Dunkeln belassen wird oder im Rampenlicht steht – beides sind gestalterische Entscheidungen, die es bei der Analyse filmischer Produkte zu berücksichtigen gilt.

Bei Film- und insbesondere auch bei Fernsehbildern müssen wir zudem grundsätzlich unterscheiden, ob es sich um Aufnahmen handelt, die ‚vor Ort' unter Lichtverhältnissen außerhalb eines Studios gemacht wurden, oder um Produktionen, die in einem Studio aufgenommen wurden. Problematisch wäre es jedoch, diese Arten der Lichtführung unter der Opposition ‚realistisch' versus ‚künstlich' zu beschreiben, denn „diese Einteilung missachtet den Umstand, dass Lichtstimmungen, die dem Zuschauer als ‚neutral' und ganz natürlich erscheinen mögen, produktionsseitig das Ergebnis ausgefeiltester Lichtsetzung sind, während eine bei realen Lichtverhältnissen gefilmte Szene auf der Leinwand unnatürlich wirkt" (Borstnar, Pabst und Wulff, 2002, S. 107). So bestimmt die Richtung des Lichteinfalls die Richtung des Schattenwurfs, dementsprechend wirft frontal eingesetztes Licht keine Schatten, es macht jedoch alle Objekte ‚gleich'. Daher werden häufig zusätzlich Spots oder Lichtkegel eingesetzt, um einzelne Objekte oder Bildelemente (gerade etwa bei Fernsehshows) hervorzuheben. Ebenso wird häufig *Gegenlicht* eingesetzt, bei dem die Lichtquelle der Kamera gegenübersteht und das Objekt von hinten beleuchtet. Auf diese Weise ist die Lichtregie – einschließlich des Ausbleibens einer solchen – stets ein wichtiger Faktor der Entstehung der Art und Weise, in der filmische Produkte ihren Zuschauern etwas zu sehen geben.

Um die Lichtführung in filmischen Produkten adäquat beschreiben zu können, ist es hilfreich, folgende Aspekte zu beachten:

(1.) Welcher *Lichtstil* wird verwendet? Im klassischen Erzählkino haben sich bezüglich der Lichtführung insbesondere zwei Stile entwickelt: *High Key* und *Low Key*. Beide unterscheiden sich vor allem im Kontrastumfang der Bilddarbietung. Während im High Key die maximale Sichtbarkeit vorherrscht, bleiben beim Low Key ganze Bereiche des Bilds im Dunkeln (Abb. 3.41). In letzterem Fall gibt es kein dominierendes Licht, das die Szene ‚erleuchten' könnte, sondern das Grundlicht der Szene ist auf wenige Lichtquellen verteilt. In unserem nächtlichen Beispiel aus *Casablanca* scheint das spärliche Licht in der bereits geschlossenen Bar von den Scheinwerfern eines heranfahrenden Autos zu stammen. Mehr oder weniger alleine sitzt der Protagonist Rick Blaine im Dunkeln und versucht, die Erinnerungen an Elsa Lund im Schnaps zu ertränken.

(2.) Aus welcher *Richtung* fällt das Licht in die Szenerie ein? Der Einsatz von Unterlicht beispielsweise führt häufig zu recht unheimlichen Effekten.

(3.) Ist die Richtung des Lichts an *Lichtquellen* der Diegese gekoppelt? Die Lichtregie verfährt dabei so, dass der Eindruck entsteht, das Licht der Einstellung stamme aus der Lichtquelle, die gerade im Bild zu sehen ist, der Kerze, der Lampe, des Lagerfeuers oder, wie in unserem Beispiel, den Scheinwerfern des Autos.

(4.) Wie ist die *Lichtfarbe* (Farbton/Farbsättigung)? Ist sie eher neutral oder eingefärbt? Die Lichtfarbe trägt ganz entscheidend zur Stimmung einer Bildkomposition bei. Dies trifft auf leichte Veränderungen der Farbnuancen genauso zu wie auf markante Farbveränderungen, die häufig auch starke Verfremdungseffekte mit sich bringen.

Ein weiterer wichtiger Faktor der Bildkomposition ist schließlich die *Personenführung*. Bei der Analyse filmischer Produkte ist immer auch ein Augenmerk auf die Choreografie der Bewegungen zu richten, die Personen – oder im fiktionalen Film: Figuren – im Rahmen einer Bildeinstellung vornehmen. Auch hier ist es für den Bildaufbau entscheidend, ob eine solche Bewegungsregie vorliegt oder nicht. In Nachrichtenfilmen beispielsweise ist dies oft nicht der Fall, wenn etwa ein Polizeieinsatz oder eine Naturkatastrophe gezeigt wird; andererseits wird bei Interviews oder Pressekonferenzen die gefilmte Aktion häufig eigens für das Medium auf eine bestimmte Weise eingerichtet. Ähnlich verhält es sich mit dem Bewegungsablauf von Moderatoren und Showmastern, durch die eine Bildkomposition absichtsvoll unterstützt wird. Auch hier wird die Aufmerksamkeit des Betrachters durch bestimmte Verfahren auf das gelenkt, was im Mittelpunkt der jeweiligen Sendung steht oder zumindest stehen soll. Die Personenführung innerhalb einzelner Einstellungen ist ein weiteres unter den vielen filmischen Verfahren, das dazu beiträgt, dem Zuschauer eine bestimmte Sicht der präsentierten Abläufe oder der erzählten Handlungen zu vermitteln.

3.3 Akustische Dimensionen

Der Ton eines filmischen Produkts ist nicht weniger komplex als das Bild. Unterschiedlichste Töne und Klangarten können das Gesamtgeschehen bestimmen. So mögen zwar gesprochene Monologe oder Dialoge entscheidende Träger für die Übermittlung von Informationen oder das Vorantreiben narrativer Verläufe sein, doch auch dann bleiben Geräusche und Musik für den kommunikativen Status einer filmischen Sequenz häufig von entscheidender Bedeutung, da sie das in Worten Gesagte ergänzen, erweitern, modifizieren, authentisieren oder konterkarieren können. Was in Fernsehen und Film akustisch kommuniziert wird, ist auf diese Weise nur selten geradewegs das, was mit Worten ausgedrückt wird.

Die verschiedenen akustischen Elemente filmischer Prozesse können analytisch zwar getrennt erfasst werden, diese Trennung ist aber, wie die von Bild und Ton insgesamt, nur dann sinnvoll, wenn sie das Ziel hat, letztlich die Interaktion dieser Elemente hervortreten zu lassen. Eine wichtige Funktion des Tons, die Herstellung der Einheit einzelner Einstellungen oder Szenen, kann beispielsweise nur erfasst werden, wenn die einstellungsübergreifende Organisationsstruktur des kompletten Klanggeschehens in den Blick genommen wird. Entscheidend für die Analyse ist es auch, die Überlagerung unterschiedlicher Tonebenen zu beachten: Geräusche und Musik können ebenso wie einzelne oder auch mehrere Stimmen als eigenständige Tonträger in den Vordergrund rücken und ‚Informationsträger' sein oder sie können im Hintergrund eines sprachlichen Geschehens als ‚Atmosphäre' simultan präsent und in dieser Funktion nicht weniger bedeutungstragend sein als das Klanggeschehen im Vordergrund. Nicht nur das filmische Produkt als Ganzes, auch sein hörbarer Anteil besteht oft aus einer Montage von Elementen, die zusammen das ausmachen, was in der akustischen Dimension dargeboten wird.

3.3.1 Sprache

Sprache kommt in filmischen Erzeugnissen vor allem als gesprochene Sprache vor, sei es in Form der Figurenrede oder anderer Erzählerpositionen (beispielsweise von einem Erzähler aus dem Off oder einem Sportkommentator bei einem Fußballspiel). Schriftsprachliche Einblendungen in das Bild in Form von sogenannten *Inserts*, die Angaben zu Personen, Orten, vorausgegangenen Ereignissen oder zur kalendarischen Zeit machen, werden im Film, aber zumal im Fernsehen, häufig zur Identifizierung und damit auch zu Authentisierungszwecken eingesetzt. Außerdem ist Schrift im Bild überall dort präsent, wo sie in den Umgebungen, die die filmischen Bilder zeigen, eine Rolle spielt: als Reklameschrift, auf Hinweisschildern, bei der Wiedergabe von Briefen etc. Dies aber spielt sich auf der bildlichen Ebene ab. Der Löwenanteil des Sprachlichen in Fernsehen und Film ist ein akustisches Phänomen, jedoch wiederum kein rein akustisches Phänomen, da das Sprechen von Personen hier mit Mimik, Gestik und weiteren Bewegungen verbunden ist, die dem Gesagten eine zusätzliche Kontur verleihen. Sprache im Film ist – kurz gesagt – kein allein akustisches, sondern selbst bereits ein audiovisuelles Phänomen, das bei einer angemessenen Analyse in seiner bildlich-klanglichen Einheit gesehen werden muss.

Trotzdem kann es lohnend sein, die akustische Dimension der sprachlichen Kommunikation in analytischer Absicht zu isolieren. Gesprochene Sprache nämlich ist selbst bereits durch eine Vielfalt charakteristischer Phänomene gekennzeichnet. Die in der Soziologie und in der Sprachwissenschaft sich seit den 1970er-Jahren herausgebildeten Verfahren zur Untersuchung gesprochener Sprache, die vor allem auch den interaktionalen Gebrauch von Sprache berücksichtigen, sind hier miteinzubeziehen. Für die Analyse der sprachlichen Komponenten ist es vor allem das Verfahren der ethnomethodologischen Konversationsanalyse, das in erster Linie dazu entwickelt wurde, um natürliche Interaktionen in informellen und formellen Kontexten zu untersuchen (vgl. Keppler, 2011; Sidnell, 2010). Vor allem die im Rahmen der Konversationsanalyse entwickelten Transkriptions- und Analysemethoden bieten sowohl im Hinblick auf die Datenaufbereitung als auch auf die Dateninterpretation wichtige Impulse für die Interpretation bildsprachlicher Zusammenhänge. Im Hinblick auf das Verfahren der Transkription verbaler und nonverbaler Kommunikationsvorgänge, bei dem auf der einen Seite die Detailliertheit des Materials adäquat wiedergegeben werden muss, auf der anderen Seite das Transkript aber auch ‚lesbar' bleiben soll, sind die in diesem Kontext entwickelten Transkriptionskonventionen eine große Hilfe. Das von uns vorgeschlagene Transkriptionsverfahren verbaler Kommunikationsvorgänge stützt sich im Wesentlichen auf das von Selting et al. entwickelte *Gesprächsanalytische Transkriptionssystem* (GAT 2) (vgl. Selting et al. 2009). Insbesondere Phänomene wie Intonation, Lautstärke, Länge, Pause und die damit zusammenhängende Sprechgeschwindigkeit sowie die des Rhythmus der Rede gilt es, in der Analyse medialer Kommunikation zu berücksichtigen. Allerdings kommt es auch hier darauf an, den besonderen medialen Charakter des Untersuchungsgegenstands nicht aus dem Blick zu verlieren. Untersucht man z. B. Sprechpausen in Fernsehbeiträgen, muss berücksichtigt werden, dass eine Pause der Sprecherstimme hier so gut wie nie gleichbedeutend mit Stille ist. Geräusche, Musik, Stimmengemurmel o. Ä., die im Hintergrund präsent bleiben während jemand spricht, werden in den Pausen oft hochgezogen, d. h. sie sind lauter und deutlicher vernehmbar, um dann, wenn der Reporter fortfährt, wieder leiser geregelt zu werden. Diese Mehrdimensionalität ist ein weiteres Charakteristikum des medialen Sprechens.

3.3.2 Geräusche

Geräusche sind in filmischen Produkten so gut wie immer präsent. Sprachliche Äußerungen können in den Hintergrund treten oder ganz ausbleiben, Musik kann ein- und ausgeblendet werden, aber filmische Produkte, in denen der Bildverlauf, ganz oder auch nur teilweise, von vollkommener Stille begleitet wird, gibt es, von Tonstörungen abgesehen, nur äußerst selten. Geräusche dienen beispielsweise dazu, den Realitätscharakter zu verstärken bzw. zu etablieren, gerade auch dort, wo ein fiktionales Geschehen einen realistischen Charakter gewinnen soll. Der *atmosphärische Ton* (auch schlicht *Atmo* genannt) dient aber nicht nur der Realitätsanzeige, sondern er wird gerade im Informations- und Unterhaltungsbereich des Fernsehens wesentlich zur Authentifizierung des Gezeigten und Gesagten eingesetzt.

Die stete Präsenz des atmosphärischen Tons hat auch in anderen Kontexten eine zentrale Bedeutung für den Aufbau des innerfilmischen Raums sowie der innerfilmischen Zeit. So werden durch den Ton oft Ereignisse präsent gehalten, die im Bild nicht zu sehen sind. Der sichtbare Raum wird auf das Nichtsichtbare hin geöffnet, oder es werden Ereignisse angekündigt oder in Erinnerung gehalten, die noch nicht oder nicht mehr im Bild zu sehen sind (*Soundbridge*).

Die Verortung der Geräusche im Kontext des visuell Gezeigten ist hierbei von zentraler Bedeutung. Auch wenn Geräusche nur selten an Originalschauplätzen aufgenommen werden und sie auch keineswegs immer von den im Film gezeigten Schallquellen stammen, so ordnen wir sie als Zuschauer doch in aller Regel ‚automatisch' diesen zu, nicht zuletzt deshalb, da wir von dem, wie sich etwas anhört – sei es Meeresrauschen oder Großstadtlärm – relativ stereotype Vorstellungen haben. Die meisten Geräusche, die wir heute in Film und Fernsehen hören, sind nach jenen Parametern, die unserer Vorstellung entsprechen, künstlich erzeugt. Ihre Bedeutung erhalten Geräusche dabei in erster Linie durch ihre Zuordnung zu bestimmten Bildern.

3.3.3 Musik

Es lassen sich zwei Arten von *Filmmusik* unterscheiden: (1.) Filmmusik, die eigens für ein filmisches Produkt komponiert wurde und (2.) Filmmusik, die unabhängig vom filmischen Produkt bereits existiert. Dies betrifft die klassische Musik ebenso wie Beiträge aus der populären Musik (vgl. dazu auch Kap. 4.4 *Außerfilmische Konnotation*). Für beide Arten von Musik gilt, dass sie in filmischen Produkten „zwei komplementäre Funktionen [erfüllen], welche analytisch unterschieden werden können, im konkreten Filmerlebnis jedoch eine Einheit darstellen" – nämlich eine „bezeichnende" und eine „affektiv-evokative Funktion" (Borstnar, Pabst und Wulff, 2002, S. 127). In der ersten Funktion charakterisiert Musik das visuell Dargestellte in einer komplementären oder kontrastiven Art. In der zweiten wirkt Musik primär auf das Gefühl der Rezipienten.

> Dabei haben sich feste Muster etabliert, die eine bestimmte Musik in bestimmter Instrumentierung für spezifische Affekte nutzbar macht. Angst beispielsweise kann mit gleichmäßigem oder sich steigerndem Beat in Verbindung gebracht werden, Liebe und Begehren mit romantischer Streichermusik, Entfremdung oder Verwunderung mit atonaler Harfenmusik. Diese Zuordnungen sind natürlich kein fester Regelkanon, sondern haben sich implizit über den Gebrauch der Filmmusik und die Erfahrung der Rezipienten ausgebildet. (ebd.)

Musik kann, durch ihre affektiv-evokative Wirksamkeit, in einer Handlung pointiert Signale setzen. Man denke an die traurig-schaurige Mundharmonika aus *C'era una volta il West* (I 1968, R: Sergio Leone) oder die pathetisch-heroischen Streicher aus *Winnetou* (D/YU/F 1963, R: Harald Reinl). An beiden Beispielen wird deutlich, wie eng die ‚bezeichnende' Funktion und die ‚affektiv-evokative' Funktion zusammenhängen. Denn beide Musikstücke setzen nicht nur ein starkes emotionales Signal, sondern sie ‚bezeichnen' auch die jeweiligen Hauptfiguren der Filme: In *C'era una volta il West* ist es der Rächer und in *Winnetou* ist es der gleichnamige edle Apachenhäuptling, der Freund und Helfer des ‚weißen Mannes'.

Eigens komponierte Filmmusik war schon vor dem Aufstieg des Tonfilms zentraler Bestandteil des Kinos. Mit Beginn des Tonfilms wurde die musikalische Untermalung zu einem eigenständigen Element des filmischen Geschehens und der filmischen Bedeutungsübermittlung. Musik als Begleitmedium, zentraler Gegenstand oder eigenes Thema (von Sendungen, die der Wiedergabe klassischer Musik gewidmet sind, über Volksmusiksendungen bis hin zu *Deutschland sucht den Superstar* (D seit 2002, RTL)) spielt im Fernsehen heute eine immer wichtigere Rolle. Sie wird in Shows als Erkennungsmelodie ebenso wie als dramaturgisches Element verwendet (man denke nur an den Wechsel der Musik bei *Wer wird Millionär?* (D seit 1999, RTL)), sie fungiert als Musikteppich oder Geräuschkulisse in Daily Talks und Daily Soaps – und Weiteres mehr. In vielen dieser Verwendungsarten kommt der Musik eine dritte Funktion zu, die für den Charakter der betreffenden Sendungen nicht weniger tragend ist, als die beiden zuerst genannten, nämlich die, einen Beitrag zum Rhythmus der ganzen Sendung zu leisten, sie mit einer akustischen Binnenspannung zu versehen, die auf unterschiedliche Weise mit dem Bildrhythmus korrespondiert.

Bei der Analyse des Einsatzes von Musik ist es daher immer hilfreich, sich zu informieren:
(1.) Um welche Art von Musik handelt es sich (originale Filmmusik oder adaptierte)?
(2.) In welchem Verhältnis steht die Musik zum Gezeigten (unterstützend, kommentierend, kontrastierend oder dominierend)?
(3.) Wie verhält sich die Musik zum Filmschnitt (einstellungsübergreifend, auf den Rhythmus des Filmschnitts abgestimmt oder kontrastierend)?
(4.) Wo ist die Quelle der Musik zu verorten (on- oder off-screen)?

(5.) Wann kommt die Musik im Verlauf des filmischen Produkts zum Einsatz (in bestimmten Situationen, nur einmal, (immer) zu Beginn)?

Alle diese Punkte gehören zwar zur Analyse des auditiven Phänomens der Musik, signalisieren jedoch durch ihre jeweilige Ausrichtung einmal mehr, dass die Film- und Fernsehanalyse letztlich immer nur mit Blick auf das Zusammenspiel von Bild und Ton zu adäquaten Erkenntnissen über filmische Produkte gelangen kann. So lässt sich die Funktion von Musik doch nur über ihr Zusammenspiel mit dem Gezeigten bestimmen. Zwar haben wir bisher unser Augenmerk in einer künstlichen Trennung entweder auf den visuellen oder aber auf den akustischen Ablauf filmischer Produkte gerichtet. Diese Trennung ist auch analytisch sinnvoll und oft praktisch notwendig, um der ästhetischen Komplexität filmischer Produkte gerecht zu werden. Dennoch sind die Klangbildverläufe jederzeit als eine Einheit aus visuellem und klanglichem Geschehen zu begreifen. In der Analyse dieser Einheit hat die hier vorgestellte Methode der Film- und Fernsehanalyse ihr Telos. Auf das Verstehen dieser Einheit muss sie daher alle ihre Detailuntersuchungen ausrichten. Der Stellenwert der Elemente filmischer Gestaltung, die wir bisher erläutert haben, kann sich allein aus ihrem jeweiligen Ort in einem bestimmten filmischen Zusammenhang ergeben. Um diesen interpretativ zu erfassen, bedarf es eines genauen Blicks und Gehörs für eben jene Elemente, aus denen er hergestellt wurde.

3.4 Audiovisuelle Dimensionen

In den nun folgenden Abschnitten werden wir einige Grundformen der Integration von Bild und Ton vorstellen, einschließlich solcher Verfahren, die sich gegenüber der Unterscheidung von ‚visuellen' gegenüber ‚akustischen' Elementen indifferent verhalten (wie es schon im Fall der Sprache deutlich geworden ist).

3.4.1 Formale Relationen (on-/off-screen)

Am Verhältnis von Ton und Bild lässt sich zunächst ein formaler Aspekt unterscheiden, der vor allem die technische Seite ihrer Relation betrifft. Es geht dabei um die zeitlichen und räumlichen Proportionen, in denen die Bilder und Töne eines filmischen Produkts zueinander stehen. Als Grunddifferenz fungiert hier das Kriterium, ob die Tonquelle innerhalb (*on-screen*) oder außerhalb (*off-screen*) des Bilds angesiedelt ist. Karel Reisz unterscheidet in seinem Standardwerk zur Filmmontage entsprechend zwischen *synchronem* und *asynchronem* Ton: Der synchrone Ton hat seine Quelle im Bild, der asynchrone Ton kommt von außerhalb des Bilds (vgl. Reisz und Millar, 1988). Dabei gilt es freilich zu beachten, dass gerade im Informationsbereich des Fernsehens der Einbettung etwa eines in der Regel bildsynchronen Originaltons (*on*-Ton) in den kommentierenden *off*-Ton des Reporters oder des Korrespondenten eine zentrale Rolle im Rahmen des Bedeutungsgefüges zukommt. Auch darum muss die technische Seite der Produktion von Tönen von derjenigen unterschieden werden, wie Töne im Bild situiert erscheinen. Für den Gehalt eines filmischen Produkts ist es immer mitentscheidend, wie das Verhältnis von Bildern und Tönen für einen potenziellen Zuschauer erscheint, wie also Töne im Raum der Bilder und Bilder im Kontext des hörbaren Geschehens durch das Produkt verortet werden.

3.4.2 Wort-Bild-Kombinationen in Fernsehbeiträgen

Eine differenzierte Interpretation der Bedeutung etwa von Kameraoperationen, aber auch von vielen anderen Aspekten des audiovisuellen Materials ist nur möglich, wenn die jeweils besondere Form der Wort-Bild-Kombination analytisch erfasst wird. Einige typische, der in Fernsehbeiträgen – wie dem *Weltspiegel* (D seit 1963, Das Erste), *ML Mona Lisa* (D seit 1988, ZDF) oder auch der *heute-show* (D seit 2009, ZDF) – gebräuchlichsten Verfahren der Wort-Bild-Kombination seien daher kurz erläutert.

Textbezogene Illustration in Fernsehbeiträgen: Diese Wort-Bild-Kombination zeichnet sich zunächst durch eine eindeutige Priorität des Worts gegenüber dem Bild aus. Die Skala dieser Wort-Bild-Kombinationen reicht von einem nicht erkennbaren Bezug zwischen Bildern und Worten, über die Bebilderung einzelner im Text genannter Worte, bis hin zu einer textbezogenen Illustration, in der die Bilder dem in Worten Gesagten eine zusätzliche Erfahrungsdimension eröffnen. Hier unterstützen die Bilder zwar das in Worten Gesagte, aber sie bleiben in ihrer Bedeutung abhängig von der sprachlichen Aussage, da erst diese ihnen Relevanz und Richtungssinn verleiht. Im Unterschied zur dekorativen Beifügung und zur Bebilderung einzelner Worte verweisen die Bilder in dem zuletzt genannten Fall stärker auf eine angesprochene Situation oder auf ein sprachlich geschildertes Geschehen, in dem sie z. B. Varianten einer solchen Situation zeigen oder indem die Kamera eine angesprochene Situation schildert und die Situation damit in einigen ihrer Aspekte beobachtbar macht. Die Bilder zeigen hier, wie etwas ist, als Begleitung von Aussagen darüber, was hier bemerkens- oder berichtenswert ist. In der 20-Uhr-*Tagesschau* am 24.04.2015 beispielsweise wird u. a. über einen Vulkanausbruch in Chile berichtet, der eine bis zu fünf Zentimeter dicke Ascheschicht im Nachbarland Argentinien zur Folge hatte (*Tagesschau*, D seit 1952, Das Erste, 24.04.2015, 20.00 Uhr). Bebildert wird diese Aussage mit verschiedenen Landschaftsaufnahmen aus der betroffenen Gegend. Die Landschaftsaufnahmen werden zwar erst durch den Kommentar in ihrer Aussage verständlich (wo sich was warum ereignet hat), zeigen aber gleichzeitig auch verschiedene Varianten der Ascheschicht und machen so die im Kommentar geschilderte Situation beobachtbar (Abb. 3.42).

Stütz- und Belegfunktion der Bilder in Fernsehbeiträgen: Von der illustrierenden Funktion ist eine Verwendung von Bildern zu unterscheiden, in der diese zeigen sollen, dass etwas ‚so und so' ist. Solche Beweis- und Belegbilder illustrieren nicht allein das in Worten Gesagte, sie verleihen diesen darüber hinaus Glaubwürdigkeit. Das Wort entspricht dem, was im Bild gezeigt wird, das Bild belegt, was in Worten gesagt wird. Diese Bilder zeigen, dass etwas so (gewesen) ist, indem sie genau die Situation zeigen, von der im sprachlichen Text die Rede ist (im Unterschied zur textbezogenen Illustration, in der eine Variante einer im sprachlichen Text angesprochenen Situation gezeigt wird). Ohne das Wort bleiben aber auch diese Bilder insofern unselbstständig, als ihnen keine Eigenbedeutung zukommt. Eine solche Wort-Bild-Kombination findet man beispielsweise dann, wenn in Nachrichtensendungen die Gesichter von Menschen zu sehen sind, die von dem zu berichtenden Ereignis betroffen sind. Durch deren Mimik und Gestik werden durchaus Informationen über ihren Gemütszustand, wie etwa Wut, Trauer, Entschlossenheit etc. vermittelt; erst mit den dazugehörigen Worten aber erfahren wir, worum es genau geht. In der eben bereits zitierten *Tagesschau* wird u. a. auch über das Gerichtsverfahren im Fall Tugce berichtet. Ein junger Mann soll die Studentin Tugce so geschlagen haben, dass sie stürzte und ins Koma fiel, aus welchem sie nicht mehr erwachte. Der Bericht versucht, den Tathergang zu rekonstruieren und greift dabei auf Bilder der Überwachungskamera, die am Tatort installiert war, zurück. Diese Bilder, die sich allein schon durch ihre Ästhetik von der Bildqualität des Beitrags abheben, bebildern nicht nur, sondern sollen die Glaubwürdigkeit des Gesagten belegen (Abb. 3.43). Auch wenn sich das, was gezeigt wird, nur durch das, was gesagt wird, erkennen lässt. Das Wort ist hier zwar in erster Linie der Informationsträger; das Bild stützt aber seine Glaubwürdigkeit, da es die Authentizität der Situation belegen soll.

Abb. 3.42–3.44: Stills aus *Tagesschau* (24.04.2015, 20.00 Uhr) (Abb. 3.42–3.43); *Weltspiegel/Mit US Soldaten in Bagdad auf Patrouille* (D seit 1963, Das Erste/NDR, 07.09.2003) (Abb. 3.44)

Wechselseitige Einordnung und Kommentierung von Bild und Wort: Eine größere Unabhängigkeit des Bilds gegenüber dem Wort ist gegeben, wenn das Bild als Kommentar zum Wort fungiert und so einen eigenen Interpretationsspielraum eröffnet. Eine gegenseitige Einordnung und Kommentierung von Bild und Wort, in denen das Wort die Fußnoten zum Bild liefert und das Bild umgekehrt den authentischen Charakter der angesprochenen Szene verstärkt, hat eine prinzipielle Selbstständigkeit und damit eine Gleichwertigkeit von Bildern und Worten zur Voraussetzung. Der *Weltspiegel*-Beitrag *Mit US Soldaten in Bagdad auf Patrouille* berichtet über die unsicheren Lebensverhältnisse im Irak und die gefährliche Arbeit der Polizisten dort. Die Journalisten begleiten die Polizisten in ihrem Alltag und werden u. a. Zeuge einer Schießerei zwischen der Polizei und einer Bande von Autodieben. Einer der Polizisten wird von den Kugeln getroffen und wird später den schweren Verletzungen auch erliegen. Wir sehen, wie der verletzte Polizist ins Krankenhaus gebracht wird (Abb. 3.44). Dieses Bild illustriert nicht nur das verbal Gesagte, sondern bezeugt es visuell mit großem Nachdruck. Hier liegt ein nichthierarchisches Verhältnis von Bild und Ton vor. Der Korrespondent muss sich nicht auf das Hörensagen ungenannter Zeugen verlassen, sondern er hat mit eigenen Augen gesehen, was dort vorging, und er lässt es uns, die Zuschauerinnen und Zuschauer am Bildschirm, kraft der eingefangenen Bilder mit unseren Augen sehen. Diese Übertragung der Zeugenschaft leistet hier der bildliche Verlauf des Korrespondentenfilms (vgl. die ausführliche Analyse dieses Korrespondentenfilms in Keppler, 2015, Kap. 1).

Aber auch bei der wechselseitigen Einordnung und Kommentierung von Bild und Wort haben wir es mit einer Skala von Möglichkeiten zu tun. Neben einem grundsätzlich komplementären, den Interpretationshorizont erweiternden Verhältnis von Wort und Bild sind verschiedene Varianten eines oppositionellen Verhältnisses möglich, wie etwa kontrastive Bekräftigung und gegenseitige Infragestellung. Ein solches Verhältnis von Worten und Bildern kann aber nur das Ergebnis einer über einzelne Einstellungen hinausgehenden Komposition von Bildern und Worten sein. In erster Linie ist es daher neben dem Bildinhalt die Kombination der Einstellungen, die eine eigene Wertigkeit von Bild und Wort hervorbringt und beiden den Charakter eines eigensinnigen Informationsträgers verleiht, belässt oder nimmt. Damit sind wir bei dem entscheidenden Stichwort für die Analyse des kompletten audiovisuellen Geschehens: der Montage.

3.4.3 Einstellungsverbindungen/Montage

Alles, was bisher unter dem Stichwort ‚audiovisuelle Dimensionen' ausgeführt wurde, handelte bereits von Verfahren der Montage. Die Verknüpfung von Bild und Ton ist ebenso ein Ergebnis von Montage wie die Zusammenfügung von Aufnahmen zu einzelnen Szenen, zu einzelnen Sequenzen sowie zu ganzen Filmen. Montage ist die Herstellung nicht allein visueller, sondern audiovisueller Bildverläufe. Sie ist daher etwas, das alle filmischen Produkte durch und durch prägt. Es bildet, wie bereits Walter Benjamin in seinem Kunstwerkaufsatz festgestellt hat, „erst die Folge von Stellungnahmen, die der Cutter aus dem ihm abgelieferten Material komponiert, [...] den fertigen Film." (Benjamin [1939] 1980, S. 488). Sowohl die einzelnen Sequenzen als auch ihre Verbindungen zum Ganzen eines Films müssen dabei als Effekte der Montage angesehen werden. Filmische Erzeugnisse sind, so gesehen, komplexe Folgen audiovisueller Sequenzen, deren Anordnung über den kommunikativen Gestus des gesamten filmischen Produkts entscheidet.

Die Montage stellt zudem eine charakteristische Spezifik filmischen Erzählens dar, indem sie die szenische Einheit aus Raum, Zeit, Personen und Handlung durch das Arrangement der Einstellungen öffnen und so Vorstellungswelten anregen kann, die über das Gezeigte hinausgehen. Alle, die Alfred Hitchcocks *Psycho* (USA 1960) gesehen haben, meinen, auch den Duschmord mit angesehen zu haben, obwohl es diesen eigentlich in keiner Einstellung zu sehen gibt. Gezeigt werden lediglich Bilder in einer bestimmten Reihenfolge, die eine Vorstellung des Mordhergangs anregen – nicht jedoch abbilden. Die Technik des Filmschnitts ermöglicht, so der Filmregisseur Tom Tykwer, die „Überwindung des physischen Raums durch die Verknüpfung zweier Ortsbilder, aber natürlich zugleich: [die] Öffnung eines Assoziationsraums durch das Weglassen von Bildern, die dazwischen liegen könnten." (Tykwer, 22.03.2010, www.sueddeutsche.de). Neben diesem „schöpferischen Moment [...]" der Montage, den bereits in den 1920iger Jahren der russische Filmemacher Wsewolod I. Pudowkin hervorhebt, „kraft dessen aus den leblosen Fotografien (den einzelnen Filmbildchen) die lebendige filmische Einheit geschaffen wird" ([1928] 2001, S. 74/75), verweist der französische Filmtheoretiker André Bazin mit seiner Definition der Montage als ‚Organisation der Bilder in der Zeit' nüchterner und präziser auf die organisatorische und damit den filmischen Zusammenhang erst schaffende Kraft der Montage (Bazin, [1958–1965] 1967, S. 24).

Die Montage trifft zunächst eine Auswahl aus dem durch Kameraoperationen vorinterpretierten Material; ihr Duktus baut auf dem der vorgegebenen Einstellungen auf. Wie statisch oder dynamisch dieser aber auch sein mag, die Montage kann ihn fast beliebig weit in die Gegenrichtung verändern; statische Einstellungen lassen sich zu extrem bewegten, dynamischen Aufnahmen oder auch zu extrem repetitiven Bildfolgen zusammenschneiden. Der Montageduktus wird durch die im Schnitt gewählte Einstellungslänge und die Art der Anordnung von Einstellungen bestimmt; die Verknüpfung einzelner Einstellungen zu inhaltlich zusammenhängenden Einstellungsfolgen schafft eine thematische Strukturierung. Während die Kameraoperationen auf der Ebene der Einstellungen zwar Vorentscheidungen über die Präsentation von Objekten und Situationen schaffen, ist es doch erst die Montage, die aus diversen isoliert aufgenommenen Ausschnitten auswählt und diese zum

Endprodukt zusammensetzt. Dies trifft gleichermaßen auf die Zusammenstellung der akustischen Komponenten zu; auch diese sind das Ergebnis von Entscheidungen, die so oder anders hätten ausfallen können. Zusammen mit der Choreografie der Bilder ergeben auch die akustischen Elemente erst das, was ein filmisches Erzeugnis ist – das, was es im Rhythmus seiner visuellen und akustischen Bewegungen sagt und zeigt.

Im Verlauf der Filmgeschichte haben sich verschiedene Montageregeln entwickelt, die in bestimmten Schulen oder Richtungen wiederum spezifische Ausformungen angenommen haben. Während das französische Autorenkino der 1960er Jahre (die Nouvelle Vague) sich vor allem dem ‚räumlichen Realismus' der inneren Montage (vgl. vorherigen Abschnitt zur Mise en Scène) verschrieben hat, so ist das Gebot der *continuity* für das handlungszentrierte Hollywoodkino von entscheidender Bedeutung. Die Herstellung eines kontinuierlichen Zusammenhangs durch die Anordnung der Einstellungen zu Einstellungssequenzen, die den Schnitt unsichtbar werden lassen, ist eine für den Hollywoodfilm vielfach maßgebende Variante der Montage (wir kommen darauf noch zurück). Eine Praxis des *Continuitys* findet sich übrigens auch bei dem bereits zitierten Pudowkin, der schon in den frühen 1920iger Jahren von der Montage forderte, „einzeln aufgenommene Teilstücke so zu vereinigen, daß der Zuschauer im Resultat den Eindruck einer ganzen, kontinuierlichen, fortlaufenden Bewegung bekommt" (Pudowkin, [1928] 2001, S. 78) und dass die Montage sich der Erzählung unterordnen müsse. Sein Kollege Sergeij Eisenstein dagegen erhoffte sich gerade von dem Kontrast einzelner Einstellungen in der Montage die Entstehung eines neuen Zusammenhangs, der den Zuschauer durch den „Zusammenprall zweier voneinander unabhängiger Stücke" zu eigenen Schlussfolgerungen anregen sollte (Eisenstein, [1929] 1975, S. 205). Wir erinnern nicht an diese klassischen Kontroversen, um eine normative Entscheidung zwischen diesen und weiteren filmtheoretischen und filmpraktischen Positionen herbeizuführen, sondern um die Breite der Möglichkeiten der filmischen Konstruktion zu betonen, die ihre Spuren auch in den heutigen filmischen Produkten hinterlassen hat.

Die Art, wie Bild- und Tonverläufe selegiert und kombiniert werden, ist das, woraus filmische Produkte ihre innere Artikuliertheit gewinnen. Über eine solche Artikuliertheit verfügen alle filmischen Produkte, gleich ob es sich um Spielfilme aus dem Iran oder aus Hollywood, um Quizsendungen, Talkshows, Sportübertragungen oder andere Typen filmischer Verläufe handelt. **Montage** ist also kein künstlerisches Verfahren, das einmal verwendet und ein anderes Mal außer Acht gelassen wird, sie ist das Verfahren, durch das der Zusammenhang filmischer Produkte entsteht.

Bei der Montage handelt es sich also in erster Linie um verschiedene Varianten der Einstellungsverbindung. Und auch wenn es für die Analyse der filmischen Montage keine festen Regeln darüber geben kann, wie die einzelnen Varianten der Montage zu verstehen sind, so haben sich im Laufe der Zeit doch bestimmte konventionalisierte Formen des Montierens herausgebildet, die wir nun kurz vorstellen möchten.

Eine besondere Form des *Anschlussschnitts* (*Continuity Cutting*, wir kommen darauf zurück), bei dem so geschnitten wird, dass eine Kontinuität zwischen zwei Einstellungen entsteht, ist der *Match Cut*. In diesem Fall wird die Kontinuität geschaffen, indem die montierten Einstellungen eine grafische Übereinstimmung teilen. Die Kontinuität wird hier also nicht in Form einer einstellungsübergreifenden Handlung hergestellt, sondern durch die Bildkomposition. In einer Einstellung wird eine Zimmertür geschlossen, in der nächsten wird eine Zimmertür in einem völlig anderen Haus, an einem anderen Ort der Welt geöffnet. Oder: Ein Diamant wird in der einen Szene gestohlen und in der nächsten von einem möglichen Käufer bereits untersucht. Der Match Cut kann auch über eine die Einstellung dominierende Kamerabewegung hergestellt werden, die dann in der anschließenden Einstellung aufgegriffen wird, z. B. im Fall von *Only lovers left alive* (GB/D 2013, R: Jim Jarmusch). Das *Rollen* der Kamera (Abb. 3.45) wird im Anschlussschnitt durch das Drehen der Schallplatte aufgegriffen (Abb. 3.46). Das Prinzip des Match Cuts gibt es auch auf der auditiven Ebene (als eine besondere Form der *Soundbridge*), indem das auditive Moment der einen Einstellung in der anschließenden aufgegriffen wird. In *Harry Potter and the Order of the Phoenix* (GB/USA 2007, R: David Yates) beispielsweise fährt in der einen Einstellung der Zug mit lautem Pfeifen in Hogwarts ab, in der anschließenden Einstellung pfeift der Teekessel von Mutter Weasley auf dem Herd.

Abb. 3.45–3.47: Match Cut *Only Lovers Left Alive* (Abb. 3.45–3.46); Kreisblende *The Haunted House* (USA 1921, R: Edward F. Cline und Buster Keaton) (Abb. 3.47)

Der *Jump Cut* hingegen verbindet zwei Einstellungen, die dasselbe Objekt zwar auf der gleichen Kameraachse, aber aus unterschiedlicher Distanz aufgenommen haben. Der Effekt ist ein Bildsprung und ein Moment der Diskontinuität. War der Jump Cut im klassischen Hollywoodkino noch ein absolutes Tabu und in den Neuen Wellen des Kinos der 1960er Jahre noch ein unkonventionelles filmisches Stilmittel, begegnet er einem heute vielerorts insbesondere als dominierendes Stilmittel sogenannter Vlogs auf Youtube (Abb. 3.48–3.49).

Abb. 3.48–3.50: Jump Cut *LeNews. Action News. Aber hart!* (D 09.04.2015) (Abb. 3.48–3.49); Rauchblende *The Man Who Shot Liberty Valance* (USA 1962, R: John Ford) (Abb. 3.50)

Wird von einer Einstellung, die nicht zum inneren Kontext der unmittelbar vorausgehenden Einstellung gehört, gewechselt, bieten sich verschiedene Möglichkeiten der Einstellungsverbindung an. Eine davon ist der *Cutaway*, ein Umschnitt auf Bilder anderer Art wie etwa Zeitungen, Landkarten, Kalenderblätter, Zugtickets, Monitore oder Zwischentitel. Dies sind Bilder, die Informationen enthalten, um einen örtlichen Wechsel oder auch einen Zeitsprung zu begründen. Beispielsweise wenn uns gezeigt wird, wie eine Frau ihren Mann vor die Tür setzt, anschließend auf eine Zeitung umgeschnitten wird, die eine Hochzeit ankündigt, um uns dann wieder besagte Frau, als erneute Braut, zu präsentieren, allerdings mit anderem Mann (*The Philadelphia Story*, USA 1940, R: George Cukor). Eine andere Möglichkeit, signifikante Orts-, Handlungs- oder Zeitwechsel zu markieren, bieten verschiedene Formen von *Blenden*. Die *Auf-* und *Abblenden* sind beispielsweise klassische Varianten, um den Anfang und das Ende einer Szene, einer Sequenz oder auch eines Films zu markieren. Bei der Abblende wird die Blendenöffnung verringert (mal langsam, mal schneller) bis das Filmbild schwarz wird. Bei der Aufblende verhält es sich genau andersherum: Eine stete Öffnung der Blende lässt das Filmbild langsam aus dem Schwarzbild auftauchen. Kombiniert man die Auf- mit der Abblende, entsteht eine *Überblendung*, mit dem Effekt, dass das eine Filmbild in das andere hinübergleitet (andere Varianten wären beispielsweise die *Schiebe-*, *Wisch-* oder auch die *Klappblende*). Am Bekanntesten sind sicherlich die *Rauchblenden*, um den Übergang zu Rückblenden oder Traumsequenzen zu markieren (Abb. 3.50) sowie die *Kreisblende* zum Schluss eines Films (Abb. 3.47). Alle Varianten von Blenden zählen nicht gerade zu den dezenten filmischen Mitteln, sondern sind eher von reflexivem Charakter. Sie stellen sichtbare Momente der filmischen Gestaltetheit dar.

Die *Parallelmontage* (auch *alternierende Montage*) zählt zu den ältesten Montageprinzipien. Hier werden zwei oder mehr Handlungsstränge zu einer Erzähleinheit verbunden, indem zwischen ihnen hin- und hergeschnitten wird. Der inhaltliche Zusammenhang einer solchen Montage kann ganz unterschiedlich sein. Eine Verfolgungsjagd, die uns mal den Verfolger, mal den Verfolgten zeigt, ist sicherlich das klassische Beispiel für diese Montageform. Durch das *Crosscutting* erzählen beide Handlungsstränge nicht nur von ihren jeweils eigenen Ereignissen, sondern immer gleichzeitig auch etwas über den parallel verlaufenden Erzählstrang. Sie bilden eine narrative Einheit. Anders gesagt: Die Parallelmontage entwickelt ihr darstellerisches Potenzial insbesondere daraus, dass sie verschiedene Handlungsstränge nicht nur synthetisiert, sondern dass sie dabei immer auch komparativ verfährt. Und gerade der Vergleich trägt entscheidend zur finalen Aussage der Montage bei: Der Verfolgte beispielsweise kommt nur im Vergleich zum Verfolger kaum vom Fleck. In *Rocky IV* (USA 1985, R: Sylvester Stallone) wird in einer wenig subtil argumentierenden Parallelmontage z. B. davon erzählt, wie sich die beiden Boxer auf den ‚Kampf des Jahrhunderts' vorbereiten. Während Rocky sich in der Natur mit den einfachen Mitteln, die ihm zur Verfügung stehen, auf den Kampf vorbereitet – er joggt einsam durch meterhohen Schnee, zieht einem Bauern die Kutsche, hackt Holz –, wird Ivan Drago, sein russischer Counterpart, in einem hochtechnisierten Trainingslager zu einer Kampfmaschine aufgebaut. Gegenübergestellt werden der Naturbursche auf der einen Seite, der es aus eigener Kraft ganz nach oben schafft, und der übertechnisierte Hochleistungssportler auf der anderen Seite, der zur Maschine wird. Beide Klischees, die hier entworfen werden, treten gerade durch ihre unmittelbare Gegenüberstellung in dieser Montage so unübersehbar deutlich hervor.

Filmisches Erzählen kann bei dieser Montageform durchaus unterschiedlich explizit verfahren. In der Eröffnungssequenz des Spätwesterns *The Wild Bunch* (USA 1969, R: Sam Peckinpah) wird der in die Jahre gekommene Outlaw Pike Bishop und seine Bande (Abb. 3.51) mit einer Gruppe spielender Kinder parallel montiert (Abb. 3.52). Die Kinder haben Skorpione in einen Ameisenhaufen gesperrt (Abb. 3.53) und amüsieren sich beim Foltern der Tiere. Der eigentlich tödliche Skorpion unterliegt der Überzahl an Ameisen. Er ist zu diesem Zeitpunkt des Films bereits dem Tode geweiht, ähnlich wie Pike Bishop, die Hauptfigur des Films (Abb. 3.54). Das Bandenoberhaupt ist ein Relikt vergangener Tage, des Kämpfens und Tötens müde, und auf dem Weg zu seinem vermeintlich letzten Coup. Das Schicksal des Skorpions nimmt das Schicksal des Protagonisten vorweg.

Abb. 3.51–3.56: Stills aus *The Wild Bunch*

Die Parallelmontage charakterisiert jedoch nicht nur den Protagonisten Pike, sondern auch den Gesellschaftsentwurf, den *The Wild Bunch* anbietet. Hier gehören das Töten und Getötetwerden zum Alltag. Die Montage macht diesbezüglich auch keinen Unterschied zwischen den Kindern und den bewaffneten Banditen – im Gegenteil: Vertreter beider Gruppen werden in dieser Eingangssequenz immer wieder zu Standbildern eingefroren und tragen ihren Teil zum morbiden Stimmungsbild der Eröffnung bei (Abb. 3.55–3.56). Spätestens wenn der Name des Darstellers eines Bandenmitglieds zum *Frozenframe* eines der Kinder gezeigt wird (Abb. 3.56), ist klar: die Kinder sind ein gleichwertiger Bestandteil dieses gewalthaltigen Wirklichkeitsentwurfs, in welchem es nicht um das Überleben, sondern nur um das Sterben geht.

Anders als die Parallelmontage nimmt sich die *thematische Montage* die Freiheit, unabhängig von einer spezifischen Handlungseinheit Bilder von Objekten oder auch Personen zu montieren, um ein bestimmtes Thema zu entwickeln (vgl. Borstnar, Pabst und Wulff, 2002, S. 139). Als Beispiel kann die Präsequenz der Fernsehserie *Homeland* (USA seit 2011, Showtime) angeführt werden – eine thematische Montage, die sich allerdings auch anderer Schnitttechniken bedient. Hier finden Jump Cuts ebenso Verwendung wie ein komparativ verfahrendes Crosscutting, wir kommen darauf zurück. Den Zusammenhalt der Sequenz bildet nicht die Einheit der Szenen oder der Handlung, sondern das Thema, welches durch die Montage entwickelt wird. Um die thematische Argumentation der Präsequenz nachvollziehen zu können, müssen wir den Inhalt der Serie, zumindest den der ersten Staffel, kurz anreißen. Ein ‚Prisoner of War' aus dem zweiten Irakkrieg namens Brody wird befreit und kehrt nach acht Jahren Gefangenschaft in die USA zurück, wo er als Held der Nation gefeiert wird. Lediglich die junge, gutaussehende und alleinstehende CIA-Agentin Carrie Mathison ist davon überzeugt, dass dieser Marine einer Gehirnwäsche unterzogen wurde und wir es hier nun mit einem Terroristen der al-Qaida zu tun haben. Sie überwacht ihn, konfrontiert ihn, verliebt sich in ihn, was sie aber alles nicht davon abhält, an ihrem Verdacht, Brody sei ein Terrorist, festzuhalten. Die erste Staffel endet mit einem vereitelten Selbstmordattentat, einem Zuschauer, der mehr über Brody weiß als Carrie, und einer Carrie, die nichts mehr davon wissen möchte, was sie immer so fest geglaubt hat zu wissen. Sie unterzieht sich einer Schocktherapie, um zu vergessen.

In der ziemlich genau zwei Minuten andauernden Präsequenz werden Bilder und Töne von unterschiedlichem Status aneinander montiert: (1.) Bilder aus dem kollektiven Gedächtnis (Abb. 3.57 und 3.59), (2.) Bilder aus der erzählten Welt der Serie, (3.) Bilder aus Carries Vergangenheit vor der Serie (Abb. 3.58) und (4.) Traumbilder, die Carrie oder Brody in einem Labyrinth zeigen.

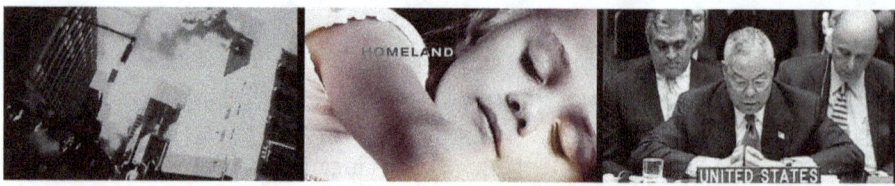

Abb. 3.57–3.59: Stills aus *Homeland*

Auffällig an der Präsequenz ist die alternierende Montage von Bildern der Dokumentation (Bilder aus der Medienberichterstattung) und Bildern der Serienfiktion. Wir sehen Ronald Reagan, der die Angriffe auf terroristische Lager in Libyen bestätigt. Ein Reporter berichtet von den Anschlägen in Lockerbie. Wir sehen George Bush, der den ersten Golfkrieg ankündigt, Bill Clinton nach dem Anschlag auf die USS Cole im Jahr 2000, auch George W. Bush ist kurz zu sehen. Colin Powells berühmte Falschaussage über die Massenvernichtungswaffen des Irak vor der UN nach dem 11. September 2001 wird ebenfalls gezeigt (Abb. 3.59) und Barack Obama erklärt uns, zunächst noch auf dem Kopf stehend, Osama bin Laden sei tot. Alles geschichtsträchtige Bilder, die weit über die Grenzen der USA hinaus ihren Eingang in das kollektive Gedächtnis mediatisierter Gesellschaften gefunden haben. Diese Bilder werden hier nun mit den Bildern aus der Fiktion, dem Wirklichkeitsentwurf der Serie *Homeland*, zu einer filmischen Sinneinheit montiert, die dabei stets in Form von Jump Cuts, verschiedenen Lichteffekten und auch aufgrund der gewählten Musik auf die Diskontinuität der eigenen Zusammenführungen aufmerksam macht. Das Ergebnis ist ein unruhiger Bilderteppich, der sich die verschiedenen Bilder unabhängig ihres Ursprungs einverleibt (Gleiches gilt übrigens auch für die auditive Ebene). Gerade durch diese scheinbare Einebnung wird die Frage nach der Unterscheidbarkeit der Bilder aufgeworfen: Was wissen wir eigentlich über ihren Ursprung? Welche Rolle spielt das für die identitären Prozesse – sowohl auf der personellen als auch auf der kollektiven Ebene?

Eine weitere Form der Montage, die, wie die thematische oder auch die Parallelmontage, insbesondere durch ihre ästhetische Abgeschlossenheit gegenüber dem weiteren filmischen Verlauf auffällt, ist die *Montagesequenz*. Sie begegnet einem im zeitgenössischen Kino und Fernsehen immer häufiger. Es handelt sich dabei um einen schnell geschnittenen Sequenztypus, der ursprünglich im klassischen Hollywoodkino der 1930er und 1940er Jahre entwickelt wurde, „um Zeit und Raum zu kondensieren und in kürzester Zeit viele Informationen zu vermitteln" (Borstnar, Pabst und Wulff, 2002, S. 139). Montagesequenzen stellen relativ für sich abgeschlossene Erzähleinheiten dar, die bereits durch ihr Tempo aus dem restlichen Erzählfluss des filmischen Produkts herausfallen, so z. B. auch in Sophia Coppolas *The Bling Ring* (USA 2013, R: Sofia Coppola). Der Film handelt von einer Gang gelangweilter Wohlstandsjugendlicher, die eine recht eigenwillige Auslegung von privatem Eigentum befolgt. ‚Shopping' funktioniert für die Protagonisten in Paris Hiltons Kleiderschränken genauso wie auf dem Rodeo Drive, vorausgesetzt Paris ist, wie so oft, nicht zu Hause. Die Story beruht auf einer wahren Begebenheit. Der Film begleitet die Gang bei ihren verschiedenen Beutezügen durch die Kleiderschränke der Stars und Sternchen und immer wieder beim sich Feiern, sich Fotografieren und Posten. Den geradezu zwanghaften Drang der Jugendlichen nach ‚Mehr' in allen Belangen setzt der Film in Form einer rasanten Montagesequenz um. In schwindelerregender Geschwindigkeit werden die Jugendlichen immer wieder beim Koksen (Abb. 3.60), Stehlen, Shoppen (Abb. 3.61), Sich-Selbst-Fotografieren (Abb. 3.62) und Feiern gezeigt:

Abb. 3.60–3.62: Stills aus *The Bling Ring*

Innerhalb dieser sechzig Sekunden läuft alles auf ‚Heavy Rotation' – die Drogen, das Klauen, das Feiern, das Shoppen, das Sich-Inszenieren –, dem aus dem Off alles überdröhnenden tumben Beat geradezu hörig folgend. Es ist die Musik, die hier die Einheit der Sequenz trotz der vielen raschen Einstellungswechsel herstellt. Sie hält das Sich-Gehen-Lassen der Jugendlichen zusammen und formiert so eine filmische Aussage. Die Montage transportiert den zunehmenden Kontrollverlust der Jugendlichen, indem sie die visuelle Ebene dem Ton unterordnet. Mit dem Effekt, dass die Jugendlichen nicht mehr als aktiv handelnde, die Ereignisse der Geschichte steuernde Protagonisten in Erscheinung treten, sondern als Getriebene, als ferngesteuerte Subjekte, dem Rausch vollständig ergeben. So ist es auch nur konsequent, dass das einzige Geräusch, das sich immer mal wieder auf der auditiven Ebene über den hämmernden Bass legen kann, das laute Schniefen der Jugendlichen beim Konsumieren von Kokain ist. Den Höhepunkt dieses diegetischen Exzesses bilden die sehr schnell hintereinander geschnittenen ‚Selfies' der Gangmitglieder, die diese auf Facebook posten. Letztlich, so lässt sich diese Montage von vorwiegend Selbstporträts verstehen, geht es bei allem Handeln immer wieder nur um diesen einen kurzen Moment des Postens und um die Selbstdarstellung in den sozialen Medien. Der Bilderrausch findet ein abruptes Ende in einem schwarzen Frame, der mit einem Trommelschlag alles bisher Gezeigte mit der totalen Leere kontrastiert. Der schwarze Frame markiert ostentativ den Zeitpunkt, ab dem es für die Teenager keinen Handlungsraum mehr jenseits dessen zu geben scheint, was sie in den sozialen

Medien zu repräsentieren glauben. Die Grenze zwischen medialer und sozialer Identität spielt zu diesem Zeitpunkt für die Gangmitglieder keine Rolle mehr. Sie haben den Bezug zur Wirklichkeit verloren und damit auch die Möglichkeit der Kontrolle.

Einen Grenzfall unter den filmischen Mitteln bildet der *Splitscreen*, stellt er doch sowohl eine Form der Bildkomposition als auch eine Form der Montage dar. Beim Splitscreen wird das Bild in zwei oder mehrere Bildbereiche aufgeteilt, in welchen verschiedene Handlungen, die sich beispielsweise an unterschiedlichen Orten, aber zur gleichen Zeit ereignen, gleichzeitig gezeigt werden. So bei *Lola rennt* (D 1998, R: Tom Tykwer): Während die rothaarige Lola im rechten Bildbereich zu sehen ist, wie sie rennt und rennt und rennt, um ihren Vater noch rechtzeitig zu erreichen, sieht man gleichzeitig in der linken Bildhälfte ihren Vater, der aus dem Büro in die Mittagspause geht. Die beiden Bildbereiche werden wieder zu einem zusammengeführt, als Lola beim Büro ihres Vaters um die Ecke biegt, dieser aber gerade die Szenerie verlassen hat. Splitscreens gibt es in vielen Varianten als filmische Mittel in fiktiven Formaten, aber auch in den televisuellen Gattungen der Information und Unterhaltung, z. B. wenn bei Sportübertragungen Werbefilme eingeblendet werden oder verschiedene Sportereignisse gleichzeitig gezeigt werden. Auch bei Nachrichtensendungen wird mit Splitscreens gearbeitet, beispielsweise bei Korrespondentengesprächen.

Zu den audiovisuellen Dimensionen zählen auch die *Spezialeffekte*. Sie umfassen gemeinhin sowohl die *Visual Effects* (Tricktechniken), als auch *physische Effekte* wie Explosionen, Stunts etc. (vgl. Blanchet, 2003, S. 265). Für die soziologische Film- und Fernsehanalyse sind allerdings nicht alle Arten von ‚Special Effects' von Interesse. Hier kommt es insbesondere auf diejenigen Spezialeffekte an, die auf sich selbst aufmerksamen machen, indem sie das ursprünglich abgefilmte Bild verändern, und zwar um ein audiovisuelles Spektakel zu erzielen, das über unsere alltägliche Wahrnehmung von Wirklichkeit hinausgeht. Diese *sichtbaren Effekte* sind uns im Film insbesondere aus *Blockbustern* vertraut: fliegende Menschen und Autos, überflutete Städte, Außerirdische etc. Aber auch im Fernsehen begegnen uns mindestens ebenso häufig Tricktechniken, nur in bescheidenerer Gestalt: Präsequenzen zu Fernsehsendungen kommen in der Regel nicht ohne Spezialeffekte aus, dies gilt auch für Einspielfilme bei Talentshows und für die animierte Wetterkarte in der *Tagesschau*.

3.4.4 Continuity System

An einzelnen Stellen in diesem Buch haben wir den Begriff des *Continuity Systems* bereits ins Spiel gebracht. Das Continuity System – auch klassischer Hollywoodstil, *Classical Narration* oder *Invisible Style* genannt – ist ein Gestaltungsprinzip filmischer Produkte, das sich im Hollywoodsystem der 1920er- und 1930er-Jahre entwickelt hat. Es handelt sich dabei um einen spezifischen Stil des Filmerzählens (insbesondere der Montage), der alles nachfolgende Filmschaffen sowie Filmverstehen nachhaltig prägen sollte – sei es, weil seine Gestaltungsprinzipien befolgt wurden, oder weil mit ihnen gebrochen wurde. Es handelt sich um einen hochkonventionalisierten Filmstil, der freilich nicht für alle filmischen Produkte gilt, aber als Vergleichsfolie bei der Analyse filmischer Produkte durchaus hilfreich sein kann.

Ziel des Continuity Systems ist es, Filmwelten so zu inszenieren, dass die filmische Gestaltetheit unsichtbar wird (*Invisible Style*). Die Tatsache, dass es sich um einen Film handelt, soll quasi hinter der glatten und unauffälligen Gestaltetheit zurücktreten, sodass sich die Aufmerksamkeit des Zuschauers voll und ganz auf die Handlung richten kann. Leitend für die Montage ist darum die Herstellung von Kontinuität zwischen den Einstellungen. Dies gelingt, indem sich die Montage an den innerfilmischen Handlungen und Bewegungen orientiert. Kommen wir an dieser Stelle noch einmal auf *Casablanca* zu sprechen. Rick glaubt, alles hinter sich gelassen zu haben, und lebt nun ein Leben ohne Vergangenheit in Casablanca, wo er ein Café betreibt. Als Sam, sein Pianist und Freund, einen Song aus den vermeintlich vergessenen Tagen spielt, greift Rick ein und ermahnt ihn harsch. Doch Sam macht ihn mit einer kurzen Blickbewegung nach links auf die Ursache der Musikwahl aufmerksam (Abb. 3.63). Daraufhin zeigt die Kamera, was links ist bzw. sitzt, nämlich Elsa Lund, die nach rechts blickt (Abb. 3.64), sodass die Kamera nun zeigt, was Elsa Lund sieht: nämlich Rick, der jetzt auch Elsa wahrgenommen hat (Abb. 3.65). Dabei wechselt die Einstellungsgröße auf einen deutlich kleineren Bildausschnitt. Rick und Elsa werden uns in Großaufnahmen gezeigt. Das ehemalige Paar nimmt in diesem Moment nur noch sich wahr und ausschließlich der Zuschauer darf bei diesem intimen Moment dabei sein. Dieser Moment der Nähe ist auch ein Effekt des Kontinuitätsprinzips.

Abb. 3.63–3.65: Stills aus *Casablanca*

Der Einstellungswechsel ist im Continuity System in der Regel aus der Handlung heraus motiviert. So auch hier: Die Kamera folgt der Linie der Blickbewegungen und stellt auf diese Weise die Kontinuität zwischen den Bildern her, die in ihrer Abfolge geradezu ‚natürlich' erscheint. Für diesen Effekt ist es von großer Wichtigkeit, dass der Blickachse genauestens gefolgt wird. Bereits minimale Abweichungen können zu Diskontinuitäten führen und es kann der Eindruck entstehen, dass aneinander vorbeigesehen wird. „Das Besondere am klassischen Stil liegt also darin", so schreiben die Filmwissenschaftler Thomas Elsaesser und Malte Hagener, „dass er mit dem größtmöglichen Einsatz an Verfahren und Technik ein Konstrukt erschafft, das den meisten Zuschauern realistisch erscheint, also diesen Einsatz gerade verschleiert. Kurz gesagt: Der klassische Stil simuliert Transparenz" (Elsaesser und Hagener, 2007, S. 29).

Abb. 3.66–3.68: Stills aus *Casablanca*

Im Rahmen des Continuity Systems hat sich eine Vielzahl an filmischen ‚Gestaltungsregeln' entwickelt, welche die filmischen Produkte bis heute prägen. Das Schuss-Gegenschuss-Verfahren für die Aufnahme von Dialogszenen zählt beispielsweise dazu. Nachdem die räumliche Situation des Dialogs geklärt ist (Abb. 3.66), werden abwechselnd die Dialogteilnehmer gezeigt (Abb. 3.67–3.68). Dies geschieht häufig wie in unserem Beispiel, nämlich indem die Schulter desjenigen, der von der Kamera nicht fokussiert wird, dennoch im Bildausschnitt enthalten ist (*Over-Shoulder-Shot*).[3]

Ob *Kamerabewegung, Kameraoperationen, Licht, Bildkomposition, Personenführung, Geräusche, Sprache* oder *Musik* – so unterschiedlich die verschiedenen Aspekte filmischer Artikulation auch sein mögen, die wir unter den Dimensionen ‚auditiv', ‚visuell' und ‚audiovisuell' angesprochen haben, sie alle tragen ihren Teil zum finalen filmischen Ausdruck bei. Die ästhetischen Qualitäten filmischer Produkte, wie sie sich in der Art ihrer Montage manifestieren, sind darum nichts, was man auch noch beachten kann, sondern das, was vor allem beachtet werden muss, wenn es um die Untersuchung der Kommunikationsform filmischer Produkte geht. Dies ist die zentrale Aufgabe der Detailanalyse, die im Fokus einer jeden soziologischen

---

[3] Eine umfassende und ausführliche Auseinandersetzung mit den verschiedenen Konventionen des Continuity Systems leisten Bordwell, Staiger und Thompson (1988).

Film- und Fernsehanalyse steht. Ein wichtiges Hilfsmittel in der Vorbereitung und Durchführung der Detailanalyse ist die Herstellung von Filmtranskripten.

3.5 Filmtranskripte

In Kapitel 2 *Forschungsdesign* haben wir darauf hingewiesen, dass Umfang und Komplexität filmischer Produkte häufig nach einer Selektion des Untersuchungsmaterials verlangen. Es gilt, die Schlüsselszenen der Produkte für das jeweilige Forschungsinteresse zu bestimmen, um diese dann detailliert – den verschiedenen Dimensionen filmischen Erzählens angemessen – analysieren zu können. Eine wichtige Basis für die Detailanalyse ist die Erstellung von Filmtranskripten. Auch wenn die Verschriftlichung audiovisuellen Materials nicht mehr als ein Protokoll darstellt, also weder eine Repräsentation und erst recht keine Deutung des filmischen Materials, so stellt sie doch einen produktiven Untersuchungsschritt dar, der nicht umgangen werden sollte. Hierfür sprechen vor allem drei Gründe:

(1.) Die Verschriftlichung des sprachlichen und nichtsprachlichen Materials ist selbst als Teil der Analyse zu betrachten und nicht nur als ein Akt der Übertragung. Der Vorgang der Transkription hebt die Flüchtigkeit des Materials auf und stellt eine strukturierende Annäherung an den Gegenstand der Analyse dar, nicht zuletzt, weil er eine erhebliche Schärfung und Differenzierung der Wahrnehmung zur Folge hat und so Wichtiges zur ausführlichen Explikation des Gehalts filmischer Bilder beiträgt.

(2.) Das Erstellen von Transkripten erlaubt eine methodische Isolierung der visuellen und der akustischen Dimension filmischer Produkte. Für das konkrete Vorgehen hat es sich in der empirischen Praxis als hilfreich erwiesen, die verschiedenen Ebenen zunächst getrennt zu betrachten und sie erst anschließend einer synthetisierenden Betrachtung zuzuführen, die ihren Blick vor allem auf die je besonderen Verknüpfungen von Bild und Ton lenkt. Dieses artifizielle Vorgehen schafft die Basis dafür, die tatsächliche Interaktion von Bild und Ton in einzelnen filmischen Produkten möglichst genau zu erfassen.

(3.) Die Verfügbarkeit von Filmtrankripten erhöht die Transparenz wissenschaftlicher Interpretationen, indem Sie Ihre Ergebnisse an Transkripten Schritt für Schritt belegen können. Dies ist nicht lediglich im Sinne eines Belegs interpretativer Thesen zu verstehen, sondern dient zugleich der Vergegenwärtigung des Analyseprozesses, der am Gegenstand zu diesen Ergebnissen führt. Die intersubjektive Nachvollziehbarkeit der Analyse zählt zu den grundsätzlichen Verpflichtungen eines jeden Forschenden. Diese ist bei vollständiger Übertragung des filmischen Geschehens in ein Filmtranskript, auf das auch bei der Analyse immer wieder verwiesen werden kann, in einem sehr hohen Maß gegeben. Nur bei kurzen Sendungen freilich ist es möglich, bei der Auslegung den ganzen

Verlauf an einem detaillierten Filmtranskript zu vergegenwärtigen. Bei längeren Sendungen ist die Auswahl signifikanter Ausschnitte geboten (vgl. Kap. 2.2).

Das Transkriptionssystem (vgl. Anhang), welches diesem Verfahren zugrunde liegt, gibt den Sprachtrakt des Untersuchungsgegenstands vollständig wieder; der Bildtrakt wird Einstellung für Einstellung verbal umschrieben und die Merkmale der Kameraführung werden notiert. Das Ergebnis ist ein Filmtranskript, das Bild und Ton simultan erfasst, und das auch für den filmtechnisch nicht vorgebildeten Laien lesbar ist. Um ein solches Transkript zu erstellen, empfiehlt es sich, wie folgt vorzugehen:

Liegt der erste signifikante Ausschnitt (Schlüsselszene) für die Detailanalyse vor, beginnt man mit dessen Feintranskription. Zu diesem Zweck legt man zunächst ein Arbeitstranskript an. Man unterscheidet zwischen dem Arbeitstranskript und dem letztlichen Filmtranskript, welches mit der Analyse veröffentlicht wird. Das Arbeitstranskript fällt zunächst deutlich detaillierter aus als das finale Filmtranskript. Dies ist der Logik qualitativer Forschung geschuldet, da man häufig zu Beginn der Transkription noch gar nicht genau weiß, was letztendlich im Mittelpunkt der Analyse stehen wird. Das finale Filmtranskript, das forschungsfragenorientiert gekürzt und verklart wurde, wird nicht nur im Fließtext einer Film- und Fernsehanalyse in Form von Ausschnitten zitiert, sondern wird immer auch im Anhang einer Arbeit mitveröffentlicht bzw. abgegeben.

Das Filmtranskript besteht aus einem Transkriptkopf und einer Tabelle mit vier Spalten. Der Transkriptkopf enthält bei einem Film folgende Angaben: *Filmtitel (Land Jahr der Erstausstrahlung, Regie)*. Bei einer Fernsehsendung enthält er folgende Angaben: *Name der Fernsehsendung (Land Ausstrahlungsdatum, Sender, Titel/ Episode)*. Wird ein Ausschnitt eines Filmtranskripts in eine Publikation oder Hausarbeit integriert, so wird dem Ausschnitt ein Transkriptkopf vorangestellt, der zudem Angaben zum Ausschnitt enthält: *Filmtitel (Land Jahr der Erstausstrahlung, Regie, Ausschnitt: XY)*. Wir kommen auf verschiedene weitere Aspekte, die bei der Verschriftlichung einer Film- und Fernsehanalyse zu beachten sind, in Kapitel 6 noch ausführlich zu sprechen.

Transkr. 3.1: Vorlage für Filmtranskript

Nr. Zeit	Bild		Ton
1 'X	Einstellungsgröße (Kameraperspektive): Bildinhalt in Stichworten, Inserts, Bildbearbeitung; Blende		Tonquelle, Musik, Geräusche, gesprochene Sprache ((Kurzcharakteristik von Musik und Geräuschen))

Die Tabelle beginnt mit einer schmalen Spalte (1 cm)[4], in diese werden die Einstellungsnummer und die Dauer der Einstellung eingetragen. Sie ist mit Nr. und Zeit betitelt. Die zweite Spalte ist deutlich breiter (7 cm) und enthält alle Angaben zur visuellen Dimension (Spaltentitel: Bild). In der dritten Spalte (1 cm) wird die Tonquelle angegeben (Sprecher, Figur, Geräusch oder Musik). Sie ist Teil der Spalte des Tons und trägt daher keinen eigenen Spaltentitel. Diese dritte Spalte dient lediglich der besseren Lesbarkeit des Transkripts und umgeht das zelleninterne Formatieren. Bei Veröffentlichen des Transkripts ist die rechte Linie dieser Spalte einfach als ‚weiß' oder als ‚unsichtbar' zu formatieren. In der vierten Spalte werden die auditiven Elemente der Einstellung notiert (7 cm). Als Schriftgröße empfiehlt sich *Times New Roman 10 Pkt.*, so verliert man nicht zu viel Platz in der Publikation aufgrund zu großer Transkriptausschnitte. Achten Sie bei der Anlage der Tabelle auf mögliche Formatierungsvorgaben von Hausarbeiten oder anderen Publikationsorganen und legen Sie die Tabelle immer gleich dem jeweiligen Seitenlayout entsprechend an. Optional können Sie das Arbeitstranskript auch um eine fünfte Spalte für die Notation von Auffälligkeiten und Fragen ergänzen. Diese Spalte ist vor der Veröffentlichung zu entfernen. Das Arbeitstranskript unterscheidet sich vom finalen Filmtranskript, das mitveröffentlich wird, insbesondere durch seinen Umfang. Ist die Analyse fertiggestellt, kann das Arbeitstranskript bereinigt werden: Alles, was für die intersubjektive Nachvollziehbarkeit der Analyse nicht notwendig ist, kann entfernt bzw. gekürzt werden. Am Anfang gilt jedoch zunächst: Lieber einen Aspekt zu viel notiert als einen zu wenig. Ist das Arbeitstranskript angelegt, empfiehlt es sich, den Bildschirm zu teilen und in der einen Hälfte den Medien-Player mit dem jeweiligen Untersuchungsgegenstand zu öffnen und das Arbeitstranskript in der anderen Hälfte des Monitors. Jetzt kann es dann Einstellung für Einstellung losgehen. Nachstehend haben wir einen Ausschnitt aus einem solchen Filmtranskript (Transkr. 3.2) sowie die dazugehörigen ersten drei Einstellungen des Filmtranskripts (Abb. 3.69–3.71) abgebildet.

Abb. 3.69–3.71: Stills aus *Germany's Next Topmodel*

---

4 Die Zentimeterangaben beziehen sich auf ein Filmtranskript, das in DINA4 angelegt wird.

Es empfiehlt sich, mit der Beschreibung des Bilds zu beginnen: (1.) Die Einstellungsgröße wird als Erstes notiert. In diesem Fall ist es die Nahaufnahme (N). (2.) Dann werden, wenn vorhanden, weitere Kameraoperationen wie Fahrten, Schwenks oder Zooms angegeben. In der vorliegenden Einstellung verweilt die Kamera in ihrer Position, sodass nicht mehr als die Einstellungsgröße zu notieren ist. Die Angaben zur Kamera schließen mit einem Doppelpunkt ab, bevor dann der Inhalt des Bilds beschrieben wird. Zu diesem Zweck beginnen Sie mit dem Bildvordergrund bzw. mit dem Bildmittelpunkt – Heidi Klum – und gehen dann weiter zur Bildperipherie, indem Sie auch beschreiben, was in den Bildecken und an den Bildrändern zu sehen ist (z. B. Senderlogo und Sendungslogo). Sind Schriftzeichen auf der Bildebene in das Transkript zu übertragen, dann bestimmt die Schreibweise (z. B. Groß- und Kleinschreibung, Kursivierungen etc.) des filmischen Bilds auch die des Transkripts. Die direkte Übernahme des Schriftzugs markieren Sie mit Anführungszeichen. Nach diesem Vorgehen wird das Sendungslogo unseres Beispiels wie folgt transkribiert „GERMANY'S NEXT topmodel by *Heidi Klum*".

Transkr. 3.2: Beispiel für Filmtranskript und Transkriptkopf
Germany's Next Topmodel (D 13.03.2009, ProSieben, Staffel 04/Episode 05, Ausschnitt: Tessa)

Nr. Zeit	Bild	Ton	
01 '2	N: Heidi Klum (HK) in weißem Oberteil, mit Ansteckmikrofon und hochgezogenen Augenbrauen, blickt nach rechts HG: Grellrosa Wand, Ausschnitt des Schriftzugs „GERMANY'S NEXT topmodel *by Heidi Klum*" sichtbar BE[u,li] Insert: Logo der Sendung (über alle Einstellungen), BE[o,re] Insert: Senderlogo ProSieben (über alle Einstellungen)	Mu: HK:	((HG: einzelne Klaviertöne)) So,=sollte ein Topmodel sein; (--)
02 '3	G: Tessa Bergmeier (TB) nickt mit geschlossenen Augen, öffnet die Augen, hebt den Kopf, blickt nach li HG: Dunkelviolette Wand	Mu:	((einzelne Klaviertöne))
03 '4	N: HK blickt ernst, zieht die Augenbrauen hoch, neigt ihren Kopf leicht nach re, zieht die Mundwinkel kurz nach außen, neigt den Kopf	Mu: HK:	((HG: einzelne Klaviertöne)) .hh (--) wenn=wir an dich denken (--) dann fall'n uns leida (---) diese Adjektive ein

Nr. Zeit	Bild	Ton	
04 '3	HN: BH^{re} TB im li Profil, blickt mit leicht gesenkten Mundwinkeln nach li HG: Dunkelviolette und schwarze Wand, auf dieser rosa-violettes Banner mit Schriftzug „GERMANY'S NEXT topmodel *by Heidi Klum*"	Mu: HK:	((HG: einzelne Klaviertöne)) .hh
05 '2	N: HK mit starrem Blick leicht nach re, neigt den Kopf etwas nach u	Mu: HK:	((HG: einzelne Klaviertöne)) undiszipliniert (1.5)
06 '2	G: TB blickt mit schwach nach u gezogenen Mundwinkeln nach li, schließt kurz die Augen	Mu: HK:	((HG: einzelne Klaviertöne)) wü:tnd. (1.5)
07 '2	N: HK mit starrem Blick leicht nach re, die Stirn in Falten und zieht ihre Augenbrauen hoch	Mu: HK:	((HG: einzelne Klaviertöne)) unkontrolliert (1.0) .hh

Die erste Einstellung, die transkribiert wird, fällt in der Regel immer etwas ausführlicher aus, da hier einmalig das räumliche Setting der Szene beschrieben wird, immer vorausgesetzt, es bleibt dasselbe über die nachfolgenden Einstellungen hinweg. In diesem Beispiel musste der Bildhintergrund lediglich in Einstellung 01 und 02 sowie in Einstellung 04 beschrieben werden, da er sich dort aufgrund des Wechsels der Einstellungsgröße auffällig verändert hat. Die Beschreibung der Einstellung endet mit der horizontalen Linie des Protokolls. Diese steht für eine Einstellungsverbindung in Form eines Schnitts. Werden andere filmische Mittel verwendet, um die Einstellung mit der nächsten zu verbinden, so wird am Ende der Bildbeschreibung das entsprechende Kürzel angegeben z. B. *Ü* für Überblende (vgl. Transkriptionssystem im Anhang dieses Buchs). Aus Gründen der besseren Lesbarkeit der Transkripte werden die Einstellungsverbindungen (Montageformen) in der Spalte ‚Bild' notiert, obwohl es sich hierbei nach wie vor um eine audiovisuelle Dimension handelt.

Wichtig bei der Feintranskription ist, dass Sie (1.) bei der Beschreibung der Bilder nichts interpretieren, sondern lediglich die denotative Ebene des Gezeigten genau und mit Blick für das Detail protokollieren, und (2.), dass Sie Einstellung für Einstellung genau gleich verfahren. Bei aller Genauigkeit gilt aber auch bei der Transkription von filmischem Material: Das Filmtranskript muss die Balance wahren zwischen Materialadäquatheit und Lesbarkeit. Darum: Versuchen Sie, die Bildbeschreibung möglichst effizient und verständlich zu halten.

> **Spalte ‚Bild'**: Kameraoperationen wie Einstellungsgrößen, Kamerabewegungen, Kameraperspektiven, eine Kurzbeschreibung des Bildinhalts inklusive schriftsprachlicher Einblendungen sowie Anmerkungen zur Lichtführung und zu verschiedenen Formen der Einstellungsverknüpfung (Montage)

Auf der Ebene des Tons unterscheidet man zwischen Geräuschen (*G*), Musik (*Mu*) und der gesprochenen Sprache. Beim Protokollieren des Tons gilt es zudem, zu beachten, dass man das gesprochene Wort im Verhältnis zur Bildebene platziert, sodass die Gleichzeitigkeit von Bild und Ton in das Filmtranskript übertragen werden kann (siehe z. B. Transkr. 3.2 Einstellung 03) Je nachdem müssen in der entsprechenden Spalte dann Leerzeilen eingefügt werden. Weiterhin ist es wichtig, zu beachten, dass Satzzeichen in den Filmtranskripten nicht im üblichen Sinn zur Interpunktion verwendet werden, sondern dazu, steigende bzw. fallende Intonation am Satzende zu markieren. Um die Lesbarkeit der Filmtranskripte zu verbessern, werden in Abweichung von den bereits erwähnten GAT-Konventionen[5] im gesprochenen Text die Groß- und Kleinschreibung beibehalten; dies betrifft jedoch nicht die Markierung von Satzenden bzw. -anfängen.

> **Spalte ‚Ton'**: stimmliche und sprachliche Elemente, Markierungen der Tonquelle, Musik, Geräusche, Überlappungen akustischer Elemente sowie Übertragungen des gesprochenen Texts nach Transkriptionskonventionen – wobei die Art der Transkription je nach Forschungsinteresse variieren kann

Um möglichst viele und präzise Informationen über den Bildaufbau einer Einstellung auf wenig Platz vermitteln zu können, wird bei der Transkription von filmischen Produkten viel mit Abkürzungen gearbeitet. Eine genaue Aufstellung der bei der Erstellung der Filmtranskripte verwendeten Abkürzungen und Zeichen bildet das Transkriptionssystem ab. Es befindet sich im Anhang dieses Buchs und sollte jeder Film- und Fernsehanalyse beiliegen, die sich eines solchen Systems bedient hat.

3.6 Tipps zur Transkription

Die Transkription filmischen Materials gestaltet sich in dieser detaillierten Form zunächst als eine recht zeitintensive Angelegenheit. Dennoch überwiegt der Mehrwert für die Analyse. Darum: Nehmen Sie sich die Zeit, die das Transkribieren nun einmal benötigt. Es schult den Blick enorm und bietet die Möglichkeit, Neues neben

---

[5] Das Transkriptionssystem GAT 2 ist frei zugänglich als PDF abrufbar auf: www.gespraechsforschung-ozs.de

dem Offensichtlichen zu entdecken. Ein paar Tipps, die den Prozess durchaus etwas beschleunigen können, wollen wir Ihnen nun an die Hand geben:
- Wenn es Merkmale gibt, die über alle Einstellungen hinweg unverändert präsent bleiben, dann notieren Sie am Ende der Zeile, in der sie zum ersten Mal erscheinen „(über alle Einstellungen)" oder „(über Einstellung 3–7)". Dies betrifft ganz häufig verschiedene Schriftzüge oder Logoeinblendungen in Fernsehsendungen.
- Die Namen der auftretenden Personen oder Figuren werden bei der Erstnennung ausgeschrieben; gleichzeitig werden ihre Abkürzungen in Klammern im Anschluss an den Namen eingeführt. Frau Sabine Leutheusser-Schnarrenberger wird dann beispielsweise zu SLS, was der Lesbarkeit des Transkripts und seiner finalen Länge zugutekommt.
- Musik ist nicht gerade leicht zu transkribieren, versuchen Sie es dennoch. Wichtig ist, dass es gelingt, einen Eindruck der Musik zu vermitteln, z. B. tragende Streichermusik, Moll etc. Es ist nicht notwendig, die Partitur zu transkribieren, je nach Szene ergibt es aber durchaus Sinn, den Songtext zu transkribieren.
- Es gibt immer Grenzfälle, bei denen Sie selbst entscheiden müssen, was notiert werden soll. Wie auch immer Sie sich entscheiden, wichtig ist, dass Sie bei diesen konsequent bleiben.
- Sie können das Transkriptionssystem um Aspekte erweitern, sollte das hier Vorgeschlagene für Ihr Forschungsinteresse nicht ausreichen. Dies gilt es dann, sowohl in dem der Arbeit angehängten Transkriptionssystem zu ergänzen, als auch im Methodenkapitel der Arbeit zu benennen und zu erläutern.
- Betrachten Sie sich Ihr Untersuchungsmaterial in einer verminderten Abspielgeschwindigkeit, wenn Sie das Gefühl haben, dass Sie noch nicht alles auf der Bildebene erfasst haben.
- Formatieren Sie das finale Filmtranskript erst zum Schluss der Film- und Fernsehanalyse, wenn Sie sicher wissen, welche Informationen das Transkript enthalten muss, damit Sie intersubjektiv nachvollziehbar argumentieren können.
- Ist das Filmtranskript fertig erstellt, stehen sicherlich auch schon erste Ideen zur Interpretation auf dem Papier, die bei dem gründlichen Gang durch das Material entstanden sind. Notieren Sie sich diese in Form von Memos, sodass sie nicht verlorengehen.

Trotz aller Genauigkeit eines guten Filmtranskripts gilt jedoch: Das Filmtranskript ist immer nur eine Annäherung an das filmische Material und kann nie das ‚Original' ersetzen. Gegenstand der Analyse bleibt stets das filmische Produkt. Filmische Produkte aber bestehen nicht nur aus der Summe einzelner Einstellungen und Szenen, sondern sind auch das Ergebnis eines filmischen Großrhythmus. Um diesen und weitere Aspekte der Makroebene filmischer Verfahren geht es im folgenden Kapitel.

3.7 Literatur

Bazin, André ([1958–1965] 1967). The Virtues and Limitations of Montage. In ders., What is Cinema? (S. 41–52). Berkeley et al.: California University Press.

Benjamin, Walter ([1939] 1980). Das Kunstwerk im Zeitalter seiner technischen Reproduzierbarkeit. In ders., Gesammelte Schriften. Band I, Werkausgabe Band 2 (S. 471–508). Frankfurt a. M.: Suhrkamp.

Bitomsky, Hartmut (1972). Die Röte des Rots von Technicolor. Kinorealität und Produktionswirklichkeit. Neuwied/Darmstadt: Luchterhand.

Blanchet, Robert (2003). Blockbuster. Ästhetik, Ökonomie und Geschichte des postklassischen Hollywoodkinos. Marburg: Schüren.

Bordwell, David, Staiger, Janet und Thompson, Kristin (1988). The Classical Hollywood Cinema. Film Style and Mode of Production to 1960. New York, NY: Columbia University Press.

Borstnar, Nils, Pabst, Eckhard und Wulff, Hans J. (2002). Einführung in die Film- und Fernsehwissenschaft. Stuttgart: UTB.

Eisenstein, Sergeij ([1929] 1975). Dramaturgie der Film-Form (Der dialektische Zugang zur Film-Form). In ders., Schriften 3: Oktober (S. 200–225). München: Hanser.

Elsaesser, Thomas und Hagener, Malte (2007). Filmtheorie zur Einführung. Hamburg: Junius.

Keppler, Angela (2015). Das Fernsehen als Sinnproduzent. Soziologische Fallstudien. München: De Gruyter Oldenbourg.

Keppler, Angela (2011). Konversations- und Gattungsanalyse. In Ayaß, Ruth und Bergmann, Jörg (Hg.), Qualitative Methoden der Medienforschung (S. 293–323). Mannheim: Verlag für Gesprächsforschung.

Keppler, Angela (2006a). Mediale Gegenwart: Eine Theorie des Fernsehens am Beispiel der Darstellung von Gewalt. Frankfurt a. M.: Suhrkamp.

Keppler, Angela (2006b). Die Einheit von Bild und Ton. Zu einigen Grundlagen der Filmanalyse. In Manfred Mai und Rainer Winter (Hg.), Das Kino der Gesellschfat – die Gesellschaft des Kinos. Interdisziplinäre Positionen, Analysen und Zugänge (S. 60–78).

Koebner, Thomas (2011) (Hg.). Reclams Sachlexikon des Films. Stuttgart: Reclam.

Kuchenbuch, Thomas (2005). Filmanalyse. Theorien. Modelle. Kritik. Wien/Köln/Weimar: UTB Böhlau.

Metz, Christian (1973). Sprache und Film. Frankfurt a. M.: Athenäum.

Peters, Jean-Marie (1972). Die Struktur der Filmsprache. In Witten, Karsten (Hg.), Theorie des Kinos (S. 171–186). Frankfurt a. M.: Suhrkamp.

Pudowkin, Wsewolod I. ([ca. 1928] 2001). Über die Montage. In Albersmeier, Franz-Josef (Hg.), Texte zur Theorie des Films (S. 74–96). Stuttgart: Reclam.

Reisz, Karel und Millar, Gavin (1988). Geschichte und Technik der Filmmontage. München: Filmlandpresse.

Selting, Margret, Auer, Peter, Barth-Weingarten, Dagmar, Bergmann, Jörg R., Bergmann, Pia et al. (2009). Gesprächsanalytisches Transkriptionssystem 2 (GAT 2). Gesprächsforschung–Online–Zeitschrift zur verbalen Interaktion, 10, 353–402. Abgerufen von: www.gespraechsforschung-ozs.de zuletzt am 05.06.2015.

Sidnell, Jack (2010). Conversation Analysis. An Introduction. Malden, Massachusetts: Wiley-Blackwell.

Tykwer, Tom (2010, 22.03.). Zwischen Durch. Süddeutsche Zeitung. Aufgerufen unter http://www.sueddeutsche.de/kultur/tom-tykwer-ueber-digitales-kino-zwischen-durch-1.14290 zuletzt am 05.06.2015.

Watzlawick, Paul, Beavin, Janet H. und Jackson, Don D. (1969). Menschliche Kommunikation: Formen, Störungen, Paradoxien. Bern: Huber.

Winter, Rainer (1992). Filmsoziologie. Eine Einführung. München: Quintessenz.
Wollen, Peter (1973). Signs and Meaning in the Cinema. London: Palgrave McMillan.

3.8 Film- und Fernsehsendungen

10 vor 11 (D seit 1988, RTL, Moderation: Alexander Kluge)
24h Berlin – Ein Tag im Leben (D 2009, R: Volker Heise u. a.)
5 Friends (USA 2008, R: Steven Spielberg)
Apocalypse Now (USA 1979, R: Francis Ford Coppola)
Black Swan (USA 2010, R: Darren Aronofsky)
Breaking Bad (USA 2008–2013, AMC, Staffel 01/Episode 02, 27.01.2008)
C'era una volta il West (I 1968, R: Sergio Leone)
C'était un rendez-vous (F 1976, R: Claude Lelouch)
Casablanca (USA 1942, R: Michael Curtiz)
Charley Varrick (USA 1973, R: Don Siegel)
Christopher Posch: Ich kämpfe für Ihr Recht! (D seit 2010, RTL, Staffel 03/Episode 04, 06.11.2013)
Citizen Kane (USA 1941, R: Orson Welles)
Cosmopolis (CAN 2012, R: David Cronenberg)
Deutschland sucht den Superstar (D seit 2002, RTL, Moderation: Nazan Eckes u.a.)
Eternal Sunshine of the Spotless Mind (USA 2004, R: Michel Gondry)
Germany's Next Topmodel (D seit 2006, ProSieben, Staffel 04/Episode 05, 13.03.2009, Moderation: Heidi Klum)
Harry Potter and the Order of the Phoenix (GB/USA 2007, R: David Yates)
heute-show (D seit 2009, ZDF, Moderation: Oliver Welke)
Homeland (USA seit 2011, Showtime)
I Won't Let You Down by OK Go (J 2014, R: Kazuaki Seki und Damian Kulash, Jr.)
La Nuit américaine (F 1973, R: François Truffaut)
LeNews. Action News. Aber hart! (D 09.04.2015, P: LeFloid)
Lola rennt (D 1998, R: Tom Tykwer)
Mean Streets (USA 1973, R: Martin Scorsese)
ML Mona Lisa (D seit 1988, ZDF, Moderation: Barbara Hahlweg u. a.)
Noah (CAN 2013, R: Patrick Cederberg und Walter Woodman)
Only Lovers Left Alive (GB/D 2013, R: Jim Jarmusch)
Pride and Prejudice (UK 1995, BBC, Staffel 01/Episode 03, 08.10.1995)
Psycho (USA 1960, R: Alfred Hitchcock)
Rear Window (USA 1954, R: Alfred Hitchcock)
Rocky IV (USA 1985, R: Sylvester Stallone)
Rope (USA 1948, R: Alfred Hitchcock)
Russian Ark (RUS/D 2002, R: Alexander Sokurov)
Stranger Than Paradise (USA/D 1984, R: Jim Jarmusch)
Subterranean Homesick Blues by Bob Dylan (USA 1965, R: Donn Alan Pennebaker)
Tagesschau (D seit 1952, Das Erste, Moderation: Jan Hofer u. a.)
Tagesschau (D seit 1952, Das Erste, 24.04.2015, 20.00 Uhr, Moderation: Jan Hofer)
The Bling Ring (USA 2013, R: Sofia Coppola)
The Haunted House (USA 1921, R: Edward F. Cline und Buster Keaton)
The Ides of March (USA 2011, R: George Clooney)
The Man Who Shot Liberty Valance (USA 1962, R: John Ford)
The Philadelphia Story (USA 1940, R: George Cukor)

The Wild Bunch (USA 1969, R: Sam Peckinpah)
Three Days of the Condor (USA 1975, R: Sydney Pollack)
UEFA Champions League 1997/98. Halbfinale (D, 1998, RTL, 01.04.1998, Moderation: Günther Jauch und Marcel Reif)
Undone – The Sweater Song by Weezer (USA 1994, R: Spike Jonze)
Vertigo (USA 1958, R: Alfred Hitchcock)
Weltspiegel (D seit 1963, Das Erste, Moderation: Ute Brucker u. a.)
Weltspiegel/Mit US Soldaten in Bagdad auf Patrouille (D seit 1963, Das Erste/NDR, 07.09.2003, Moderation: Andreas Cichowicz)
Wer wird Millionär? (D seit 1999, RTL, Moderation: Günther Jauch)
Winnetou I (D/YU/F 1963, R: Harald Reinl)

4 Analyseverfahren II: Makroebene

Im vorliegenden Kapitel geht es um zentrale filmische Verfahren, die insbesondere auf der Makroebene der Produkte zum Tragen kommen. Im Fokus stehen: Erzählstrategien (Kap. 4.1), Figuren und Personen in televisuellen Rollen (Kap. 4.2) sowie Genres, Gattungen und Formate (Kap. 4.3). Wir sprechen von der Makroebene, da es sich hierbei um Verfahren handelt, die sich nur mit Blick auf den filmischen Großrhythmus herausarbeiten lassen. Diese Verfahren sind zwar immer schon auf der Mikroebene angelegt, entfalten ihre Relevanz jedoch erst im filmischen Verlauf. Auf die Verknüpfung der Mikro- mit der Makroebene bei der Interpretation der Produkte gehen wir in Kapitel 5 weiter ein. Anmerkungen zu den außerfilmischen Konnotationen, die häufig auch am Aussagegehalt filmischer Produkte beteiligt sind, beenden dieses Kapitel (Kap. 4.4).

Zu Beginn von Kapitel 3 haben wir es bereits ausgeführt: Die Bedeutungen filmischer Mittel, etwa eines Schwenks, eines Zooms oder eines Jump Cuts, lassen sich nicht filmübergreifend definieren, sondern sie werden in jedem einzelnen Produkt aufs Neue auf eine je spezifische Weise aktualisiert. Zwar gibt es zwischen den verschiedenen Verwendungen einzelner filmischer Mittel durchaus Gemeinsamkeiten, ihre genaue Signifikanz aber bleibt stets von ihrem Einsatz an Ort und Stelle der individuellen Produkte abhängig und muss entsprechend gedeutet werden. Wenn wir also sagen, dass das Dargestellte dadurch Bedeutung gewinnt, *wie* es dargestellt wird, dann zielt dieses *Wie* sowohl auf die klangbildliche Komposition in einer filmischen Einstellung ab (Mikroebene) als auch darauf, *wie* das Gezeigte stets einstellungsübergreifend kontextualisiert wird (Makroebene). So sind es nie die einzelnen filmischen Verfahren allein, die einem Produkt Bedeutung verleihen, sondern es ist die Situierung und Kombination der Inszenierungselemente im filmischen Verlauf, aus denen sich die jeweiligen Bedeutungsangebote ergeben. Die Spannung eines Thrillers entsteht sowohl durch die Ausleuchtung, Kameraführung und Musik einer Szene (Mikroebene) als auch durch die Situierung der Szene in der Handlungsabfolge des Films (Makroebene). Auch der Stellenwert eines Einspielers im argumentativen Verlauf einer Talkshow lässt sich erst durch dessen Verortung im Verlauf der Diskussion klären. Es ist die Dramaturgie der Produkte, die die Situierung einer Einstellung in einer Szene, einer Szene in einer Sequenz und einer Sequenz im Gesamtverlauf eines filmischen Produkts bestimmt. Der dramaturgische Zusammenschluss der einzelnen filmischen Einheiten zu einem mit inneren Bezügen ausgestatteten Klangbildverlauf ergibt den filmischen Großrhythmus (Makroebene), der letztlich den kommunikativen Gehalt eines filmischen Produkts ausmacht. Dies trifft auf die Formate der Unterhaltung ebenso zu wie auf die Formate der Information. Um diese übergreifende Organisation filmischer Produkte und die Anforderungen ihrer Deutung zu beleuchten, werden wir uns im folgenden Abschnitt auf verschiedene *Strategien des Erzählens* konzentrieren.

4.1 Erzählstrategien

Es gibt gute Geschichten und es gibt gut erzählte Geschichten. Im Idealfall wird eine gute Geschichte gut erzählt. Diese Feststellungen könnten ebenso zu Beginn eines Crashkurses für Fernsehjournalisten stehen wie zu Beginn eines Kurses für Drehbuchautoren. Das Erzählen ist also nichts, was nur dem Bereich der Fiktion vorbehalten wäre. Vielmehr stellt es sowohl in seinen faktualen als auch in seinen fiktionalen Formen „eine anthropologisch fundierte universelle Praxis" (Seel, 2013, S. 122) dar, die in den Produkten aus Film und Fernsehen auf ganz unterschiedliche Weise fortgeführt und mit der mitunter auch gebrochen wird. Filmisches Erzählen beginnt also nicht bei null, sondern rekurriert auf kulturell verankertem Wissen über Erzählstrategien und -inhalte (vgl. zum Erzählen im Film Borstnar, Pabst und Wulff, 2002, S. 35–40, S. 150–178 sowie Seel, 2013, Kap. 5).

> **Filmisches Erzählen** hat mit dem Erzählen gemein, wie man es aus dem Alltag, aber auch aus der Literatur, dem Theater und anderen Künsten kennt, dass es sich um die kommunikative Vermittlung realer oder fiktiver Vorgänge an einen Rezipienten handelt. Kennzeichnend für den Akt der Vermittlung ist, dass er sich prozessual gestaltet, d. h. das, wovon erzählt wird, entfaltet sich im Verlauf einer einmal mehr und einmal weniger präsenten Handlung, von einem Ausgangspunkt aus hin zum Schlusspunkt der Geschichte. Kennzeichnend für den *filmischen Akt der Vermittlung* ist (1.), dass dieser gleichzeitig auch immer ein Akt der Darstellung ist und (2.), dass die Dauer der Vermittlung des Produkts mit der Dauer der Wahrnehmung durch den Zuschauer zusammenfällt.

Die Erzählung (die Narration) ist ein Prozess, in welchem Ereignisse mehr oder weniger aufregender Art gezeigt, erklärt und in gewisser Weise auch geordnet werden. Die narrative Ordnung entsteht, indem die verschiedenen Handlungsweisen der Akteure und die Ereignisse, die den einzelnen Akteuren widerfahren, in einen mehr oder weniger durchsichtigen Zusammenhang gebracht werden. Es werden Kausalitäten hergestellt und Begründungen – je nach Fall auch Rechtfertigungen – dafür geliefert, warum die Dinge sich so entwickelt haben und nicht anders. Dies kann für einen Informationsfilm ebenso gelten wie für eine Spielshow oder ein Melodrama. In einem Beitrag der *Tagesthemen* über den Bürgerkrieg im syrischen Jarmuk (*Tagesthemen*, D seit 1978, Das Erste, 10.04.2015, 21.45 Uhr) wird über den dortigen Einsatz von Fassbomben durch das syrische Militär berichtet. „Fassbomben sind ein Werkzeug des Terrors" (00:02:58), so der Sprecher des Beitrags. Zusammen mit der Information, dass der syrische Präsident Assad den Einsatz der Bomben angewiesen habe, wird ein Verständnis des syrischen Präsidenten Assad als Terrorist hergestellt. Assad wird auf diese Weise nicht direkt als Terrorist bezeichnet, sondern die in der

Dramaturgie des Beitrags hergestellte Kausalität kennzeichnet ihn als einen solchen. Deutlich harmloser werden auf gleiche Weise Kausalitäten im Bereich der Unterhaltung konstruiert: Thomas Gottschalk taucht in ein menschengroßes Senfglas ein, *weil* er eine Wette verloren hat (*Wetten, dass..?*, D/AT/CH 1981–2014, ZDF u. a., 04.10.2008). Maren Gilzer zieht in den Dschungel, *weil* sie Königin werden möchte (*Ich bin ein Star – Holt mich hier raus!*, AUS/D seit 2004, RTL, Staffel 09). Und Pat Solitano Jr. willigt ein, mit Tiffany an einem Tanzwettbewerb teilzunehmen, *weil* sich durch Tiffany die Möglichkeit bietet, Kontakt mit seiner Exfrau aufnehmen zu können (*Silver Linings Playbook*, USA 2012, R: David O. Russell).

Aber nicht alles, was in gewisser Weise strukturiert oder geordnet kommuniziert wird, ist eine Erzählung, man denke beispielsweise an die Sendung *Lotto am Samstag* (D seit 2013, Das Erste) im Fernsehen. Mediale Produkte können also einen unterschiedlichen Grad an Narrativität aufweisen. Unabhängig davon teilen sie jedoch immer etwas mit (auch wenn sie gerade mitteilen, dass sie nichts mitteilen, wie beispielsweise die Hinweistafeln ‚Sendepause' im frühen öffentlich-rechtlichen Fernsehen). Für eine soziologische Film- und Fernsehanalyse bedeutet das:

Produkte aus Film und Fernsehen sind kommunikative Akte, die sich höchst verschiedener Darstellungsweisen bedienen können, bei denen **Erzählstrategien** oft eine prominente Rolle spielen. Auch und gerade Erzählstrategien regeln, wie Elemente des Wissens und der Wertung zwischen Produkt und Rezipient vermittelt werden. Die Berücksichtigung von Erzählstrategien in der Analyse führt zu Ergebnissen darüber, ob der kommunikative Gestus des Gezeigten den Zuschauer beispielsweise eher auf Distanz halten oder ihn mitten in das Geschehen hineinholen soll.

Erzählstrategien lenken die Aufmerksamkeit des Publikums für das Erzählte und bilden eine Perspektive auf seine Bedeutsamkeit aus. Je nachdem *wer*, *was*, *wie* im filmischen Bild mitteilt, ist der Zuschauer mit unterschiedlichem Wissen und unterschiedlichen Erwartungen gegenüber dem weiteren Fortgang des Geschehens ausgestattet. Die Erzählstrategien des filmischen Produkts sagen also auch immer etwas über die Zuschauerkonzeption des Produkts aus – ob der Zuschauer im Dunkeln gelassen, aufgeklärt oder gar in den weiteren Verlauf des Produkts integriert werden soll. Für solche Effekte greifen in filmischen Produkten verschiedene Strategien ineinander, zu ihnen gehören u. a.: die *Erzählsituation*, der *Point of View* (POV) sowie *Erzählzeit* und *erzählte Zeit*. Alle drei werden nun näher erläutert.

4.1.1 Erzählsituation

Die Frage nach der Erzählsituation ist auch eine Frage nach der *Erzählinstanz*, denn: Wer legt eigentlich fest, welche Informationen im medialen Produkt – wie und an wen – vergeben werden? Ist es der Regisseur? Die Figur? Der Moderator? Oder ein allem übergeordneter Erzähler? Filmische Produkte verfügen meist über keine Erzählinstanz in dem Sinne, wie man sie aus der Literatur kennt: Als einen Erzähler, der durch das Geschehen führt, sei es als auktorialer Erzähler, der von außen auf das Geschehen blickt und einfach alles zu wissen scheint, sei es als personaler Erzähler, der dem Leser die erzählte Welt durch die Perspektive einer der Figuren vermittelt. Im filmischen Produkt setzt sich die Erzählsituation in der Regel aus verschiedenen Sichtweisen zusammen, die die Produkte in ihrem Verlauf auf ihren Handlungsgegenstand anbieten. Diese sind zwar nicht selten an handelnde Figuren geknüpft, müssen es jedoch nicht sein. Insofern ist es letztlich immer das Produkt selbst, das durch seine Gestaltung die Perspektive – oder Perspektive*n* – auf das Dargebotene lenkt. Dazu möchten wir Ihnen drei Beispiele geben:

Abb. 4.1–4.3: Stills aus *Pirates of the Caribbean: At World's End* (USA 2007, R: Gore Verbinski) (Abb. 4.1); *House of Cards* (USA Seit 2013, Netflix, Staffel 01/Episode 01, 01.02.2013) (Abb. 4.2); *Tagesschau* (D seit 1952, Das Erste, 02.03.2015, 20.00 Uhr) (Abb. 4.3)

Als erstes Beispiel dient uns *Pirates of the Caribbean: At World's End*, der dritte Teil der Spielfilmreihe rund um den stets leicht torkelnden, nuschelnden, aber niemals ungeschminkten Captain Jack Sparrow. Der Still (Abb. 4.1) stammt aus einer Szene, die sich ziemlich genau in der Mitte des Films ereignet. Der Crew (bestehend u. a. aus Will, Elizabeth, Barbossa), ist tatsächlich das abenteuerliche Unterfangen gelungen, Jack aus dem Gefängnis des unmenschlichen Gegenspielers Davy Jones zu befreien. Zurück aus dem Reich der ewig Untoten werden nun die Karten zwischen Jack und seinen Rettern neu gemischt: Wer verfolgt welches Ziel? Und vor allen Dingen: Welche Rolle wird Jack übernehmen? Keine 37 Sekunden nach der gemeinsam gemeisterten, spektakulären Rettung werden daher an Deck der Black Pearl die Revolver gezückt. Das Ergebnis ist ein Kreis, in welchem mindestens zwei Revolver auf jedes Mitglied des Kreises gerichtet sind – keiner kann in den Kreis hinein und keiner kann dem Kreis entkommen. So die Ausgangslage der Szene, in welcher es um die Abstimmung der Ziele der Einzelnen mit den Zielen des Kollektivs geht. Den kommunikativen Rahmen der Verhandlung bilden die Revolver an den Schläfen der vier Gefährten. Das Wort gilt im rechtsfreien Raum der Piraten nichts, weshalb die Revolver als argumentative Beglaubigungsstrategien für den Aushandlungsprozess dienen und die abgenutzte Floskel ‚Lass uns darüber reden!' über Bord geworfen wird.

All dies vermittelt uns diese Szene, ohne einen expliziten Erzähler zu benennen. Das Geschehen entfaltet sich, indem immer wieder von der Halbtotalen auf den Revolverreigen an Deck der Black Pearl (Abb. 4.1) auf eine Nahe oder Halbnahe umgeschnitten wird, wobei einzelne Akteure der Szene fokussiert werden. Auf diese Weise wird dem Zuschauer ein Blick auf das Geschehen ermöglicht, der nicht an die Perspektive einer bestimmten Figur gekoppelt ist. Vielmehr eröffnet die Erzählsituation dieser Szene dem Zuschauer einen Anblick, den sich keine der innerdiegetischen Figuren je verschaffen kann. Der Standpunkt der Kamera eröffnet eine Sicht, die den Zuschauer das Treiben aus einer Außenperspektive betrachten lässt, ohne dass er dabei Gefahr läuft, etwas zu verpassen. Denn die Kamera scheint immer schon vorab zu wissen, was als Nächstes passieren wird und der Zuschauer kann sich darauf verlassen, dass sie ‚rechtzeitig' da sein und ihm dies zeigen wird. Dazu gehört auch, dass die Kamerastandpunkte und -einstellungen wechseln, sodass man das Geschehen aus unterschiedlichen Perspektiven präsentiert bekommt: einmal aus der Sicht Jacks, einmal aus der Sicht Elizabeths etc. Die Ausgestaltung der Situation, so zeigt sich an diesem Beispiel, ist primär Aufgabe der Kameraführung, weswegen in solchen Fällen auch von der *erzählenden Kamera* gesprochen wird.

Unser zweites Beispiel stammt aus der Serie *House of Cards*. Hinter Francis ‚Frank' Underwood, Majority Whip der Demokraten, liegt ein erfolgreicher Wahlkampf. Der Kandidat seiner Partei wurde zum neuen Präsidenten der USA gewählt und Frank soll nun, wie vorab vereinbart, zum Außenminister ernannt werden. Doch der frischgebackene Präsident, so stellt sich für Underwood überraschend heraus, hat es sich anders überlegt: Frank soll auf seinem Posten bleiben. Die erste Staffel der preisgekrönten Netflix-Serie handelt nun davon, wie sich der sich betrogen fühlende Underwood nach allen Regeln der Kunst des Intrigierens ausgesprochen erfolgreich zu wehren versteht. Die Serie gewährt darüber hinaus Einblicke in einen skrupellosen Politikbetrieb, in dem man sich lieber auf niemanden, außer auf sich selbst verlässt. Frank kennt die Spielregeln dieses Geschäfts genau und teilt dies auch gerne mit, insbesondere dem Zuschauer mit direktem Blick in die Kamera (Abb. 4.2). Anders als in dem Beispiel aus *Pirates of the Caribbean* verfügt die Serie *House of Cards* auf diese Weise über eine explizite Vermittlerinstanz. Indem die Hauptfigur Frank sich immer wieder aus der innerdiegetischen Welt heraus mit direktem Blick in die Kamera an den extradiegetischen Zuschauer wendet, übernimmt er die Rolle des *Icherzählers*. Geradezu beiläufig dreht sich Underwood aus der Szene heraus, blickt in die Kamera und weiht den Zuschauer in seine skrupellosen Pläne ein oder lässt ihn seine zynische Sicht der Dinge wissen. In unserem Beispiel ist er Gast des Neujahrsballs. Gerade wird auf den anwesenden neuen Präsidenten angestoßen und Frank nutzt die Gunst der Stunde, um uns, die Zuschauer, darüber in Kenntnis zu setzen, was er vom Präsidenten hält. Durch die direkte Ansprache wird der Zuschauer zu einem unfreiwilligen Komplizen Underwoods. Die Informationsvergabe erfolgt in diesem Beispiel explizit zwischen Figur und Zuschauer. Aber auch wenn diese Momente, in welchen Frank die vierte Wand durchbricht, sicherlich eines der signifikanten Stilmittel der Serie darstellen, so stellen sie jedoch nicht die vorherrschende Erzählsituation der Serie dar. Vielmehr etablieren die Icherzählerszenen lediglich eine Sichtweise neben anderen, durch die sich die finale Erzählsituation der Serie ausgestaltet. Mehr noch: Gerade erst im Vergleich zu den anderen Erzählsituationen der Serie gewinnen diese Stelldicheins der Hauptfigur mit dem Publikum ihre Signifikanz. Denn hier wird eine Nähe zwischen Publikum und Figur hergestellt, die in den anderen Sequenzen nicht gegeben ist.

Das dritte Beispiel, das wir anführen möchten, um auf die verschiedenen Möglichkeiten filmischer Erzählsituationen aufmerksam zu machen, stammt aus der *Tagesschau* (Abb. 4.3). Der Still stammt aus einem Beitrag über die Frühjahrssitzung des UN-Menschenrechtsrats. Es handelt sich um eine Einstellung, wie sie uns täglich in den vielen verschiedenen Varianten von Informationssendungen begegnet: Ein Journalist spricht vor Ort mit Mikrofon in der Hand und direktem Blick in die Kamera. Auch in diesem nur 146 Sekunden kurzen Beitrag entsteht die mit narrativen Elementen gestaltete Situation nicht nur durch den berichtenden Journalisten Daniel Hechler, der den Beitrag sowohl on- als auch off-screen kommentiert. Sondern auch die Anmoderation von Judith Rakers, die verschiedenen Interviewausschnitte mit den Akteuren und die Bilder des Nachrichtenbeitrags tragen ihren Teil zur Erzählsituation dieses Beitrags bei. Sie alle liefern verschiedene Sichtweisen auf das Thema. Während jedoch der Bildausschnitt bei *House of Cards* insbesondere um die Herstellung von Nähe und Intimität zwischen Zuschauer und Figur bemüht ist, ist der Bildausschnitt der *Tagesschau* deutlich neutraler und distanzierter gestaltet. Der kommunikative Gestus derselben Akteursausrichtung in einer Einstellung kann also je nach filmbildlicher Gestaltung und Setting in durchaus unterschiedliche Richtungen weisen. Was uns für das Thema *Erzählsituation* zu einem Zwischenfazit führt:

! Die Bestimmung der **Erzählsituation** ist stets mit der Bestimmung der Kamera verbunden. Wie unter dem Stichwort Kameraoperationen in Kapitel 3 bereits ausgeführt, ist die Kamera es, die uns ein Geschehen ‚sehen' lässt. Je nachdem wie sie sich positioniert, verändert sich die Sichtweise, die dem Zuschauer auf das Geschehen eröffnet wird.

4.1.2 Point of View

Wie sehr die formalen Aspekte der Organisation filmischer Verläufe mit der inhaltlichen Darstellung verbunden sind und wie sehr bildliche Strategien mit akustischen Ereignissen zusammenwirken, macht die *filmische Markierung bestimmter Sichtweisen* deutlich. Diese erlaubt nicht allein Rückschlüsse auf den Beteiligungsstatus der Berichtenden in Informationssendungen oder auf das Erleben von Figuren in fiktionalen Kontexten. Sondern der analytische Blick auf die filmische Perspektivierung des Gezeigten gibt zugleich Aufschluss über Sichtweisen, die dem Zuschauer durch die Art der bildlichen und akustischen Montage nahegelegt werden: sei es durch eine Distanz, die zu einer als subjektiv markierten Sicht erzeugt wird, sei es durch die Animation zur Übernahme dieser Sicht.

Entspricht eine Einstellung der Sichtweise einer Figur (im Falle der Fiktion) oder einer Person (im Falle von faktualen Formaten), liegt ein *Point-of-View-Shot* vor (vgl. Kap. 3.2). Dabei handelt es sich um eine Kameraoperation, die sowohl in der Lage ist, Wahrnehmungsperspektiven von Figuren oder Personen zu verdeutlichen, als auch die Wissensverteilung zwischen filmischem Produkt und Zuschauer auf eine oder mehrere Figuren/Personen zu verteilen. Der Point-of-View-Shot stellt eine zentrale Strategie filmischen Erzählens dar.

Edward Branigan definiert die Funktion dieser Kameraoperation folgendermaßen: „The POV shot is a shot in which the camera assumes the position of a subject in order to show us what the subject sees" (Branigan, 1985, S. 673). Diese Darbietung der subjektiven Perspektiven hebt sich nach Branigan von sogenannten *external shots* ab, die ein Geschehen von außen darstellen. Üblicherweise sind die external shots im Spielfilm Totalen oder Halbtotalen, die den Großraum einer Handlung vorstellen oder beim Fernsehen ein Handlungsszenario zeigen, etwa das Studio, in dem eine Talkshow stattfindet. Die dieser Sichtweise zugeordnete ‚neutrale' oder ‚objektive' Position ist allerdings mit Vorsicht zu betrachten. Denn sie gewinnt diesen Stellenwert allein in Relation zu Einstellungen, die eine vergleichsweise subjektive Ansicht von einer Sache zeigen.

Die häufigste Variante des Point-of-View-Shots ist der *prospektive POV* aus zwei aufeinanderfolgenden Einstellungen, bei der Einstellung A den Blick einer Figur zeigt (*Glance Shot*) (Abb. 4.4) und Einstellung B das Objekt (*Object Shot*) (Abb. 4.5), und zwar aus der Perspektive der Figur in Einstellung A. Man spricht vom *geschlossenen POV*, wenn auf Einstellung B wieder Einstellung A folgt, die den Blick der Figur wiederholt (vgl. Borstnar, Pabst und Wulff, 2002, S. 169). In unserem Beispiel ist es der Werbetexter Don Draper, der in der finalen Episode der ersten Staffel von *Mad Men* (USA 2007–2015, AMC, Staffel 01/Episode 13, 18.10.2007) seinem Kunden, der *Kodak Company*, den Werbeslogan für deren Diaprojektor präsentiert. Draper führt seinen Vorschlag mithilfe ganz privater Dias aus seiner Kernfamilie aus. Der geschlossene POV gestaltet sich wie folgt: Einstellung A zeigt den erfolgreichen und selbstbewussten Werber Don Draper im abgedunkelten Besprechungsraum, wie er auf die Dialeinwand schaut (*Glance Shot*; Abb. 4.4). Einstellung B zeigt uns die Dias, auf welchen Don Draper als glücklicher Familienvater und Ehemann zu sehen ist (*Object Shot*; Abb. 4.5). Schließlich sehen wir wieder Einstellung A (*Glance Shot*; Abb. 4.6). Exakt zeitgleich übrigens, während Draper im Besprechungsraum diese perfekte Vorstellung von seiner glücklichen Familie gibt, zieht seine Frau mit seinen beiden Kindern aus dem gemeinsamen Haus aus. Der geschlossene POV hat in diesem Beispiel einen interessanten Effekt: Indem die Kamera wieder auf Einstellung A wechselt und wieder den vermeintlich selben Draper zeigt, entsteht ein Moment der Wiederholung, der die Kernfrage der Serie transportiert: Wer ist Don Draper?

Abb. 4.4–4.6: Stills aus *Mad Men*

Die Subjektivität, die einem Point-of-View-Shot innewohnt, kann stark variieren. Auf die verschiedenen Gestaltungsmöglichkeiten sind wir bereits in Kapitel 3.2 eingegangen. Darum möchten wir an dieser Stelle nur noch einmal in Erinnerung rufen, dass sich je nach Gestaltung des Point of Views die Perspektive auf den Wahrnehmungsakt der Figur oder Person ändern kann, von einer eher „objektiven Außenperspektive [...] bis hin zu filmischen Möglichkeiten, Figureninneres (Kognitionen, emotionale Befindlichkeiten usw.) darzustellen (*Depth of Knowledge*)" (Borstnar, Pabst und Wulff, 2002, S. 166).

Zwar ist es die Kameraführung, der bei der Etablierung der Erzählsituation eine besondere Bedeutung zukommt, doch die Signifikanz ihrer Operationen bei der Markierung subjektiver Perspektiven ist oft eng mit derjenigen eines sprachlichen oder anderweitigen akustischen Geschehens verknüpft. Ursula Oomen (1985) beispielsweise hat in ihrer Untersuchung zu den unterschiedlichen Wort-Bild-Strategien amerikanischer und deutscher Fernsehnachrichten darauf hingewiesen, dass sich diese signifikant voneinander unterscheiden. In den amerikanischen ABC-News wird ihren Ergebnissen zufolge die „Perspektivität der Berichterstattung" (S. 164) nicht zuletzt durch die spezifische Art der Wort-Bild-Kombination sowie durch die „Einbeziehung subjektiver Sehweisen" (S. 162) deutlich gemacht. Eine Verwendung von Bildern, die das verbal Geäußerte kommentiert oder auch konterkariert, stellt hier die Worte in einen bestimmten Interpretationshorizont und schafft damit Voraussetzungen für eine distanziertere Form der Involviertheit der Zuschauer, die es diesen gegebenenfalls erlaubt, ihre eigenen Schlüsse zu ziehen.

Im aktuellen deutschen Fernsehprogramm wird der POV in ganz unterschiedlicher Weise eingesetzt, bei Sportübertragungen ebenso wie im Reality-TV. In Talkshows wie *Anne Will* (D seit 2007, Das Erste), *Maybrit Illner* (D seit 1999, ZDF) oder auch *Günther Jauch* (D seit 2011, Das Erste) wird mithilfe unterschiedlicher Kamerapositionen und damit einhergehenden Perspektivenwechseln wie auch durch Schnitte und Gegenschnitte von Großaufnahmen der Sprechenden und Zuhörenden ein Widerspiel wechselseitiger visueller Kommentierungen erzeugt. Die visuelle

Darstellung des Diskussionsverlaufs verleiht dem mit Worten Gesagten eine zusätzliche Dimension, die für den Unterhaltungswert dieser Talkshows von großer Bedeutung ist. Denn letztlich ist sie es, die den Zuschauer in die Lage versetzt, quasi mit eigenen Augen zu sehen, was der jeweils Sprechende gerade auch sieht, nämlich wie sein Gegenüber oder seine politischen Kontrahenten gerade auf seine Äußerungen reagieren (vgl. Keppler, 2015a).

4.1.3 Erzählzeit und erzählte Zeit

Eigentlich ist alles wie gewohnt: Zwei Talkmaster sitzen mit ihren Talkgästen um einen runden Tisch. ‚Nachhaltige Energien' lautet das Gesprächsthema, das die Runde gerade beschäftigt, als Rapper, Schauspieler und *Popstars*-Juror Sido von Jan Böhmermann die Frage gestellt bekommt, ob er eigentlich Ökostrom beziehe (*Roche & Böhmermann*, D 2012, ZDFkultur, Staffel 01/Episode 01, 04.03.2012). Sido verneint und bringt überhaupt recht wenig Interesse für das Thema auf. Dies bringt den Moderator dazu, die Regie darum zu bitten, die Sendung anzuhalten und im Sendungsverlauf zurückzugehen, um Sido die Frage nach dem Ökostrom erneut stellen zu können, sodass dieser die Möglichkeit erhalte, anders zu antworten. Sido zeigt sich empört, wird jedoch nicht erhört. Die Kamera zieht sich zurück (Abb. 4.7). Man hört noch, wie am Tisch darüber gerätselt wird, ob nun tatsächlich geschnitten wird oder nicht, als die Bilder schon beginnen, rückwärts zu laufen (Abb. 4.8), um zu einem früheren Moment des Gesprächs zu stoppen, sodass die Fragerunde nach dem Ökostrom erneut begonnen werden kann.

Abb. 4.7–4.9: Stills aus *Roche & Böhmermann*

Der Clou bei dieser circa zweiminütigen Einlage ist freilich der, dass gerade nichts geschnitten und alles gezeigt wird: von Böhmermanns Vorschlag, die Frage erneut zu stellen, über Sidos Ablehnung des Prozederes, über die vermeintliche Wiederaufnahme des Gesprächs durch erneutes Fragen, diesmal allerdings Charlotte Roche, bis hin zu Sidos direktem Einspruch mit Blick in die Kamera „Ey, die ha'm hier grad die Sendung angehalten, wollt' ich nur grad sagen ((Publikum: Lachen und Applaus)) weil ich gesagt hab, ich habe kein'n Ökostrom" (Abb. 4.9; 00:35:32).

Zwei Aspekte werden anhand dieser Sequenz deutlich, die für das Verständnis des Verhältnisses von Zeit und filmischen Medien zentral sind:

(1.) Zeit lässt sich nicht anhalten. Selbst wenn Spielfilme oder auch einzelne Sendungen sich eine Umkehrung der zeitlichen Ordnung erlauben, so bleibt auch die Umkehrung immer Bestandteil des gesamten Verlaufs des Produkts (vgl. Seel, 2013, S. 133). Filmische Medien haben jedoch über das Verhältnis von *Erzählzeit* und *erzählter Zeit* die Möglichkeit, Zeitverläufe sehr unterschiedlich zu gestalten.

(2.) Je nach Format erwarten wir von filmischen Produkten ein bestimmtes Verhältnis von erzählter Zeit und Erzählzeit, insbesondere bei *Live-* und *Live-on-Tape-*Sendungen steht die Erwartung der ‚Echtzeit' im Raum. Diese Erwartungshaltungen beruhen auf Wahrnehmungskonventionen, die sich im Laufe der Zeit im Umgang mit den verschiedenen Gattungen entwickelt und etabliert haben.

Beide Aspekte – (1.) filmischer Umgang mit Zeit und (2.) das Versprechen der *Echtzeit* bei Live- und Live-on-Tape-Sendungen – sind ebenso grundverschieden wie grundlegend für die Analyse filmischer Produkte. Auf beide Aspekte werden wir nun näher eingehen.

Erzählzeit und *erzählte Zeit* sind die zentralen Begriffe zur Bestimmung der Zeitebenen auch und gerade bei filmischen Medien. Beide Zeitformen stehen immer in einem direkten Verhältnis zueinander. Es gibt keine Erzählzeit ohne erzählte Zeit und umgekehrt. Man spricht von Erzählzeit und erzählter Zeit auch bei medialen Produkten, die keine genuine Erzählung darstellen. Mit der *Erzählzeit* ist die Dauer gemeint, die das Sehen eines Spielfilms, einer Dokumentation oder auch eines kurzen Programmteasers braucht. Die Besonderheit der filmischen Erzählzeit im Vergleich zur Erzählzeit in der Literatur ist, dass die technische Verfassung filmischer Produkte nicht allein die Dauer des Erzählten, sondern auch die Dauer der Erzählung unwiderruflich vorgibt. Ein Spielfilm wie beispielsweise *The Hunger Games: Mockingjay – Part 1* (USA 2014, R: Francis Lawrence) dauert 123 lange Minuten, woran man, schaut man sich den Film im Kino an, auch nicht viel ändern kann. „Hier, im Kino, ist das Erzählte aufs Engste mit der Zeit der Erzählung verwoben. *Sie* ereignet sich, während der Film sich ereignet. [...] In dieser seiner eigenen Zeit vollziehen sich die von ihm erzählten Geschichten" (Seel, 2013, S. 136). Im Homekino können Sie zwar vor- und zurückspulen, vielleicht auch ganze Passagen überspringen, an der faktischen Dauer des Verlaufs ändert sich jedoch nichts. Bei einem Roman hingegen steht zwar die Erzählzeit – die Länge und Ausführlichkeit, mit der eine Episode oder die Geschichte im Ganzen dargestellt wird – fest, nicht aber die Lektüregeschwindigkeit, in der individuelle Leser dem Gang der Dinge folgen.

Die *erzählte Zeit* bezieht sich, im Gegensatz zur Erzählzeit, auf den Zeitraum, über den die jeweilige Geschichte erzählt wird, also auf die Dauer der Vorkommnisse, so wie sie in der jeweiligen Geschichte dargestellt werden. In der TV-Serie *24*

(USA 2001–2010, Fox) sind es tatsächlich genau die titelgebenden 24 Stunden, die die Spieldauer der einzelnen Staffeln umfassen (hier fallen Erzählzeit und erzählte Zeit zusammen). Die erzählte Zeit der Dokumentation *Deutschland. Ein Sommermärchen* (D 2006, R: Sönke Wortmann) umfasst einen Zeitraum von 13 Monaten (Juni 2005 bis Juli 2006) und zeigt in 110 Minuten die deutsche Nationalmannschaft auf ihrem Weg zur und bis zum Ende der Fußballweltmeisterschaft 2006. Die erzählte Zeit der Literaturverfilmung *Orlando* (UK u. a. 1992, R: Sally Potter) – nach dem gleichnamigen Roman von Virginia Woolf – erstreckt sich sogar über mehr als 400 Jahre, obwohl der Film lediglich 94 Minuten Spiellänge aufweist. Und eine Episode der Fernsehserie *In Treatment* (USA 2008–2010, HBO) dauert immer dreißig Minuten, genau solange, wie eine Sitzung bei Paul Weston, Therapeut und Hauptfigur der Serie, andauert.

Filmische Produkte kommen nicht umhin, die jeweils erzählten Zeitverläufe zu gestalten. Die Spanne der erzählten Zeit hat nur selten eine Dauer, die sich direkt in das enge zeitliche Korsett eines Informationsfilms des *heute-journals* (D seit 1978, ZDF), eines Spielfilms oder einer Serienepisode einpassen lässt. Filmische Medien verfügen über viele Möglichkeiten, Zeit zu *raffen*, zu *dehnen* oder zu *überspringen*. Ein Schnitt kann je nach Diegese Stunden, Tage, Wochen oder auch Jahre überspringen. In Kubricks *2001: A Space Odyssey* (UK/USA 1968, R: Stanley Kubrick) markiert der berühmte Match Cut zwischen dem Knochen und dem Spaceshuttle sogar einen Zeitsprung von mehreren tausend Jahren. Zeitdehnungen kennen Sie beispielsweise aus der Fußballberichterstattung, etwa wenn ein gefallenes Tor oder ein anderer bemerkenswerter Spielzug in Zeitlupe (Slow Motion) wiederholt werden. Nicht selten werden in Castingshows die unmittelbaren Reaktionen der Teilnehmenden auf den eigenen Rauswurf in Nahaufnahme und Zeitlupe festgehalten. Und auch der opulent erzählende Kinofilm bedient sich dieses Verfahrens, um zu dramatisieren. In Kathryn Bigelows *The Hurt Locker* (USA 2008) wird in der Eröffnungssequenz ein Kampfmittelbeseitigungsteam bei der Arbeit gezeigt. Der Leiter des Teams, Sergeant Thompson, hat gerade mit der angemessenen Ruhe und Sorgfalt eine Bombe freigelegt. Nur noch ein kurzes Stück zu Fuß und er wäre außerhalb des tödlichen Radius der Bombe. Die Mission scheint ruhig und ohne Zwischenfälle abzulaufen. Doch dann entdeckt sein Team eine auffällige Person.

Abb. 4.10–4.12: Stills aus der Exposition von *The Hurt Locker*

Plötzlich entsteht Hektik, der Sergeant beginnt, in seinem schwerfälligen Schutzanzug um sein Leben zu laufen (Abb. 4.10), seine beiden Kollegen versuchen schnellstmöglich, die auffällige Person zu stoppen. Dann geht die Bombe auch schon hoch, alles geht ganz schnell. Doch die Explosion (Abb. 4.11) und den tödlichen Sturz des Sergeants durch die Druckwelle (Abb. 4.12) zeigt uns der Film in Zeitlupe. Die Intensität und Drastik der Explosion wird durch die Zeitlupe unterstrichen, aber natürlich auch der unwiderrufliche Moment des Eintritts des Todes.

Im Klangbildverlauf eines Produkts muss nicht der lineare Verlauf von Zeit, wie er uns aus dem Alltag vertraut ist, befolgt werden, sondern es kann in die Zukunft (*Vorausblenden*) sowie in die Vergangenheit (*Rückblenden*) geblickt werden. Unterschiedliche Zeitabschnitte können auch in Form einer *Schachtelmontage* in unmittelbare Beziehung zueinander gesetzt werden. Selbst in einer filmischen Einstellung kann es zur Überlagerung verschiedener zeitlicher Abschnitte kommen, was zu einem Aussetzen der herkömmlichen Wahrnehmung von Zeit als linearem Prozess führt. In der Netflix-Serie *Bloodline* (USA seit 2015, Netflix, Staffel 01/Episode 02, 20.03.2015) beispielsweise erinnert sich der Protagonist John Rayburn, als es zum handgreiflichen Streit zwischen seinen Brüdern Danny und Kevin kommt, an den gewalttätigen Übergriff ihres Vaters auf den älteren Bruder Danny Rayburn, als dieser noch ein Kind war. Der mittlerweile fast vierzigjährige Danny leidet psychisch und physisch noch immer an den Verletzungen, die bis zu diesem Zeitpunkt der Serie in keiner Weise verheilt sind. Filmisch zusammengeführt werden die beiden verschiedenen Lebensabschnitte in Form einer recht komplexen Montagesequenz, die mit einem dissonanten Verhältnis von Erzählzeit und erzählter Zeit operiert und dadurch vor allem eines zur Anschauung bringt: Das unverarbeitete Trauma Dannys ist das unverarbeitete Trauma der ganzen Familie.

Abb. 4.13–4.15: Stills aus *Bloodline*

Montiert werden zwei parallele Handlungsstränge der Serie: die Prügelei am Strand zwischen den Söhnen (Handlungsstrang A) mit dem der Mutter am Bett des Vaters im Krankenhaus (Handlungsstrang B). In beiden Strängen werden Erinnerungen an den jungen, vom Vater misshandelten Danny wachgerufen. Die Mutter glaubt, ihren Sohn Danny mit seinen furchtbaren Verletzungen im Krankenhaus zu sehen (Abb. 4.13): Zeitsprung Nr. 1. Dann sehen wir Erinnerungsbilder Johns an seinen schlagenden Vater, allerdings aus der Perspektive Dannys (Abb. 4.14): Zeitsprung Nr. 2. Und wir sehen aus der Perspektive Johns den jungen Danny, wie er von seinem Bruder Kevin verprügelt wird. Kevin allerdings, der auf Danny kniet und in dessen Gesicht schlägt, ist in dieser Einstellung der bereits vom Leben gezeichnete Kevin aus der Gegenwart der Serie (Abb. 4.15): Zeitsprung Nr. 3.

Narrativ geklammert wird diese Montagesequenz durch die Ebene des Tons. Denn die Synchronität von Bild und Ton setzt für die Dauer der Sequenz aus. Die Töne der Handlungsebene, die Geräusche der Prügelei und die Sprechakte sind stark zurückgenommen und begleiten die Bilder mit einem dumpfen Rauschen. Gleichzeitig erklingt eine ruhige, ebenfalls stark zurückgenommene Musik, ein schlicht arrangierter Song aus Gitarre und zarter Frauenstimme, die sich deutlich kontrastierend unter die entfremdeten Schmerzensschreie der Prügelei mischt. Die ‚Unordnung' auf der Ebene des Bilds setzt sich auf der Ebene des Tons fort. Erst als sich John in die Prügelei einmischt, um seine Brüder zu trennen, verlaufen Bild und Ton wieder synchron. Die dichte Montage der Erinnerungsbilder mit der Gegenwart dient hier nicht nur einem reflexiven Spiel mit dem linearen Verlauf von Zeit, sondern sie führt dem Betrachter vor Augen, wie präsent diese Ereignisse des Vergangenen für alle Familienmitglieder noch sind und deutet an, dass es im Verlauf der zwölf weiteren Episoden noch einige Geheimnisse zu lüften geben wird.

Durch das Verhältnis von **Erzählzeit** und **erzählter Zeit** lässt sich das Erzähltempo des medialen Produkts bestimmen. Dabei lassen sich folgende drei Erzähltempi unterscheiden, derer sich ein und dasselbe Produkt in seinem Verlauf immer wieder bedienen kann:
(1.) Zeitdeckung: Erzählzeit und erzählte Zeit sind (annähernd) gleich.
(2.) Zeitdehnung: Erzählzeit ist länger als erzählte Zeit.
(3.) Zeitraffung: Erzählzeit ist kürzer als erzählte Zeit.

Kommen wir auf den zweiten Punkt zu sprechen, den die Sido-Sequenz aus *Roche & Böhmermann* verdeutlicht: die *Erwartungshaltung* gegenüber dem Verhältnis von Erzählzeit zur erzählten Zeit bei *Live-* und *Live-on-Tape*-Sendungen. Zu Beginn dieses Kapitels haben wir bereits auf eine Besonderheit filmischen Erzählens aufmerksam gemacht, nämlich die, dass ‚die Dauer der Vermittlung des Produkts mit der Dauer der Wahrnehmung durch den Zuschauer zusammenfällt'. Fernsehsendungen, die als *live* tituliert werden, stellen eine Steigerung der Gegenwärtigkeit filmischer Darstellung dar, insofern, als dass nicht nur die Gegenwart des Zeigens mit der Gegenwart des Schauens, sondern auch die Gegenwart des Zeigens mit der des Schauens und der des Gezeigten zusammenfällt. Als am 13.07.2014 in Rio de Janeiro in der 113. Spielminute Mario Götze das argentinische Tor trifft, schauen dabei *gleichzeitig* Jogi Löw am Fußballfeldrand, die Zuschauer auf den Stadionrängen und viele Millionen Fernsehzuschauer weltweit zu, womit wir bei dem zentralen Aspekt dieser Ausstrahlungsform angekommen wären: Der Status einer Livesendung ist an eine Form der Übertragungstechnik gekoppelt, die auf dem Prinzip der *Echtzeit* beruht. Bei der Liveübertragung werden die Aufnahmen direkt an eine Sendezentrale weitergeleitet, die diese Aufnahmen wiederum direkt in das jeweilige Fernsehprogramm einbindet. Auf diese Weise wird eine *Gleichzeitigkeit* zwischen Ereignis und Zuschauen hergestellt, und zwar unabhängig davon, wo sich der Zuschauer und sein Bildschirm zum Zeitpunkt des Ereignisses befinden. Dieses Verfahren ist sowohl im Bereich der Unterhaltung als auch im Bereich der Information üblich. Im Rahmen von Nachrichtensendungen wird die Aktualität der Berichte gerade auch durch die *Liveschalte* – wenn ein Reporter vom Ort des Geschehens aus berichtet und zu diesem Zweck live in das Studio zugeschaltet wird – hervorgehoben. Durch den Entstehungszusammenhang der Livebilder wohnt ihnen der Gestus des *Gleichzeitigen* inne, der den Livebildern ihre Aktualität und damit auch ihren hohen Nachrichtenwert verleiht. Dies gilt übrigens auch für Amateuraufnahmen, die immer häufiger im Rahmen von Nachrichtensendungen zum Einsatz kommen.

Die Angabe *live* zeigt darüber hinaus ein besonderes Verhältnis von Erzählzeit und erzählter Zeit an. Denn eine *Live*sendung, und in einer reduzierten Form auch eine *Live-on-Tape*-Sendung, geben ein jeweils unterschiedliches Versprechen von der Darbietung eines Verlaufs und dessen Verhältnis zur *Echtzeit*. Im ersten Fall verhält sich das Gezeigte synchron zu der Zeit des Sehens, im zweiten Fall hingegen diachron. In beiden Fällen jedoch entsprechen sich erzählte Zeit und Erzählzeit. Eine *Live-on-Tape*-Sendung wird zwar wie eine Livesendung in einem Stück ohne Unterbrechung aufgenommen, allerdings wird sie nicht wie eine solche ausgestrahlt. Es handelt sich also um eine Aufzeichnung, die für die Ausstrahlung, wenn überhaupt, nur unwesentlich gekürzt wird, sodass die Dauer der Aufnahme dennoch in aller Regel der Dauer des Ereignisses entspricht – eines Tennismatches, einer Talkrunde bei *Günther Jauch*, einer Ausgabe von *Jimmy Kimmel Live!* (USA seit 2003, ABC).

! Für eine **Livesendung** ist die Gleichzeitigkeit zwischen dem Präsens der Darstellung einer Sendung und dem aufgezeichneten Ereignis charakteristisch. Bei einer **Live-on-Tape-Sendung** ist die angestrebte Gleichzeitigkeit zwischen dem Moment der Aufnahme und dem Ereignis – nicht aber mit dem der Ausstrahlung – charakteristisch.

Selbstverständlich wird auch bei einer Livesendung geschnitten, allerdings zwischen verschiedenen Perspektiven auf das Geschehen. Es finden (in der Regel) keine zeitlichen Sprünge statt. Sowohl bei einer Live- als auch bei einer Live-on-Tape-Sendung kann der Zuschauer davon ausgehen, der unmittelbaren Entfaltung des Geschehens beizuwohnen, so auch bei einer Talkshow wie *Roche & Böhmermann*. Davon geht offensichtlich auch Rüpelrapper Sido fest aus, was sein Erstaunen über Böhmermanns Vorschlag erklärt. Der Effekt des Rückspulens und der vermeintlichen Wiederholung verdeutlicht zweierlei: zum einen, wie fest die Wahrnehmungskonventionen bezüglich der einzelnen Fernsehgattungen im kommunikativen

Haushalt einer Gesellschaft verankert sind und zum anderen, wie leicht sie dennoch unterlaufen werden können.

Checkliste: Zur Erschließung der Erzählsituation dienen folgende analyseleitende Fragen:
- Wie verläuft die Wissensvermittlung zwischen Produkt und Rezipient?
- Wird der Zuschauer auf Distanz gehalten oder weiß er mehr als die Figuren?
- Welche Erzählperspektiven werden – wann, wie – etabliert?
- Wie fügt sich das Dargestellte zu einer narrativen Ordnung zusammen?
- In welchem Verhältnis stehen Erzählzeit und erzählte Zeit?
- Kommt es – und wenn ja, wann und wie – zu signifikanten Veränderungen des Verhältnisses von Erzählzeit und erzählter Zeit?
- In welchem Verhältnis stehen Erzähltempo und Erzählung bzw. Erzähltempo und Ereignis?
- In welchem Verhältnis stehen Erzähltempo und Echtzeit?

4.2 Figuren und Personen in televisuellen Rollen

Die Akteure in den Produkten aus Film und Fernsehen bieten sich nicht selten als ein analytischer Zugang zu den Präsentationsweisen der Produkte an. Sind sie es doch, die in der Regel das dargestellte Geschehen vorantreiben – unabhängig davon, ob jede Menge Regen prognostiziert, ein Angriff Außerirdischer auf die Erde abgewendet oder ein Foto ausgehändigt wird. Akteure haben in der Regel eine Aufgabe, die für die Abfolge des Produkts entscheidend ist. Folgt der analytische Blick der Spur der Akteure, kann sich eine erste Annäherung an das filmische Geschehen ergeben.

Es empfiehlt sich, die Titulierung des Personals von Filmen und Fernsehsendungen zu unterscheiden, und zwar je nachdem, ob man es mit einem fiktiven oder einem faktualen Format zu tun hat. Bei fiktiven Sendungen spricht man von *Figuren*. Bei faktualen Formaten, in welchen die Akteure vermeintlich als sie selbst in Erscheinung treten, empfiehlt es sich, von *Personen* in *televisuellen Rollen* zu sprechen. Nach dieser Unterscheidung ist die Moderatorin Anne Will in der gleichnamigen Talkshow als Person in einer televisuellen Rolle zu bezeichnen und die Moderatorin Colleen Peck im Spielfilm *Morning Glory* (USA 2010, R: Roger Michell) als Figur. Während einem die Person Anne Will auch jenseits des medialen Produkts als eben diese Person begegnen kann, kann dies bei der Figur Colleen Peck nicht eintreten. Dennoch gilt (1.), dass wir Figuren, denen wir beispielsweise beim Betrachten einer Fernsehserie begegnen, zumeist *wie* Personen wahrnehmen, wohl wissend, dass sie keine realen Personen, sondern Figuren einer fiktiven Handlung sind. Und es gilt (2.), dass die Person Anne Will aus dem Fernsehen zwar mit der Person Anne Will aus dem sozialen Alltag – zumindest ihrem Personalausweis nach – identisch ist, die ‚mediale' Anne Will der Talkshow jedoch in ihrer Art des Auftretens in keiner Weise der privaten Anne Will entsprechen muss. Die mediale Rahmung einer Person im Fernsehen – sei es das Setting einer Talkshow, der Lottoziehungen oder einer Castingshow – sorgt für gänzlich andere Bedingungen der Selbstdarstellung und der (Selbst-)Wahrnehmung als der soziale Alltag. Zum einen schreibt die jeweilige Sendung ein bestimmtes Verhalten vor – nüchtern informierend, unterhaltend oder provozierend. Zum anderen sorgt die audiovisuelle Inszenierung der Person durch Licht, Schnitt, Garderobe, Make-up bis hin zum Teleprompter oder anderen Vorarbeiten der jeweiligen Redaktion für ein Erscheinungsbild, das mit der Person jenseits des Fernsehstudios nur bedingt etwas zu tun haben muss. Denn auch eine Person bewegt sich im Fernsehen innerhalb der Spielregeln einer Regie, die sie nur in Ausnahmefällen auch einmal nicht befolgen kann.

Je individueller eine Figur gezeichnet wird, desto eher spricht man von einem *Charakter*. Figuren oder Personen können aber auch gerade nicht in ihrer Individualität gezeigt werden, sondern ganz im Gegenteil, stark stereotypisiert dargestellt werden. Man denke beispielsweise an die Inszenierung der ‚Mädchen' in Heidi Klums *Germany's Next Topmodel* (D seit 2006, ProSieben), wo Staffel für Staffel erneut eine Zicke, eine Naive, ein Küken etc. filmisch moduliert werden (vgl. dazu auch Keppler, 2015b, Kap. 4). Heidis Mädchen sind vermutlich das beste Beispiel, um zu veranschaulichen, dass sich von der televisuellen Person Stefanie Giesinger in der Castingshow (*Germany's Next Topmodel*, Staffel 09) nicht einfach auf die Schülerin jenseits der Show schließen lässt.

Ob nun eine Person oder eine Figur in Erscheinung tritt: In *allen* Fällen handelt es sich um Formen der medialen Inszenierung, die sich auf die eine oder andere Weise immer auch auf die Welt außerhalb ihrer medialen Präsentation beziehen (vgl. Kap. 3.1). Durch die Art und Weise der Inszenierung von Personen und Figuren wird gesellschaftlich geteiltes Wissen rund um soziale Rollen, Genderthemen und Vorstellungen von personeller Identität verhandelt. Der reflexive Grad im Umgang mit diesen Themen kann dabei freilich von Produkt zu Produkt erheblich variieren. Die Nachrichtensprecher (in diesem Beispiel ist es Judith Rakers, Abb. 4.16) sind beispielsweise stets so hell ausgeleuchtet, dass ein klares und ruhiges Bild der Sprechenden entsteht, ohne Schatten und mit scharfen Konturen. Nichts bleibt bei dieser Ausleuchtung im Dunkeln. Kleidungsstil, Sprechstil, Frisur und Körperhaltung der Nachrichtensprecher unterstreichen zudem die Sachlichkeit und Seriosität, für welche die *Tagesschau* als Nachrichtensendung stehen möchte.

Die Eröffnungssequenz von Martin Scorseses *Mean Streets* (USA 1973) hingegen zeichnet ein völlig anderes Erscheinungsbild von seiner zentralen Handlungsfigur (Abb. 4.17). Aus dem Schlaf aufgeschreckt steigt ein junger Mann, Charlie, aus dem Bett, geht durch ein Zimmer, sieht sich sein Spiegelbild an, kehrt wieder zurück in das Bett und versucht, noch etwas Schlaf zu finden. Alles in dieser keine sechzig Sekunden andauernden Szene trägt zur Charakterisierung der Figur bei. Die Gestaltung des Raums thematisiert das soziokulturelle Milieu, in welchem unser Protagonist zu Hause ist: die einfache Einrichtung des kleinen Zimmers, das Einzelbett, das

Kreuz an der Zimmerwand (und an Charlies Halskette), bis hin zum Straßenlärm und den Polizeisirenen, die durch das gekippte Fenster in das Zimmer dringen. Das spärliche Licht fällt von draußen durch die heruntergelassenen Jalousien in das abgedunkelte Zimmer hinein. Die Schatten fallen so auf Charlies Gesicht, dass man nur kurz sehen kann, mit wem man es hier eigentlich zu tun hat. Charlie wird als eine Figur eingeführt, die zwischen Licht und Dunkel steht. Als Charlie sich wieder hinlegt und den Kopf in sein Kissen sinken lässt, setzt *Be My Baby* von *The Ronettes* ein. Der Song erschallt laut aus dem Off und verdrängt alle anderen Geräusche der Tonebene. Die Kamera ist mit einer Nahaufnahme von Charlies Profil ganz dicht an ihm dran, sodass die Jump Cuts punktgenau zum Einsatz der Musik nicht zu übersehen sind. In voller Lautstärke dröhnt das Versprechen US-amerikanischer Popkultur von Happiness und Assimilation durch diese Exposition. Die Musik kontrastiert den Zustand des Protagonisten, wie ihn die Szene zunächst entworfen hat, und lässt den Zuschauer bereits nach diesen wenigen ersten Filmsekunden erahnen, dass in Charlies Leben die Dinge gerade nicht wie am Schnürchen laufen.

Abb. 4.16–4.18: Stills *Tagesschau* (Abb. 4.16); *Mean Streets* (Abb. 4.17); *Löwenzahn* (D seit 1981, ZDF, (Abb. 4.18)

Unser drittes Beispiel stammt aus der Fernsehsendung *Löwenzahn* (D seit 1981, ZDF). Durch die Kindersendung führt seit Oktober 2006 die Figur Fritz Fuchs, die von Guido Hammesfahr dargestellt wird. Die soziale Rolle von Fritz Fuchs ist die eines väterlichen Freundes. Die Sendung beginnt in den meisten Fällen bei Fritz Fuchs zu Hause, also an dem Ort, an dem sich in aller Regel auch die Kinder vor dem Fernseher aufhalten. Des Weiteren wendet sich Fritz Fuchs, während er Episode für Episode neuen Themen nachgeht, immer wieder mit direktem Blick in die Kamera an sein junges Publikum (Abb. 4.18). Er begegnet seiner Zielgruppe sowohl sprachlich als auch visuell auf Augenhöhe. Alle drei Beispiele, die Nachrichtensprecherin Judith Rakers, Charlie und Fritz Fuchs, stellen zwar unterschiedliche Varianten der medialen Inszenierung von Rollen dar, gemeinsam ist ihnen jedoch, dass es sich bei allen drei Fällen um Inszenierungen handelt.

Sowohl bei den Akteuren faktualer als auch bei den Akteuren fiktiver Formate hat sich mit der Zeit ein Stammpersonal herausgebildet, das wir im Folgenden kurz darstellen.

Televisuelle Rollen (Personen)

Die televisuelle Rolle des *Moderators* gibt es sowohl im Bereich der Unterhaltung als auch im Bereich der Information. Je nach Sendungstyp ist es dessen Aufgabe, durch eine Sendung zu führen, Informationen zu vermitteln, ein Gespräch zu lenken oder auch das Studiopublikum und die Zuschauer vor den heimischen Bildschirmen zu unterhalten. Eine Moderation kann auch im Team durchgeführt werden. Der Einfluss des Moderators auf den Sendungsverlauf variiert mit dem jeweiligen Sendekonzept. Bei Magazinsendungen wie *Aspekte* (D seit 1965, ZDF) oder auch *Kulturzeit* (D seit 1995, 3sat) moderiert er die Magazinbeiträge in der Regel an und/oder ab. Seine Rolle ist damit darauf beschränkt, zwischen den einzelnen Beiträgen überzuleiten. Auch wenn sein inhaltlicher Beitrag damit eher gering ausfällt, so ist er dennoch das Gesicht der Sendung. Bringt der Moderator sich mehr ein, indem er gegenüber dem Gezeigten Stellung bezieht, spricht man auch vom *Anchorman* bzw. *Anchorwoman*. Dieser verhält sich den verlesenen Nachrichten gegenüber nicht sachlich neutral, sondern bewertet das Gelesene durchaus durch Betonung, Mimik oder auch Gestik. Max Moor, einer der Moderatoren von *ttt – titel, thesen, temperamente* (D seit 1967, Das Erste) ist ein solches Beispiel. In diesem Zusammenhang wurde beispielsweise auch Anne Wills hochgezogene Augenbraue bei den *Tagesthemen* berühmt und auch ihre Nachfolgerin Caren Miosga beherrscht das kommentierende Spiel mit der Augenbraue. Bei den Personen, die durch die *Tagesschau* oder ähnliche Formate führen, spricht man nicht von Moderatoren, sondern von *Nachrichtensprechern*, der reduziertesten und sachlichsten Form eines personellen Auftritts im Fernsehen. Diese sind dazu da, die Nachrichten zu verlesen und dabei möglichst neutral und unauffällig aufzutreten.

Von einem *Showmaster* ist die Rede, wenn der Moderator durch eine große Fernsehshow wie *Wetten, dass..?*, *Verstehen Sie Spaß?* (D seit 1980, Das Erste) oder auch *TV Total* (D 1999–2015, ProSieben) führt und neben der reinen Moderation des Geschehens selbst humoristische oder musikalische Einlagen in den Sendungsverlauf einbringt. Handelt es sich bei dem Sendungsformat um eine *Quizshow*, spricht man entsprechend vom *Quizmaster* und bei einer *Talkshow* entsprechend vom *Talkmaster*. Nicht selten bekommt ein Moderator Verstärkung durch einen *Sidekick*, Manuel Andrack bei Harald Schmidt, Elton bei Stefan Raab, William Cohn bei Jan Böhmermann. Der Sidekick ist auf der Bühne Ansprechpartner und Gehilfe für den Moderator. Er kann in den Ablauf der Sendung aktiv eingreifen, den Moderator bremsen oder auch animieren, indem er ihm Bälle bzw. Themen zuspielt. Eine weitere Moderationsform ist die des *Programmansagers*. Seine Aufgabe ist es, durch das Fernsehprogramm zu führen, indem er Sendungen ankündigt, Programmhinweise erteilt und auch gerade gesendete Sendungen abmoderiert. Während er einen festen Bestandteil des Fernsehalltags bis in die 1990er Jahre darstellte, ist er heute fast vollständig vom Bildschirm verschwunden. Man begegnet ihm, wenn überhaupt, dann eher in ironischer Form eines William Cohn (*Neo Magazin Royale*, D seit 2013,

ZDF/ZDFneo), als Retroelement der *andersARTig*-Filmreihe (D seit 2014) auf Tele 5 oder in Form von Nostalgieclips auf YouTube.

Ein Moderator hat je nach Format unterschiedliche Gesprächspartner, die durch ihren Auftritt im Fernsehen auch eine televisuelle Rolle übernehmen, nämlich die des *Gasts*. Der Gast wird vorgestellt, begrüßt, befragt und verabschiedet. Dieser Ablauf variiert freilich mit dem jeweiligen Sendekonzept, trifft aber vom Prinzip her immer zu, egal ob es sich (1.) um sogenannte Kollegengespräche handelt, wenn Journalisten Journalisten einladen, um bestimmte Themen zu erörtern, um (2.) Privatpersonen, die beispielsweise als Teilnehmer einer Show auftreten oder (3.) um öffentliche bzw. prominente Personen, die zu Werbezwecken auftreten, um auf einen neuen Film, ein neues Buch oder ein neues Album aufmerksam zu machen.

Der *Reporter*, um eine weitere zentrale televisuelle Rolle zu nennen, berichtet über aktuelle Ereignisse, und zwar vor Ort. Dies trifft auf die Berichterstattung aus Berlin oder Brüssel ebenso zu wie auf die Berichterstattung aus Krisen- und Kriegsgebieten oder auch auf Martin Sonneborn als Außenreporter für die *heute-show* (D seit 2009, ZDF).

Figuren

Im Folgenden geht es um das Stammpersonal fiktiver Formate: um Haupt- und Nebenfiguren, Helden und ihre Gegenspieler. Wir haben bereits darauf hingewiesen, dass wir Figuren, denen wir in fiktiven Formaten begegnen, meist wie Personen wahrnehmen. Dies bedeutet allerdings nicht, dass fiktive Figuren handeln müssen wie Personen. Fiktive „Figuren folgen in ihrem Handeln keiner lebensweltlichen Logik, sondern einer narrativen Logik, die oftmals sogar im Widerspruch zum ‚wirklichen Leben' steht" (Krützen, 2006, S. 36). Wäre dem nicht so, würde sich die Welt des Films um sämtliche Alleingänge furchtloser Helden ärmer zeigen. Aber auch wenn die filmische Figurenzeichnung die Spielregeln des lebensweltlichen Terrains verlässt, so muss sie dennoch ihre Zuschauer davon überzeugen, ‚mitzugehen'. Dies gelingt ihr, indem sie statt lebensweltlicher Plausibilität etwas anbietet, was das Interesse der Zuschauer weckt. Dass die Figuren immer wieder unser Interesse wecken, ist weitaus wichtiger, als dass sie uns in ihrem Verhalten überzeugen (vgl. Keppler, 2015c, Kap. 10). Unser Interesse wecken sie sowohl durch ihre Handlungsweisen als auch durch ihre Inszenierung.

Bevor wir auf einzelne Figurentypen zu sprechen kommen, sei an dieser Stelle erwähnt, dass die Analyse einer Figur immer nur mit Blick auf das Figurengefüge des jeweiligen filmischen Produkts erfolgreich verlaufen kann. Wir meinen damit nicht nur das punktuelle Aufeinandertreffen von Figuren in einer Szene, sondern insbesondere auch die längerfristige, sich über die Dauer des gesamten Produkts darstellenden Beziehungen der Figuren zueinander. Figuren sind, je nach filmischem Produkt, einmal mehr und einmal weniger üppig mit Eigenschaften, biografischen Daten und Handlungsmöglichkeiten ausgestattet, sie haben mit äußeren und inneren Konflikten zu ringen, woran nicht selten auch andere Figuren beteiligt sind. Andere Figuren fordern sie beispielsweise dazu heraus, etwas zu tun oder versuchen, sie daran zu hindern, etwas zu tun. In diesem Zusammenspiel mit den anderen Figuren zeigt sich erst das Profil der jeweiligen Figur. „Die ‚Struktur', also die (künstlerisch und lebensphilosophisch postulierte) Eigenart des Helden, entfaltet sich im Konflikt. Also in der Auseinandersetzung, im Aufeinanderprall mit den Gegenkräften, in der Konfrontation." (Kuchenbuch, 2005, S. 256). Im Figurenensemble eines filmischen Produkts treffen in der Regel verschieden gelagerte Charaktere aufeinander, welche sich im Verlauf des jeweiligen Produkts aneinander reiben und meistens auch verändern bzw. entwickeln. Eine Film- und Fernsehanalyse muss diese Entwicklung im Zusammenspiel der Figuren stets berücksichtigen.

Der *Protagonist* ist die zentrale Hauptfigur eines filmischen Produkts. Er zeichnet sich dadurch aus, dass er (im klassischen Erzählkino seltener auch einmal eine ‚sie') zu Beginn der Handlung eine besondere Aufgabe gestellt bekommt. Die Aufgabe zu lösen, ist für den Protagonisten mit Problemen, Konflikten und Herausforderungen verbunden, die sowohl die Geschichte des Films als auch die Entwicklung der Figur vorantreiben. Der Protagonist stellt in der Regel das Handlungszentrum des Films oder auch der Serie dar, wodurch er sich im Grad der Aktivität und auch schlicht der Präsenz deutlich von den anderen Figuren unterscheidet. Ihm gehört ein wichtiger Teil der Aufmerksamkeit des Publikums. Im klassischen Erzählkino wird seine Rolle oft bereits in den ersten Einstellungen des Films etabliert. Die Anzahl der Protagonisten eines filmischen Produkts kann variieren. Episodenfilme zeichnen sich beispielsweise durch mehrere Protagonisten in parallelen Handlungssträngen aus (z. B. *Crash*, USA/D 2004, R: Paul Haggis; *Babel*, USA/MX/FR 2006, R: Alejandro González Iñárritu; *Night on Earth*, USA 1991, R: Jim Jarmusch; *Love Actually*, USA/UK 2003, R: Richard Curtis). In Fernsehserien hat man es ebenfalls nicht selten mit mehreren Protagonisten zu tun. In der Fernsehserie *Girls* (USA seit 2012, HBO) treiben beispielsweise die Erlebnisse von vier Freundinnen, die in Brooklyn Fuß zu fassen versuchen, die Serienhandlung voran.

Eine besondere Variante des Protagonisten ist der *Held*. Es gilt: Nicht alle Protagonisten sind Helden, aber alle Helden sind Protagonisten. Helden sind keine Erfindung des Kinos, sondern sie bevölkern unsere kulturellen Narrative seit jeher in Form von Legenden, Sagen, Märchen oder anderen Geschichten. Helden, so wie sie sich – zumindest bislang – im klassischen Erzählkino Hollywoods dargeboten haben, sind in der Regel männlich, heterosexuell, alleinstehend – zumindest noch zu Beginn des Films – (vgl. Bordwell, Staiger und Thompson, 1985, S. 21) und setzen sich für das Wohl der Gemeinschaft ein. Dafür gehen sie auch bis an die Grenze ihrer physischen und psychischen Belastbarkeit. Mehr noch: Sie wachsen über sich selbst hinaus, um nach Möglichkeit alles zu einem guten Ende zu bringen. Was sich anfänglich als unmöglich darzustellen scheint, bekommen sie in den Griff, indem sie beinahe übermenschliche Kräfte entwickeln – oder ohnehin schon mit diesen ausgestattet sind. Der Heldenfigur wohnt allerdings seit jeher ein innerer Zwiespalt inne. Denn Helden, in ihrem Wesen nicht selten recht einfach angelegt, bilden stets das moralische Zentrum der Handlung: Sie vollbringen ‚das Gute' oder versuchen es doch nach Kräften, wenn auch unter erheblichen Risiken des Scheiterns. Es ist ihr Mut und ihre Manneskraft, die die vormals friedliche Welt wieder herstellen soll. Zu diesem Zweck setzen sie allerdings auch immer wieder selbst Gewalt ein, übertreten Gesetze oder üben Selbstjustiz, wodurch der Held, trotz oder gerade wegen seines heroischen Einsatzes, zu einer hochgradig problematischen, nicht selten schillernden Figur wird. *Antihelden* hingegen zeichnen sich durch eine weitgehende Abwesenheit der typischen Heldenmerkmale aus, bilden häufig aber dennoch das Handlungszentrum eines Films. Gerade weil sie keine überdurchschnittlichen moralischen Qualitäten oder Fähigkeiten aufweisen, sind sie häufig die wesentlich interessanteren Figuren (z. B. der Auftragskiller Léon in *Léon*, F 1994, R: Luc Besson; The Driver in *Drive*, USA 2011, R: Nicolas Winding Refn; Ethan Edwards in *The Searchers*, USA 1956, R: John Ford oder Walter White in *Breaking Bad*, USA 2008–2013, AMC). Aber auch der Antiheld bleibt im moralischen Diskurs des Heldennarrativs lokalisiert (vgl. Seel, 2009 sowie Wulff, 2002).

Szenen, in welchen sich Protagonist und *Antagonist* tatsächlich gegenüberstehen, sind selten. Dennoch ist der Antagonist jenes Mitglied des Figurenensembles, welches den Protagonisten am stärksten herausfordert. Der Antagonist verkörpert alles, was der Protagonist nicht sein möchte, und fordert gerade deshalb eine eindeutige Positionierung des Protagonisten heraus. Seit der griechischen Tragödie agiert der Antagonist als Gegenspieler des Protagonisten. Er versucht, den Protagonisten immer wieder an der Erfüllung seiner Aufgabe zu hindern, indem er ihm Fallen stellt, Intrigen spinnt oder einfach nur bessere Ergebnisse erbringt als der Protagonist (z. B. in Sportfilmen). Dadurch fordert er den Protagonisten beständig dazu heraus, über sich selbst hinauszuwachsen und Konflikte durchzustehen. In der Regel hat es der Protagonist jedoch nicht nur mit einem Gegenspieler zu tun, sondern mit mehreren, mit welchen er im Laufe der Handlung fertig werden muss. Der zentrale Antagonist gibt sich spätestens im finalen Kampf zu erkennen, im sogenannten *Showdown* gegen Ende des Films, wenn er sich dem Protagonisten direkt gegenüberstellt und ihn herausfordert. Die antagonistische Kraft eines Films muss nicht in Form einer Figur auftreten, sondern kann die Handlung auch durch die traumatischen Erlebnisse der Hauptfigur oder eine drohende Umweltkatastrophe vorantreiben.

Häufig erhält der Protagonist bei seinen ‚Abenteuern' Unterstützung durch ein oder zwei Nebenfiguren, die ihm konstant mit Rat und Tat zur Seite stehen. Krützen definiert die *Gefährten* als diejenigen, die den Helden dazu auffordern „seine wahren Bedürfnisse (need) zu erkennen und zu verwirklichen. Darüber hinaus fungieren sie als eine Art ‚Gewissen' der Hauptfigur und erinnern sie an ihre ursprünglichen Ziele. Droht der Held aufzugeben, obliegt es ihnen, ihn erneut zu motivieren." (Krützen, 2006, S. 176). Damit stellen die Gefährten für den Protagonisten eine wichtige Reflexionsebene dar. Sie spielen eine entscheidende Rolle in der filmischen Konstruktion einer Figur. Gefährten können durchaus auch der Partner bzw. die Partnerin der Hauptfigur sein. Auch können Gefährten im Verlauf eines Films oder einer Serie wechseln. In der Fernsehserie *About:Kate* (D 2013, arte) sind es beispielsweise der Pfleger Ingo Albrecht, die Mitpatientin Erika Wirtz und die Therapeutin Dr. Luise Desmarin, die die Protagonistin Kate während ihres Klinikaufenthalts begleiten. Harry Potter hingegen wird von seinen beiden Freunden Hermione und Ron unterstützt.

Checkliste: Figuren- und Personenanalyse
– Wer ist die zentrale Figur/Person des Produkts?
– Gibt es einen Gegenspieler?
– Gibt es Gefährten/Sidekicks?
– Wie stehen die Figuren/Personen zueinander?
– Findet – wenn ja, wann und wie – eine Wandlung der Hauptfiguren/Personen statt?
– Wird über/durch die zentrale Figur/Person moralisiert?
– Was ist das Ziel der zentralen Figur/Person?
– Was ist die Motivation der zentralen Figur?
→ **Bei jeder dieser Fragen stellt sich immer auch diejenige nach der Form der Inszenierung.**

4.3 Genres, Gattungen und Formate[1]

Alles was wir bisher geschrieben haben, bezog sich nicht auf *den* Kinofilm oder *den* Spiel- im Unterschied zu *dem* Dokumentarfilm, sondern auf filmische Produkte generell. Dabei wurde noch nicht über *typische* Verwendungen gesprochen, wie sie in Spiel- oder Dokumentarfilmen, Nachrichtensendungen, Sportübertragungen, Unterhaltungsshows oder Werbefilmen vorliegen –, um nur einige für das heutige Film- und Fernsehangebot charakteristische Grundformen zu nennen. Mit der Zeit haben sich im Umgang mit filmischen Produkten sowohl aufseiten der Produktion als auch aufseiten der Rezeption ‚*typische Verwendungen*' von filmischen Verfahren wie Lichtregie, Schnitt, Musikeinsatz oder Kameraführung entwickelt. Es gibt drei Begriffe, die einem immer wieder begegnen, wenn von typischen Gestaltungsweisen filmischer Produkte im Ganzen die Rede ist: *Genre*, *Gattung* und *Format*. Diese werden nun kurz eingeführt, bevor wir anschließend näher auf die Verfassung filmischer Genres und Gattungen und ihre Bedeutung für die Film- und Fernsehanalyse zu sprechen kommen.

---

[1] Die folgenden Bestimmungen des Verhältnisses von Genres, Gattungen und Formaten basieren weitgehend auf der Darstellung in Keppler (2006).

Filmische *Gattungen* oder auch *Genres* stellen verfestigte Arten der filmbildlichen Inszenierung dar – verfestigte Arten, in denen im Produkt von etwas berichtet, eine Geschichte erzählt oder ein Gesprächsverlauf dargeboten wird. Zu den charakteristischen Faktoren gehören z. B. bildliche Motive, narrative Abläufe, die Wahl von Schauplätzen, Arten der Kommentierung, der Einsatz von Musik oder bestimmte visuelle Dramaturgien. Welche dieser Faktoren für die Bestimmung eines Genres ausschlaggebend sind, lässt sich nicht allgemein sagen; sicher ist nur, dass Genres bzw. Gattungen stets eine signifikante Konfiguration filmischer Merkmale darstellen.

Abb. 4.19–4.21: Stills *Anne Will* (Abb. 4.19); *Singin' In The Rain* (USA 1952, R: Gene Kelley und Stanley Donen) (Abb. 4.20); *High Noon* (USA 1952, R: Fred Zinnenmann) (Abb. 4.21)

Eine ‚typische' Talkshow beispielsweise zeichnet eine Gesprächssituation aus, an der mindestens zwei Personen beteiligt sind (Abb. 4.19), das Gespräch dieser Personen bildet das Zentrum der visuellen Dramaturgie des Produkts, und der Gesprächsverlauf kann sich – im Vergleich etwa zu einem politischen Interview – gegebenenfalls auch um persönliche Episoden und Erfahrungen drehen. Von einem ‚typischen' Western kann man erwarten, dass er in den USA des 19. Jahrhunderts spielt und Konflikte um Eigentum und Familie, Recht und Ordnung schildert, die unter anderem mit Waffengewalt ausgetragen werden (Abb. 4.21). Von einem ‚typischen' Musical kann man zumindest erwarten, dass die Handlung durch Gesangseinlagen unterbrochen oder weitergeführt wird (Abb. 4.20), während ein Actionfilm hierauf in der Regel verzichtet und die Helden in eine (in der Regel gesteigerte) Reihe dramatischer und bedrohlicher Handlungskonflikte verwickelt. Es ist die Schnittmenge der Produktionsverfahren und Rezeptionserfahrungen im Umgang mit filmischen Produkten, die die Grundlage für die Ausprägung dieser ‚typischen' Merkmale eines Genres oder einer Gattung bildet.

Genres oder auch **Gattungen** sind relativ festgelegte Ordnungsschemata, die sich im Umgang mit filmischen Produkten entwickelt haben und stets weiterentwickeln. Für die Etablierung von Genres sind drei Bedingungen zu berücksichtigen:
Filmisch: Gattungen und Genres kennzeichnet ein je bestimmtes Bündel an filmischen Merkmalen (u. a. Charaktere, Licht, Musik, historisches Setting); dieses ist je nach Genre unterschiedlich stark konventionalisiert (Ein Western hat z. B. engere Vorgaben als ein Melodrama.).
Ökonomisch: Ein Genre weckt gleichermaßen Erwartungen und stiftet Orientierung. Es handelt sich um eine Form des Aufmerksamkeitsmanagements, das sowohl die Seite der Produktion als auch die der Rezeption betrifft.
Sozio-historisch: Genres kommen und gehen entsprechend den Bedürfnissen des jeweiligen Zeitgeists.

Für die verschiedenen Angebote des Fernsehens heißt dies: Produkte des Fernsehens sind zunächst einmal als *Sendungen* zu bezeichnen. Der Begriff der *Gattung* hingegen ist für etablierte und verfestigte Typen der medialen Präsentation reserviert: Serie, Nachrichtenmagazin, Talkshow, Gameshow, Reality-TV etc. Um welche Art von Sendungen es sich auch handeln mag, sie stehen immer in einem Bezug zu diesen Gattungen, wie wenig eindeutig dieser Bezug von Fall zu Fall auch ausfallen mag. Immer liegt den ausgestrahlten Produkten eine Art der Inszenierung zugrunde, durch die sie in einer mehr oder weniger großen und mehr oder weniger deutlichen Zugehörigkeit und Nachbarschaft zu bestimmten Gattungen des Fernsehens stehen. Wenn eine Sendung wie eine typische Nachrichtensendung aufgebaut und inszeniert ist – etwa durch ein klares Studiodesign, ein Sprecherpult, einen Nachrichtensprecher, eine helle Ausleuchtung des Studios, keine Musik und reduzierte Schnittgeschwindigkeit –, dann ist die Wahrscheinlichkeit sehr hoch, dass diese Sendung auch als Nachrichtensendung wahrgenommen wird. Eine Sendung wie die *heute-show* beispielsweise lebt gerade davon, dass ihr Produktdesign dem einer typischen Nachrichtensendung erkennbar ähnlich ist – aber eben nur ähnlich. Dadurch wird der kommunikative Gestus der Sendung klar: ‚Wir sind zwar keine Nachrichtensendung, aber wir haben Nachrichten zum Thema.' Das Design der *heute-show* kann also nur dann verstanden werden, wenn die Bezüge zu der benachbarten Gattung des Fernsehens ‚Nachrichten' hergestellt werden. Alle Sendungen des Fernsehens, so kann man zusammenfassend sagen, gibt es nur im Kontext einer Tradition von TV-Produkten, d. h. einer Vielfalt historisch entstandener und sich ständig entwickelnder Praktiken der Produktion von Sendungen, die vonseiten der Hersteller wie Zuschauer beständig im Verhältnis zu anderen Produkten beurteilt und eingeordnet werden.

Der Begriff des ‚Formats' wird häufig synonym mit dem der Fernsehsendung verwendet. Bei *Formaten* handelt es sich allerdings im engeren Sinn um besondere – und in der Regel besonders erfolgreiche – Ausprägungen bestimmter Gattungen, die unter den verschiedenen Realisierungen der jeweiligen Gattung so etwas wie einen ‚klassischen Rang' erworben haben. Man denke an *das aktuelle sportstudio* (D seit 1963, ZDF), *The Voice of Germany* (D seit 2011, SAT.1 und ProSieben), an *Wer wird Millionär?* (D seit 1999, RTL) oder an Serien wie *Dallas* (USA 1978–1991, CBS) oder *How I Met Your Mother* (USA 2005–2014, CBS). Zwar haben Formate ihren Rang nur für eine gewisse Zeit inne, dennoch aber sind sie für längere Zeit so etwas wie Orientierungspunkte innerhalb eines vielfältigen medialen Angebots. Ein Format hebt sich, anders als eine Gattung, durch das Festhalten an einem ganz bestimmten Produktionsdesign heraus. Diese Festlegungen betreffen dramaturgische Grundregeln einer spezifischen Sendung, etwa dass bei *The Voice of Germany* die Jurymitglieder und Bewerber ein Team bilden, genauso wie die Farbgestaltung des Studios. In der Sendung *Wer wird Millionär?* werden nun schon seit über 15 Jahren – und dazu noch weltweit – zu den gleichen Sounds, vor dem gleichen Blau und auf den gleichen Stühlen Wissensfragen mehr oder weniger erfolgreich beantwortet. Diese feststehenden Gestaltungselemente haben oft auch produktionsökonomische Hintergründe, z. B. weil die Formate zu eben solchen vertraglich festgelegten Bedingungen bereits von den Sendern eingekauft wurden. Derartige Formate unterliegen daher kaum einem Wandel, sondern können bestenfalls vertraglich festgelegte Gestaltungsspielräume ausloten. Eine Produktanalyse als Formatanalyse sollte diese produktionsökonomischen Umstände stets einbeziehen.

Ob man nun von Gattungen oder von Genres spricht, ist letztlich auch eine Frage des medialen Terrains. Im Bereich des Spielfilms, insbesondere des Kinofilms, ist es eher üblich, von Genres als von Gattungen zu sprechen. Geht es um die Klassifizierung von Fernsehsendungen, ist eher von Gattungen die Rede. Geht es darum, filmische Produkte aufgrund etablierter typischer Gestaltungsformen zu verorten, können beide Begriffe verwendet werden. In diesem Buch werden deshalb beide Begriffe für beide Bereiche verwendet, wenn es um die Bezeichnung von filmischen Ordnungsschemata geht, die ebenso Orientierung stiften als auch Erwartungen wecken.

Checkliste: Genres und Gattungen
- Wahl von Schauplätzen
- (Bildliche) Motive
- Audiovisuelle Ästhetik
- Narrative Muster
- Grundstimmung
- Einsatz von Musik
- Art der Kommentierung
- Figurenkonstellation

Die *Zugehörigkeit* von filmischen Produkten zu Gattungen ist nicht immer leicht zu bestimmen, denn filmische Gattungen sind vielfach ineinander verwoben. Die geläufigen Großgattungen des Kinos und des Fernsehens – Spielfilm, Dokumentarfilm, Experimentalfilm, Unterhaltungssendung, Informationssendung – stellen

Oberbegriffe für untergeordnete Gattungen dar, die ihrerseits wechselnde Verwandtschaftsverhältnisse aufweisen und auch eingehen können. Ein Spielfilm kann als Actionfilm klassifiziert werden und, spezieller noch, als Katastrophenfilm. Ein dokumentarischer Film kann entweder ein Nachrichtenfilm, ein längeres Feature oder ein eigenständiger Dokumentarfilm sein. Neben dieser vertikalen Zugehörigkeit zu mehreren (zunehmend speziellen) Gattungen steht nicht selten eine horizontale Zugehörigkeit zu verschiedenen Gattungen derselben Stufe – man denke an Actionkomödien oder an politische Talkshows. Schließlich finden sich immer wieder filmische Produkte, die (zunächst) in keine der geläufigen Einteilungen passen, weil sie – als Gattungshybride – eine Verkehrung der bis dahin üblichen Gattungskonventionen darstellen. Beispiele aus dem Kino wären *Pulp Fiction* (USA 1994, R: Quentin Tarantino) oder *Mulholland Drive* (USA/F 2001, R: David Lynch), aus dem Fernsehen *Die Harald Schmidt Show* (D 1995–2003/2011–2014, SAT.1 und Sky) oder *Big Brother* (D 2000–2011/seit 2015, RTL II) – Produktionen, die ihrerseits wieder stilbildend wirken können, wodurch sich die Konturen einer Gattung oder mehrerer Gattungen wandeln bzw. neue Gattungen entstehen.

Aus diesen vertikalen und horizontalen Verwicklungen den Schluss zu ziehen, der Begriff der Gattung (bzw. des Genres) sei entbehrlich oder irreführend, wäre jedoch falsch. Gerade in den skizzierten Verzweigungen nämlich stellen Gattungen eine wichtige Orientierung für die Produktion und Rezeption filmischer Bilder dar. Gattungen sind etablierte Möglichkeiten der Komposition dieser Bilder, die eben dadurch, dass sie etabliert sind, Möglichkeiten der Kombination, der Rekombination und der Abweichung erlauben. Man kann ihnen gegenüber nicht neutral sein. Jeder individuelle Film verhält sich sowohl zu den Konventionen der Gattung, der er angehört als auch zu den Gattungen, die er nur in seiner Darstellungsweise berührt. Wegen dieser Beweglichkeit des Verhältnisses filmischer Gattungen ist es sinnlos, eine endgültige Typologie entwickeln zu wollen. Zum einen könnte eine solche Typologie immer weiter verfeinert werden, sodass es kein natürliches Ende der Auflistung von Gattungen gibt. Zum andern ist die Abgrenzung zwischen Gattungen nie so stark fixiert, dass sich eindeutige Kriterien der Zugehörigkeit zu ihnen angeben ließen. Über den Film *The Big Lebowski* (USA 1998, R: Joel Cohen) wurde einmal gesagt, es handle sich hier um einen ‚Road-Movie ohne Road' – eine treffende Charakterisierung, die deutlich macht, wie relativ und doch aussagekräftig die Stellung von Filmen und Sendungen im Konzert der Gattungen ist. „Hier hat Wittgensteins Wort von der ‚Familienähnlichkeit' einen guten Sinn (Wittgenstein): Filmische Gattungen sind Familien der Gestaltung von Bewegungsbildern, deren Mitglieder sich in Vielem unterscheiden und doch vom gleichen Stamm sein können – und die oft zugleich intensive Beziehungen zu anderen Stämmen unterhalten" (Keppler, 2011, S. 313).

An dieser Stelle ist es wichtig, sich an den Sinn der Einteilung von Gattungen zu erinnern – und zwar zunächst an den Sinn, den diese Einteilung weniger in der Theorie als vielmehr in der Praxis des Umgangs mit filmischen Bildern hat:

Filmische Gattungen sind vonseiten der Hersteller wie auch der Zuschauer stets mit **Erwartungen** verbunden, man könnte geradezu sagen: Sie *sind* Erwartungen, die von beiden Seiten mit den jeweiligen Filmen verbunden sind.
Die Produzenten erwarten, dass die Produkte beim Publikum auf bestimmte Weise aufgenommen werden; das Publikum erwartet, dass es durch den Film auf bestimmte Weise informiert und unterhalten wird. Eine Gattung bildet sich nur dann heraus, wenn die mit den einzelnen Produkten verbundenen Erwartungen einigermaßen verlässlich erfüllt werden: wenn das Publikum in den Produkten das findet, was es erwartet, oder auch etwas, das seine Erwartungen übertrifft; wenn die Produzenten etwas finden oder erfinden, was vom Publikum entsprechend geschätzt wird.
Filmische Gattungen stellen etwas dar, dessen Bestehen und Kontur zwischen Produzenten und Publikum gleichsam *ausgehandelt* werden muss. Sie sind Resultate der filmischen Kommunikation, die in ihrer Fortsetzung immer wieder auf dem Prüfstand stehen.

Welcher Gattung ein Film zugerechnet wird, entscheidet sich endgültig erst mit der Aufnahme durch das Publikum, also mehr oder weniger lange Zeit nach dessen Produktion – und dies nicht zuletzt durch die informellen und öffentlichen Wege der Kommunikation über das Produkt. Die Dimension der Aushandlung von Gattungskonventionen spielt sich wesentlich auf der Ebene der rezeptiven Auseinandersetzung ab, in der den Produkten, sei es im Einklang mit den Intentionen der Produzenten, sei es in Abweichung von diesen, der Status von Erzeugnissen zugewiesen wird, die auf diese oder jene Weise klassifizierbar werden. Zugleich aber erwerben die betreffenden Produkte dadurch den Status von Objekten, die das Publikum mit ihrer eigenen Logik, mit dem Eigensinn ihrer Darstellungsweise konfrontieren.

Dies bedeutet, die Merkmale filmischer Gattungen und Genres sind nichts Erstes, sondern sie stellen eine konstitutive Komponente im Verhältnis von Produktion, Produkt und Rezeption dar. Genauso wenig aber sind die Intentionen der Hersteller ein Erstes, aus dem alles Weitere folgt. Denn was intendiert wird, ist ja ein jeweiliges, gattungsmäßig immer schon – wie immer vorläufig – umrissenes Produkt mit den entsprechenden formalen Eigenschaften, deren Wirkung auf ein Publikum notorisch unterbestimmt bleibt. Die Erwartung eines Publikums bezieht sich stets auf solche filmischen Merkmale, die sich in der Geschichte einer Gattung als tragend herausgebildet haben, die nun – wenigstens eine Zeit lang – tatsächlich tragende, gattungskonstituierende Eigenschaften der betreffenden Filme sind. Filmischen Gattungen kommt eine relative Autonomie gegenüber Produzenten und Rezipienten zu – eine Autonomie allerdings, die nur innerhalb der Praxis des herstellenden und wahrnehmenden Umgangs mit diesen Produkten besteht.

Nicht allein die einzelnen Filme oder Sendungen, auch die Gattungen, zu denen sie gruppiert werden, haben eine Bedeutung, die auf die jeweiligen Produkte einwirkt. Für das kommunikative Potenzial eines filmischen Produkts ist daher seine – wie immer fragile – Gattungszugehörigkeit ein wichtiger Bestandteil. Innerhalb dieser Zugehörigkeit entfaltet das filmische Produkt sein individuelles Gesicht, wenn auch manchmal so, dass sich dabei zugleich die Kontur der Gattung verändert. So hat sich durch den Film *Dirty Harry* (USA 1971, R: Don Siegel) das Genre des Polizeifilms gewandelt. Die Sendung *RTL Samstag Nacht* (D 1993–1998, RTL) hat den Typus bis dahin ‚humoristisch' genannter Sendungen in Deutschland verändert und zur Sparte *Comedy* transformiert. Spielfilme oder Fernsehsendungen können ebenso mehr oder weniger parodistische Kommentare zu Gattungen und ihren Grenzen sein – wie die *Scary-Movie*-Reihe (USA 2000–2013, R: Keenen Ivory Wayans u. a.) in Bezug auf den Horrorfilm oder die auf RTL von 1988 bis 1992 ausgestrahlte Show *Alles Nichts Oder?!* (D, RTL) in Bezug auf Fernsehunterhaltung.

Mit dem Erfolg der jeweiligen Sendegattungen bilden sich Orientierungsmuster heraus, die sich als gesellschaftlich *relevante* Formen des Wissens erweisen: Sie sind einer Vielzahl von Zuschauern bekannt und werden von einer Vielzahl von Zuschauern in den Haushalt ihrer Kenntnis der gesellschaftlichen Wirklichkeit übernommen. Letztlich ist das die Art, in der das Fernsehen die Gegenwart einer Gesellschaft prägt: In der Konfiguration der Sendungen sowie der Gattungen, denen sie angehören, stellen sie Orientierungsmöglichkeiten bereit, die von den Benutzern des Mediums zwar so oder anders angenommen, aber nicht insgesamt verworfen werden können.

Für die soziologische Film- und Fernsehanalyse, der es wesentlich um die Offenlegung dieser Orientierungsmöglichkeiten geht, stellt die jeweilige Gattungszugehörigkeit des Untersuchungsgegenstands daher einen wertvollen Untersuchungskontext dar. Die Öffnung des analytischen Blicks auf den Gattungskontext eines Produkts bringt einen wichtigen forschungspragmatischen Vorteil mit sich. Denn indem das jeweils betrachtete Produkt in Beziehung zu anderen gesetzt wird, die entweder derselben oder einer anderen Gattung zugehörig sind, werden die charakteristischen Elemente der einzelnen medialen Produkte erst im vollen Sinn deutlich: die Art nämlich, in der es seinen kommunikativen Beitrag als Exemplar einer oder mehrerer Gattungen leistet – oder als ein Produkt, das die Grenzen der bisherigen Gattungen erweitert, transformiert oder sprengt. Erst durch dieses komparative Verfahren kann beides erreicht werden: eine genaue Interpretation einzelner Produkte und eine am Material belegte Interpretation der übergreifenden Formen, in denen sich die Kommunikation von Film und Fernsehen zu einer bestimmten Zeit vollzieht.

Je nach Forschungsinteresse gibt es verschiedene Möglichkeiten, den Gattungskontext eines Produkts in die Film- und Fernsehanalyse zu integrieren. Wir möchten Ihnen zwei Beispiele geben:

(1.) Die jeweilige Gattung ist expliziter Bestandteil des Forschungsinteresses, z. B. wenn nach dem Wandel eines Genres/einer Gattung oder nach dem Bruch mit einem Genre/einer Gattung gefragt wird.

Für ein solches Forschungsinteresse bietet sich eine Fernsehsendung wie *Roche & Böhmermann* an – eine Talkshow, die insbesondere dadurch auffällt, dass sie anders abläuft, als man es von einer typischen Talkshow gewohnt ist. Hier unterbricht man sich laufend, spricht gleichzeitig oder streitet sich offen, die Gäste verlassen die laufende Sendung und auch die Moderatoren schrecken nicht davor zurück, sich gegenseitig bloßzustellen. Eine Forschungsfrage, die bei dieser Beobachtung ansetzt, könnte lauten: Bricht die Talkshow *Roche & Böhmermann* mit den Regeln ihrer Gattung? Wenn ja, wie und mit welchen Konsequenzen? Das Untersuchungskorpus dieser Film- und Fernsehanalyse setzt sich nicht nur aus einzelnen Episoden der Talkshow zusammen, sondern muss um Episoden einschlägiger Talkshowformate ergänzt werden. In einem ersten Schritt werden dann anhand einer Talkshow wie *3 nach 9* (D seit 1974, Radio Bremen TV u. a.) beispielsweise, unter Rückgriff auf den aktuellen Forschungsstand, die typischen Merkmale der Gattung aufgezeigt. Anschließend werden Episoden aus *Roche & Böhmermann* analysiert, um diese schließlich in einem dritten Schritt mit den Ergebnissen aus der Analyse von *3 nach 9* vergleichen zu können. Dieser dritte Schritt ist dabei zentral: Denn erst durch den Vergleich werden die charakteristischen Elemente der jeweiligen Sendung deutlich. Erst hierdurch zeigt sich, ob *Roche & Böhmermann* einen kommunikativen Beitrag zur Gattung Talkshow leistet oder als Sendung die Grenzen der bisherigen Gattung erweitert, transformiert oder vielleicht sogar sprengt.

(2.) Explizites Gattungs- bzw. Genrewissen tritt im filmischen Produkt in Erscheinung und wird so Bestandteil der Detailanalyse.

Nehmen wir als Beispiel den Western der Coen-Brüder *True Grit* (USA 2010, R: Joel Coen und Ethan Coen), ein Remake des Films gleichen Titels von Henry Hathaway aus dem Jahr 1969 (USA). Die 14-jährige Mattie Ross will Tom Chaney, den Mörder ihres Vaters, hängen sehen. Zu diesem Zweck heuert sie den schon etwas altersschwachen, aber schießfreudigen US-Marshall Rooster Cogburn (Jeff Bridges, wir kommen darauf zurück) an, mit dem sie sich auf die Jagd nach Chaney begibt. Der Texas Ranger LaBoeuf schließt sich ihnen an, und nach einem langen Ritt tief in den Wilden Westen hinein, gelingt es den Dreien, Chaney zu stellen und zu töten. Im Folgenden soll es jedoch nicht primär um Mattie gehen, sondern um den schon einigermaßen lädierten US-Marshall, das eigentliche Handlungszentrum des Films. Genau genommen geht es uns darum, wie Rooster Cogburn in diesen Film eingeführt wird, welche Rolle das Genrewissen über den Western dabei spielt und was dies für die Figurenzeichnung bedeutet.

„Der klassische Westerner ist ein Mann ohne Frauen (Frauen kommt oft die Funktion der Domestizierung des Manns zu), er ist häufig einsam, ein Loner, er ist introvertiert und wortkarg, physisch höchst agil und gewandt, aber kaum reflektierend" (Kiefer, 2002, S. 666). Ein Paradebeispiel für den klassischen Westerner ist Alan Ladd als Shane in dem gleichnamigen Klassiker aus dem Jahr 1953 (*Shane*, USA, R: George Stevens). Der Film beginnt inmitten der Natur. Der *Establishing Shot* eröffnet von einer Anhöhe in den Bergen den Blick auf das weite, freie, noch unbestellte Land des Wilden Westens. Gezeigt wird nicht die wilde Natur, die es zu zähmen gilt, sondern die thoreausche Natur, deren Ursprünglichkeit und Originalität es zu schützen gilt und in der der Westerner zu Hause ist.

Abb. 4.22–4.24: Stills aus Eröffnungssequenz von *Shane*

Mit der Einblendung des Filmtitels kommt der Held über den linken Bildrand in die Szenerie geritten (Abb. 4.22). Gelassen, von pathetischer Streichermusik euphorisch begleitet, ist dieser Mann dabei, seinen Weg zu gehen. Daran lassen diese ersten Einstellungen nicht den geringsten Zweifel. Auch nicht, als er – verschwindend klein – quer durch die Prärie reitet (Abb. 4.23), und auch nicht, als er bei einer kleinen Farm mitten in diesem großen weiten Land Halt macht (Abb. 4.24).

Die Einführung des Protagonisten Shane spricht eine unmissverständliche Sprache: Ähnlich dem Heiland kommt der Westerner von oben herab zu den Siedlern. Jung, sauber, agil, ungebunden und ohne große Worte wird er für Sicherheit und Ordnung in der sozialen Gemeinschaft sorgen, in der für ihn selbst jedoch kein Platz ist.

Kehren wir zurück zu *True Grit*. Rooster hat seinen ersten Auftritt im wohl engsten Raum, um den der zivilisatorische Fortschritt den Wilden Westen bereichert hat. Dumpf und wenig verständlich hört man ihn aus dem Plumpsklo heraus maulen (Abb. 4.25). Zu sehen bekommt man ihn das erste Mal vor Gericht, wo er dem Strafverteidiger im Wortgefecht unterliegt, bevor Mattie ihn dann im Warenlager von Mr. Lee in Unterhose antrifft und ihm für die Tötung des Mörders ihres Vaters Geld anbietet (Abb. 4.26). Es braucht über dreißig Minuten, bevor man Rooster das erste Mal auf einem Pferd sieht, fast eine Stunde, bis er das erste Mal schießt und über eine Stunde und dreißig Minuten, bis er das erste Mal schießend galoppiert (Abb. 4.27).

Was er dafür allerdings fast permanent tut, ist trinken, rauchen und von sich selbst reden, wodurch die Darstellung des US-Marshalls starke Züge einer Parodie des typischen Westerners annimmt.

Abb. 4.25–4.27: Stills aus *True Grit*: Latrine (Abb. 4.25); Unterhose (Abb. 4.26); Roosters Ritt (Abb. 4.27)

Auch bei dieser zweiten Variante der Integration von Genrewissen in die Film- und Fernsehanalyse zeigt sich, wie zentral der dritte komparative Schritt für die Analyse des Materials ist (vgl. Kap. 5). Denn dass es sich bei Rooster um einen Sonderfall des Westerners handelt, wird nur durch den Vergleich mit dem typischen Westerner deutlich und nur durch diesen Vergleich wird Rooster als Figur interessant.[2] Diese zweite Variante spielt in den meisten Film- und Fernsehanalysen – je nach Forschungsinteresse – eine mehr oder minder stark ausgeprägte Rolle.

Ähnlich wie das Genre- und Gattungswissen sind auch außerfilmische Konnotationen stets am Aussagegehalt eines filmischen Produkts beteiligt. Diese bei der Film- und Fernsehanalyse zu berücksichtigen, kann Wichtiges zur Explikation des kommunikativen Angebots eines Produkts beitragen. Um diese Konnotationen geht es im Folgenden.

4.4 Außerfilmische Konnotation

Bei filmischen Produkten lassen sich drei Bedeutungsebenen unterscheiden: die der *Denotation*, der *innerfilmischen Konnotation* und der *außerfilmischen Konnotation* (vgl. Kap. 3.1). Während die Ebene der innerfilmischen Konnotation ausschließlich mittels des Einsatzes spezifisch filmischer Verfahren entsteht, handelt es sich bei der Ebene der außerfilmischen Konnotation um Bedeutungsdimensionen, die nicht

---

[2] Im speziellen Fall von *True Grit* (2011) bietet sich darüberhinaus noch ein Vergleich sowohl mit dem Vorläufer dieses Films (1969) als auch mit dessen Sequel aus dem Jahr 1975 (*Rooster Cogburn*, R: Stuart Miller) – beide mit John Wayne in der Hauptrolle – an. Schließlich erlaubt der Vergleich der drei Filme einen analytischen Blick auf den möglichen Wandel einer signifikanten Filmfigur im Laufe von über vierzig Jahren und in diesem Fall damit auch auf den Wandel des Western-Genres. Die Besetzung des Roosters mit Jeff Bridges in der Nachfolge von John Wayne gilt es dann in einem solchen Forschungskontext ebenfalls zu berücksichtigen und mit zu hinterfragen.

erst durch einen Film hergestellt werden. Außerfilmische Konnotationen existieren unabhängig von dem filmischen Produkt, in dem sie Verwendung finden. Hell erleuchtet ist beispielsweise die Rotunde des Kapitols im Rückfenster des Taxis von Jefferson Smith[3] und Clarissa Saunders zu sehen. Sie bildet den Fluchtpunkt dieser Einstellung in *Mr. Smith Goes to Washington* (USA 1939, R: Frank Capra). Mit dem Kapitol wird auch seine außerfilmische Konnotation Teil des Aussagegehalts des Filmbilds: ein Gebäude, das nicht nur die demokratischen Ideale der USA repräsentiert, sondern selbst Teil der politischen Geschichte dieses Landes ist. Gebaut unter der Schirmherrschaft von George Washington und Thomas Jefferson ist es von Beginn an der Ort, der die Verfassung der Vereinigten Staaten von Amerika bewahren soll. Seit seiner Fertigstellung kommen hier sowohl der Senat als auch das Repräsentantenhaus zusammen, um die USA demokratisch zu regieren. Fluchtpunkt dieser Einstellung ist damit nicht nur das Gebäude an sich, sondern auch der Sitz der US-amerikanischen Legislative und damit das Sinnbild der US-amerikanischen Idealvorstellung von Demokratie und politischer Kultur. Dass diese Idealvorstellung nichts mit dem zu tun hat, was Jeff im politischen Alltag Washingtons kennenlernen wird, weiß er zu diesem Zeitpunkt noch nicht.

Was in dieser Einstellung das Kapitol ist, kann in anderen Filmen oder Fernsehsendungen der Einsatz von Musik, das vorgefahrene Auto oder auch die Wahl eines bestimmten Schauspielers sein. Alles dies sind verschiedene Möglichkeiten, wie außerfilmisch existierende Bedeutungen in das filmische Produkt Einzug halten können. Filmische Produkte bedienen sich stets „Symbolen, Metaphern und Exempla (aus der Kulturgeschichte, aus allgemeinem Weltwissen, aus intertextuellen Reihen etc.) [...], die zunächst außerhalb des Films ihren Ort haben" (Wulff, 2011, S. 227). Auf diese Weise tragen auch die außerfilmischen Konnotationen einen oft nicht unwesentlichen Teil zum Gesamtgehalt eines filmischen Produkts bei, weshalb sie in der Film- und Fernsehanalyse berücksichtigt werden müssen.

---

[3] Allein der Name ‚Jefferson Smith' führt schon zwei außerfilmische Konnotationen zusammen, die die urdemokratische Haltung des Films auf den Punkt bringen: (1.) ‚Jefferson' war der federführende Verfasser der amerikanischen Unabhängigkeitserklärung und dritte Präsident der USA und (2.) ‚Smith' ist der durchschnittlichste Nachname in den USA. In jedem, so der Tenor dieser Namensgebung, steckt ein Präsident.

Außerfilmische Konnotationen sind in Bezug auf das jeweilige Produkt präexistent. Sie können aus sozialen, kulturellen und politischen Kontexten stammen.
Außerfilmische Konnotationen können auf unterschiedliche Art und Weise in filmische Produkte Einzug erhalten, z. B. durch den Einsatz von Musik, Personen, Kunst, Literatur, Denkmälern, Orten und Räumen, Fotografien, Alltagsgegenständen etc.
Dabei gilt es zu beachten: Verwenden filmische Produkte außerfilmische Bedeutungsdimensionen, kopieren sie diese nicht einfach, sondern adaptieren sie auf ihre Weise und stellen sie in einen neuen Bedeutungszusammenhang. Ihre ursprüngliche Bedeutung können – und sollen – die jeweiligen Objekte dabei jedoch nicht von sich abschütteln.

Wir möchten anhand von drei unterschiedlichen Beispielen auf die Bandbreite der Verwendung von außerfilmischen Konnotationen aufmerksam machen:

Beispiel 1: Außerfilmische Konnotation durch den Einsatz von Musik
Unser erstes Beispiel ist die Geschichte der jungen Marjane, die der Schwarz-Weiße Zeichentrickfilm *Persépolis* (F 2007, R: Marjane Satrapi und Vincent Paronnaud) erzählt. Marjane wächst in gutbürgerlichen Verhältnissen in den 1970er-Jahren in Teheran auf. Sie erlebt sowohl die Endphase der Regierung des Schahs Mohammad Reza Pahlavi als auch die Ausrufung der Islamischen Republik. Der Film erzählt davon, wie Marjane versucht, sich ihre eigene Identität aufzubauen, und zwar zwischen medial vermittelter Popkultur, Traditionsbewusstsein, einer starken Familienidentität, politischer Verantwortung und dem Kopftuch. Die massiven politischen Einschnitte sowie zwischenmenschliche Schicksalsschläge erschüttern Marjanes Biografie immer wieder aufs Neue. Sie droht schließlich an den Herausforderungen des Alltags zu scheitern und verfällt in eine tiefe Depression, die sie wochenlang ans Bett fesselt. Bei ihrem Ausbruch aus dem vernebelten Bewusstseinszustand der Krankheit erhält die Protagonistin Unterstützung von einem prominenten Song: *Eye of the Tiger* (von *Survivor*), dem Titelsong aus *Rocky III* (USA 1982, R: Sylvester Stallone). Die Zitation der weltbekannten fiktiven Boxlegende in *Persépolis* ist keine schlichte Hommage an Hollywood, sie ist die Indienstnahme einer populären Rolle, die bereits mit dem ersten Ton des Songs im kollektiven Gedächtnis des Publikums abgerufen wird. Der Soundtrack des Rocky Balboa, eines US-amerikanischen Underdogs mit Migrationshintergrund, der sich in sechs Filmen immer wieder auf das Neue, auch unter widrigsten Umständen, das Happy End erkämpft, wird zum Soundtrack der iranischen Einzelkämpferin in Teheran. Im Takt der Musik boxt sich Marjane zurück in ihr Leben (Abb. 4.28).

Abb. 4.28–4.30: Stills aus *Persépolis* (Abb. 4.28); *Wag the Dog* (Abb. 4.29); *Circus HalliGalli* (Abb. 4.30)

Beispiel 2: Außerfilmische Konnotation durch den Einsatz von Fotografien

Unser zweites Beispiel stammt aus der Politsatire *Wag the Dog* (USA 1997, R: Barry Levinson). Ausgerechnet zwei Wochen vor der Wahl wird der US-amerikanische Präsident dabei ertappt, wie er eine Minderjährige, zudem noch im Weißen Haus, sexuell belästigt. Für Aufregung in seinem Wahlkampfteam sorgt nun allerdings nicht so sehr die Tatsache der Belästigung an sich, sondern vielmehr das Timing: So eine Story, zwei Wochen vor der Wahl, würde das sichere Aus für den Präsidenten bedeuten. An dieser Stelle nimmt die Filmhandlung ihren Ausgang und mit ihr tritt Conrad ‚Conny' Brean, der Spindoktor des Präsidenten, auf den Plan – der Mann, der die Suppe nicht etwa auslöffeln, sondern aus der Welt schaffen muss. Conny weiß genau: Einen höheren Nachrichtenwert als präsidiale Sexualhandlungen hat nur ein Krieg. Weil ein echter Krieg aber gerade nicht geführt wird bzw. das Anzetteln eines solchen zu kostspielig wäre, entscheidet sich Conny kurzerhand, einen Krieg zu erfinden und diesen mithilfe der Medien als tatsächlich zu verkaufen. Damit sein Krieg – von Journalisten und Bürgern – aber auch geglaubt wird, braucht er einen professionellen Berater. Hier kommt nun der Hollywoodproduzent Stanley Motss ins Spiel.

In der Szene, in welcher sich die beiden Akteure aus Hollywood und Washington zum ersten Mal begegnen und der Spindoktor versucht, den Filmproduzenten Motss für seine Sache zu gewinnen, wird drei Mal auf Schwarz-Weiß-Fotografien umgeschnitten. Und zwar immer exakt zu dem Zeitpunkt, an dem der Spindoktor das Foto selbst anspricht, wird es uns gezeigt. Conny: „Naked girl covered in Napalm. V for Victory. Five Marines raising the flag, Mt. Suribachi. You remember the picture 50 years from now. You'll have forgotten the war. [...] War is show business. That's why we're here" (00:15:23–00:15:47). Die gezeigten Bilder sind populäre Dokumente weit über die Grenzen der USA hinaus. Sie zeigen historische Ereignisse, die durch ihre Wirkungsgeschichte selbst zu historischen Dokumenten geworden sind. Wir sehen das Foto der neunjährigen Phan Thị Kim Phúc (Fotograf Nick Út, Abb. 4.29). Gezeigt wird auch die Fotografie *Raising the Flag on Iwo Jima* des Kriegsfotografen Joe Rosenthal und eine Fotografie von Sir Winston Churchill, auf der er mit dem für ihn typischen Victoryzeichen abgebildet ist. Auf diese Weise stützt sich die Argumentation des fiktiven Spindoktors auf außerfilmische Bilder, die sich jeweils durch einen überaus prominenten Platz im kollektiven Gedächtnis westlicher Gesellschaften auszeichnen. Durch diese Zusammenführung von innerfilmischer und außerfilmischer Wirklichkeit wirft die Szene unter anderem die Frage auf, ob Connys Behauptung, Krieg sei Showbusiness, nicht vielleicht doch auch auf unsere politische Kultur zutrifft.

Beispiel 3: Außerfilmische Konnotation durch den Einsatz sozialer Medien
Unser drittes Beispiel stammt aus der Unterhaltungsshow *Circus HalliGalli* (D seit 2013, ProSieben). Seit der dritten Staffel gehört die Rubrik *Leserkommentare* zu den unregelmäßig wiederkehrenden Elementen der Show. Musiker, die in der Sendung zu Gast sind, tragen Kommentare über die beiden Moderatoren Joko und Klaas aus den sozialen Netzwerken vor. Bei diesen Kommentaren handelt es sich ausschließlich um ziemlich grobe Beschimpfungen der beiden. Die Kommentare werden in keiner Weise beschönigt, weder inhaltlich noch grammatikalisch. Die einzelnen Ausgaben der Rubrik unterscheiden sich zwar in ihrem Setting, Thema und dem Einbezug sozialer Medien (einmal ist es Facebook, einmal ist es ein Forum auf Bild.de etc.), nicht jedoch im lästerlichen Charakter der Kommentare. In der Sendung vom 24.03.2014 ist es beispielsweise die Sängerin Judith Holofernes, die die schönsten Facebook-Kommentare über Joko und Klaas vertonen darf (*Circus HalliGalli*, Staffel 03/Episode 05). Während die Sängerin auf einem Barhocker in gedimmtem Licht und nur in Begleitung einer Akustikgitarre voller Leidenschaft von „so einem Rotz" (00:45:30) und dem „langen Lauch mit der Brille" (00:45:58) singt (Abb. 4.30), werden gleichzeitig die entsprechenden Facebook-Einträge am unteren Bildrand eingeblendet. Die beiden Moderatoren nehmen während der Gesangseinlage an der Bar im Hintergrund der Studiobühne Platz und amüsieren sich. Die außerfilmische Konnotation, die hier zugleich aufgerufen und ironisch gebrochen wird, ist die der sozialen Medien als konstruktivem Begleitmedium des Fernsehens, in welchem sich Produzenten und Rezipienten auf Augenhöhe begegnen können.

Welchen Stellenwert außerfilmische Konnotationen, die Figuren, die Erzählsituation oder auch das Genre in einer soziologischen Film- und Fernsehanalyse letztlich einnehmen, kann nicht generell festgelegt werden. Es hängt zum einen mit dem gewählten Forschungsfokus des Projekts zusammen und zum anderen mit dem Gang der Analyse selbst. Denn häufig geben sich die filmischen Verfahrensweisen ja erst durch die Analyse als relevant für die das Projekt antreibende Forschungsfrage zu erkennen. Darum ist es eine wichtige Voraussetzung für jede soziologische Film- und Fernsehanalyse, dass man (1.) um das Formenspektrum filmischer Verfahren weiß, (2.) offen an das filmische Material herantritt, sodass man schließlich auch (3.) alle für den jeweiligen Forschungsfokus relevanten filmischen Aspekte aufgreifen und im weiteren Gang der Analyse berücksichtigen kann. Es geht also nicht darum, alle filmischen Verfahrensweisen eines Produkts an sich zu erfassen, sondern es geht stets darum, die für die Forschungsfrage relevanten Aspekte in ihrer je spezifischen Gestaltetheit zu erkennen, zu verstehen und in der eigenen Argumentation zu verorten. Wie ein solcher Gang der Analyse ablaufen kann, legen wir in dem nun folgenden Kapitel anhand verschiedener Beispiele ausführlich dar.

4.5 Literatur

Bordwell, David, Staiger, Janet und Thompson, Kristin (1985). The Classical Hollywood Cinema. Film Style and Mode of Production to 1960. New York, NY: Columbia University Press.

Borstnar, Nils, Pabst, Eckhard und Wulff, Hans J. (2002). Einführung in die Film- und Fernsehwissenschaft. Stuttgart: UTB/UVK.

Branigan, Edward (1985). Point of View in the Cinema. A Theory of Narration and Subjectivity in Classical Film. Den Haag/Paris: Mouton.

Keppler, Angela (2015a). Das Gesagte und das Nichtgesagte. Was die Dramaturgie politischer Talkshows zeigt. In Heiko Girnth und Sascha Michel (Hg.), Polit-Talkshow: Interdisziplinäre Perspektiven auf ein multimodales Format (S. 169–188). Stuttgart: ibidem.

Keppler, Angela (2015b). Das Fernsehen als Sinnproduzent. Soziologische Fallstudien (Kap. 4, Vom Unterhaltungswert der Werte. Über die Konjunktur der Tugendethik im Fernsehen, S. 65–80). München: De Gruyter Oldenbourg.

Keppler, Angela (2015c). Das Fernsehen als Sinnproduzent. Soziologische Fallstudien (Kap. 10, Person und Figur. Dissonante Identifikationsangebote in Fernsehserien, S. 161–176). München: De Gruyter Oldenbourg.

Keppler, Angela (2011). Konversations- und Gattungsanalyse. In Ayaß, Ruth und Bergmann, Jörg (Hg.), Qualitative Methoden der Medienforschung (S. 293–323). Mannheim: Verlag für Gesprächsforschung.

Keppler, Angela (2006). Mediale Gegenwart: Eine Theorie des Fernsehens am Beispiel der Darstellung von Gewalt. Frankfurt a. M.: Suhrkamp.

Kiefer, Bernd (2002). Western. In Thomas Koebner (Hg.), Reclams Sachlexikon des Films (S. 664–668). Stuttgart: Reclam.

Krützen, Michaela (2006). Dramaturgie des Films. Wie Hollywood erzählt. Frankfurt a. M.: S. Fischer.

Kuchenbuch, Thomas (2005). Filmanalyse. Theorien. Modelle. Kritik. Wien et al.: UTB.

Oomen, Ursula (1985). Bildfunktionen und Kommunikationsstrategien in Fernsehnachrichten. In Günter Bentele und Ernest W. B. Hess-Lüttich (Hg.), Zeichengebrauch in den Massenmedien. Zum Verhältnis von sprachlicher und nichtsprachlicher Information in Hörfunk, Film und Fernsehen (S. 155–166). Tübingen: Niemeyer.

Seel, Martin (2009). Ethan Edwards und einige seiner Verwandten. In Merkur, Jg. 63/2009, H. 9/10, S. 954–964.

Seel, Martin (2013). Die Künste des Kinos (Kap. 5, Film als Erzählung). Frankfurt a. M.: S. Fischer.

Wittgenstein, Ludwig ([1953] 2003). Philosophische Untersuchungen. Frankfurt a. M.: Suhrkamp.

Wulff, Hans J. (2002). Held und Antiheld, Prot- und Antagonist: Zur Kommunikations- und Texttheorie eines komplizierten Begriffsfeldes. Ein enzyklopädischer Aufriß. In Hans Krah und Klaus-Michael Ort (Hg.), Weltentwürfe in Literatur und Medien. Phantastische Wirklichkeiten – realistische Imaginationen. Festschrift für Marianne Wünsch (S. 431–448). Kiel: Ludwig. Abgerufen von http://www.derwulff.de/files/2-107.pdf (zuletzt am 01.06.2015).

Wulff, Hans J. (2011). Filmanalyse. In Ruth Ayaß und Jörg Bergmann (Hg.), Qualitative Methoden der Medienforschung (S. 220–244). Mannheim: Verlag für Gesprächsforschung.

4.6 Film- und Fernsehsendungen

2001: A Space Odyssey (UK/USA 1968, R: Stanley Kubrick)
24 (USA 2001–2010, Fox)
3 nach 9 (D seit 1974, Radio Bremen TV u. a., Moderation: Giovanni di Lorenzo u. a.)
About:Kate (D 2013, arte)
Alles Nichts Oder?! (D 1988–1992, RTL, Moderation: Hella von Sinnen und Hugo Egon Balder)
andersARTig (D seit 2014, Tele 5)
Anne Will (D seit 2007, Das Erste, Moderation: Anne Will)
Aspekte (D seit 1965, ZDF, Moderation: Tobias Schlegl u. a.)
Babel (USA/MX/F 2006, R: Alejandro González Iñárritu)
Big Brother (D 2000–2011/seit 2015, RTL II, Moderation: Aleksandra Bechtel u. a.)
Bloodline (USA seit 2015, Netflix, Staffel 01/Episode 02, 20.03.2015)
Breaking Bad (USA 2008–2013, AMC)
Circus HalliGalli (D seit 2013, ProSieben, Staffel 03/Episode 05, 24.03.2014, Moderation: Joko Winterscheidt und Klaas Heufer-Umlauf)
Crash (USA/D 2004, R: Paul Haggis)
Dallas (USA 1978–1991, CBS)
das aktuelle sportstudio (D seit 1963, ZDF, Moderation: Katrin Müller-Hohenstein u. a.)
Deutschland. Ein Sommermärchen (D 2006, R: Sönke Wortmann)
Die Harald Schmidt Show (D 1995–2003/2011–2014, SAT.1, Moderation: Harald Schmidt)
Dirty Harry (USA 1971, R: Don Siegel)
Drive (USA 2011, R: Nicolas Winding Refn)
Germany's Next Topmodel (D seit 2006, ProSieben, Moderation: Heidi Klum)
Girls (USA seit 2012, HBO)
Günther Jauch (D seit 2011, Das Erste, Moderation: Günther Jauch)
heute-journal (D seit 1978, ZDF, Moderation: Marietta Slomka u. a.)
heute-show (D seit 2009, ZDF, Moderation: Oliver Welke)
High Noon (USA 1952, R: Fred Zinnemann)
House of Cards (USA seit 2013, Netflix, Staffel 01/Episode 01, 01.02.2013)
How I Met Your Mother (USA 2005–2014, CBS)
Ich bin ein Star – Holt mich hier raus! (AUS/D seit 2004, RTL, Moderation: Sonja Zietlow u. a.)
In Treatment (USA 2008–2010, HBO)
Jimmy Kimmel Live! (USA seit 2003, ABC, Moderation: Jimmy Kimmel)
Kulturzeit (D seit 1995, 3sat, Moderation: Tina Mendelsohn u. a.)
Léon (F 1994, R: Luc Besson)
Lotto am Samstag (D seit 2013, Das Erste, Moderation: Franziska Reichenbacher)
Love Actually (USA/UK 2003, R: Richard Curtis)
Löwenzahn (D seit 1981, ZDF, Moderation: Guido Hammersfahr u. a.)
Mad Men (USA 2007–2015, AMC, Staffel 01/Episode 13, 18.10.2007)
Maybrit Illner (D seit 1999, ZDF, Moderation: Maybrit Illner)
Mean Streets (USA 1973, R: Martin Scorsese)
Morning Glory (USA 2010, R: Roger Michell)
Mr. Smith Goes to Washington (USA 1939, R: Frank Capra)
Mulholland Drive (USA/F 2001, R: David Lynch)
Neo Magazin Royale (D seit 2013, ZDF/ZDFneo, Moderation: Jan Böhmermann)
Night on Earth (USA 1991, R: Jim Jarmusch)
Orlando (UK u. a. 1992, R: Sally Potter)
Persépolis (F 2007, R: Marjane Satrapi und Vincent Paronnaud)

Pirates of the Caribbean: At World's End (USA 2007, R: Gore Verbinski)
Pulp Fiction (USA 1994, R: Quentin Tarantino)
Roche & Böhmermann (D 2012, ZDFkultur, Staffel 01/Episode 01, 04.03.2012, Moderation: Charlotte Roche und Jan Böhmermann)
Rocky III (USA 1982, R: Sylvester Stallone)
Rooster Cogburn (USA 1975, R: Stuart Millar)
RTL Samstag Nacht (D 1993–1998, RTL)
Scary-Movie I-II (USA 2000 und 2001, R: Keenen Ivory Wayans)
Scary-Movie III-IV (USA 2003 und 2006, R: David Zucker)
Scary-Movie V (USA 2013, R: Malcolm D. Lee)
Shane (USA 1953, R: George Stevens)
Silver Linings Playbook (USA 2012, R: David O. Russell)
Singin' In The Rain (USA 1952, R: Gene Kelly und Stanley Donen)
Tagesschau (D seit 1952, Das Erste, 02.03.2015, 20.00 Uhr, Moderation: Judith Rakers)
tagesthemen (D seit 1978, ARD-aktuell, Moderation: Thomas Roth u. a.)
The Big Lebowski (USA 1998, R: Joel Cohen)
The Hunger Games: Mockingjay – Part 1 (USA 2014, R: Francis Lawrence)
The Hurt Locker (USA 2008, R: Kathryn Bigelow)
The Searchers (USA 1956, R: John Ford)
The Voice of Germany (D seit 2011, ProSieben/SAT1, Moderation: Thore Schölermann)
True Grit (USA 1969, R: Henry Hathaway)
True Grit (USA 2010, R: Joel Coen und Ethan Coen)
ttt – titel, thesen, temperamente (D seit 1967, Das Erste u. a., Moderation: Max Moor)
TV Total (D 1999–2015, ProSieben, Moderation: Stefan Raab)
Verstehen Sie Spaß? (D seit 1980, Das Erste, Moderation: Guido Cantz u. a.)
Wag the Dog (USA 1997, R: Barry Levinson)
Wer wird Millionär? (D seit 1999, RTL, Moderation: Günther Jauch)
Wetten, dass..? (D/AT/CH 1981–2014, ZDF u. a., Moderation: Thomas Gottschalk u. a.)

5 Analyseverfahren III: Interpretation

Im vorliegenden Kapitel geht es um das Zusammenspiel von Detailanalyse und Interpretation. Die einzelnen Schritte zur Interpretation werden dargelegt und an einem Fallbeispiel (The Ides of March, USA 2011, R: George Clooney) durchgespielt (Kap. 5.1). Anschließend erklären wir die Vorgehensweise bei der komparativen Analyse (Kap. 5.2). Sie dient dazu, das Sample zu komplettieren und die Ergebnisse zu sättigen. Sie schließt nicht nur an jede Detailanalyse an, sondern schließt diese auch erst ab. Die komparative Analyse kann sowohl innerfilmisch (Fallbeispiel The Ides of March) als auch interfilmisch (Fallbeispiel Neo Magazin Royale, D seit 2013, ZDF/ZDFneo) verlaufen. Das Kapitel endet mit Aussagen zur Gültigkeit und Aussagekraft von qualitativen Interpretationen innerhalb einer soziologischen Film- und Fernsehanalyse.

Die detaillierte Interpretation ausgewählter Passagen steht im Mittelpunkt der zweiten Phase des Forschungsprozesses einer soziologischen Film- und Fernsehanalyse (vgl. Kap. 1.3, Abb. 1.4). Zu diesem Zeitpunkt der Analyse ist das Forschungsdesign bereits angelegt und auch die ersten Schlüsselszenen sind bestimmt (vgl. Kap. 2.2). Ziel der Interpretation ist die unverkürzte Analyse des kommunikativen Gehalts filmischer Produkte, d. h., die gesamte audiovisuelle Verfassung filmischer Produkte wird zum Gegenstand der Deutung erhoben. Es gilt, die je spezifische Szene oder Sequenz in ihrer Besonderheit detailliert zu erfassen, die Konstitutionsregeln ihrer Präsentationsform aufzudecken und die damit verbundenen Bedeutungsangebote zu verstehen. ‚Die unverkürzte Analyse des kommunikativen Gehalts filmischer Produkte' beruht in dieser Phase der Film- und Fernsehanalyse in erster Linie auf einem kontrollierten und intersubjektiv nachvollziehbaren Zusammenspiel aus der *Beschreibung* und *Interpretation* filmischer Präsentationsformen, die das Verstehen der im Produkt angelegten *Möglichkeiten des Verstehens* zum Ziel hat (vgl. zum ‚Verstehen des Verstehens' Kap. 1.2). Aufgabe der Beschreibung ist die exakte und explizite Erfassung des filmischen Untersuchungsgegenstands. Aufgabe der Interpretation ist, das Gezeigte in seiner Verfassung zu erklären und in einen sinnhaften Zusammenhang zu stellen. Diese beiden Arbeitsschritte – Beschreiben und Interpretieren – sind unweigerlich miteinander verbunden.

Ziel der **Interpretation** ist es, das kommunikative Potenzial von filmischen Produkten erkennbar zu machen. Der Gang der Deskription und der Gang der Interpretation sind dabei eng miteinander verwoben. Ohne einen genauen Blick auf das filmische Detail ist keine Interpretation, die das Gezeigte in einen sinnhaften Zusammenhang stellt, möglich. Dieses Aufzeigen und Verstehen der in den filmischen Produkten angelegten Möglichkeiten des Verstehens ist die Kernaufgabe der Interpretation.

Die enge Verknüpfung von Beschreibung und Interpretation in der Film- und Fernsehanalyse ist der Tatsache geschuldet, dass der kommunikative *Gehalt* filmischer Produkte immer das Resultat dessen ist, *was* dargeboten wird *und wie* es dargeboten wird. Zwar lassen sich Elemente des Dargestellten (*was* dargestellt wird) und der Darstellung (*wie* es dargestellt wird) in ihrem Verlauf immer wieder unterscheiden. So lassen sich zum einen die Elemente des Dargestellten (Objekte, die sichtbar, Handlungen, die ausgeführt, Worte, die ausgesprochen werden etc.) auflisten und zum anderen lässt sich die Art und Weise, wie sie jeweils zur Darbietung kommen, festhalten. Diese Unterscheidung – wie sie auch bereits in der Praxis des Transkribierens verankert ist – stellt eine wichtige *Basis* für die Interpretation eines filmischen Geschehens bereit. Aber die Interpretation selbst muss diese Unterscheidung hinter sich lassen. Denn im Unterschied dazu, was ein Untersuchungsgegenstand inhaltlich – auf der visuellen wie auf der akustischen Ebene – alles enthält und was in diesem Sinn sein ‚Inhalt' ist oder ‚in ihm vorkommt', ist das finale Bedeutungsangebot des filmischen Produkts immer das Ergebnis aus der Einheit dessen, *was* und *wie* es dargeboten wird. Das *Wie* des Zeigens und der Darbietung insgesamt verleiht dem Gezeigten und Gesagten eine Bedeutsamkeit, die im Prozess der Interpretation offen gelegt und in ihrer Konstitution verstanden werden soll.

! Die Erläuterung der den filmischen Produkten innewohnenden Bedeutsamkeit – und damit die Erläuterung des Zusammenspiels von Darbietung und Dargebotenem – ist das primäre Ziel einer qualitativen **Interpretation** der soziologischen Film- und Fernsehanalyse. Die **ästhetischen Qualitäten der Kinofilme und der Sendungen des Fernsehens** sind nichts, was man *auch noch* beachten kann, sondern das, was *vor allem* beachtet werden muss, wenn es um die Untersuchung ihrer Kommunikationsform geht.

Die Interpretation muss also bei der Betrachtung der elementaren Operationen der sichtbaren und hörbaren Prozesse des filmischen Verlaufs ansetzen: Lichtregie, Montage, Kameraführung, Ton, Personenführung etc. Einige dieser Grundoperationen haben wir in Kapitel 3 *Analyseverfahren I: Mikroebene* und in Kapitel 4 *Analyseverfahren II: Makroebene* bereits vorgestellt. Während wir in diesen beiden Kapiteln primär erläutert haben, wie man die basalen Strukturen filmischer Produkte adäquat *beschreiben* kann, geht es uns nun darum, zu erläutern, wie eine kontrollierte und dem Material angemessene *Interpretation (Analyseverfahren III)* vonstattengehen kann. Alle in diesem Kapitel unterschiedenen Schritte der Interpretation sind auf eine intersubjektiv nachvollziehbare Auslegung der audiovisuellen Einheit medialer Produkte gerichtet. Für die Deutung solcher Einheiten kann es keine übergreifende Regel geben, kein Manual, das nur noch angewendet werden müsste. Denn es kommt darauf an, die individuelle Gestaltung und den spezifischen Gehalt der jeweiligen Produkte zu erfassen. „Dabei sollen", so der Soziologie Hans-Georg Soeffner, „einerseits der Fall in seiner Besonderheit und die Bedingungen seiner Individuierung sichtbar werden. Andererseits sollen diese Typik und Vergleichbarkeit aus der Analyse der Formen und Strukturen der Typenbildung und -veränderung entwickelt und ‚erklärt' werden" (1989, S. 61). Wenn die in diesem Kapitel zusammengestellten *Schritte der Analyse* des kommunikativen Potenzials von Produkten aus Film und Fernsehen tatsächlich beachtet werden, führt dies zu einem kontrollierbaren Verständnis der Sichtweisen, die durch die Machart der betreffenden Produkte angeboten werden. Das heißt natürlich nicht, dass bei einer Interpretation alle filmischen Verfahren, die wir in Kapitel 3 und 4 angesprochen haben, erwähnt und eigens behandelt werden müssen. Es genügt, wenn die Interpretation diese Aspekte insoweit berücksichtigt, als sie in den betreffenden Sendungen oder Filmen signifikant auftreten und sich folglich bei der Deutung des kommunikativen Angebots der Produkte als relevant erweisen.

Schritte der Detailanalyse:
(1.) Herstellung des Filmtranskripts
(2.) Analyse der visuellen Dimensionen
(3.) Analyse der auditiven Dimensionen
(4.) Zusammenführen der Dimensionen und Interpretation
(5.) Komparative Analysen mit weiteren Schlüsselszenen (inner- und/oder interfilmisch)
(6.) Zusammenführung der einzelnen Interpretationen und Abstraktion

Wie sich die einzelnen Schritte konkret darstellen, darum geht es uns im Folgenden.

5.1 Detailanalyse: Deskription und Interpretation

Die Erfassung der verwendeten filmischen Verfahren ist der erste Schritt zur Rekonstruktion des kommunikativen Potenzials eines Produkts. Eine wichtige Basis für die Detailanalyse stellt darum die Herstellung von Filmtranskripten dar (vgl. Kap. 3.5). Ein Filmtranskript trägt maßgeblich zur differenzierten Explikation des Gehalts filmischer Bilder bei, setzt es doch voraus, dass man sich dem Untersuchungsgegenstand, zumindest in seinen Schlüsselszenen, Einstellung für Einstellung nähert. Auf diese Weise gewährt die Transkription grundlegende Einsichten in Strukturen, Eigengesetzlichkeiten und weitere signifikante Elemente des filmischen Materials. Dennoch bereiten Filmtranskripte nur die eigentliche Interpretation von filmischen Produkten vor. Denn während der erste Schritt der Detailanalyse deskriptiv ausgerichtet ist – hier wird genau erfasst und beschrieben, was zu sehen und zu hören ist –, ist es Aufgabe der Interpretation, die Zusammenhänge zwischen den einzelnen Elementen des filmischen Materials herzustellen, zu erklären und zu verstehen. Der Weg der Interpretation verläuft stets unmittelbar am filmischen Material, verlässt jedoch dann das Terrain des Deskriptiven, um das kommunikative Potenzial der filmischen Produkte zu rekonstruieren. Die Rekonstruktion muss über die Deskription des Untersuchungsgegenstands hinausgehen, zielt sie doch darauf ab, die Strukturen und Zusammenhänge, die sich durch die Art und Weise des Gezeigten herstellen, aufzuzeigen und in ihrer je spezifischen Bedeutsamkeit auszulegen.

Wie sich diese einzelnen Arbeitsschritte von der Deskription zur Interpretation im konkreten Verlauf einer Film- und Fernsehanalyse gestalten, möchten wir Ihnen an einem Beispiel zeigen. Die nun folgenden Ausführungen stellen jedoch nicht die Ergebnisse einer Analyse dar, sondern dokumentieren den Gang der Analyse am Material selbst. Die Darstellung der Ergebnisse weicht vom Ablauf der Analyse ab, wie wir in Kapitel 6 näher erläutern werden.

Für die Darstellung einer Detailanalyse greifen wir noch einmal das Filmbeispiel *The Ides of March* auf (vgl. Kap. 2.2), ein Politdrama rund um Machtkämpfe jeglicher Couleur im politischen Milieu der USA. Wir hatten vorgeschlagen, sich dem Film unter der Forschungsfrage nach der Darstellung der politischen Kommunikation zu nähern. Die Handlung setzt während der sogenannten Primaries ein, den parteiinternen Vorwahlen zur Bestimmung des jeweiligen Präsidentschaftskandidaten. Die eigentlichen Hauptakteure des Films sind jedoch nicht die Kandidaten, sondern ihre Spindoktoren, die auf den ‚Hinterbühnen' des politischen Geschehens den Wahlkampf managen. So ist *The Ides of March* ein Film, der seine Handlung in den eher unsichtbaren Räumen des politischen Betriebs entspinnt: hinter den Bühnen, zwischen Kabeln und verwendungsfreien Requisiten, in bereits geschlossenen Bars, auf dem Weg zum Auto, in Hotelzimmern oder auf Parkbänken. An diesen Orten gehen Paul Zara (Philip Seymour Hoffman), der Wahlkampfleiter des Kandidaten Mike Morris (George Clooney), und Stephen Meyers (Ryan Gosling), Pauls rechte Hand, ihrer Arbeit nach. Stephen ist der Shootingstar der Politszene; Jung, voller Ideale und unglaublich erfolgreich ist er auf dem besten Weg, den nächsten Präsidenten der USA zu beraten. Er scheint alles im Griff zu haben, den Job, die Journalisten und seine Affäre mit der Praktikantin Molly Stearns. Doch dann tappt Stephen in eine Falle des gegnerischen Wahlkampfleiters und verliert seinen Job. Aber Stephen weiß, wie er sich zurück ins Spiel bringen kann, denn Morris hat einen Fehler begangen: Auch er hatte eine Affäre mit besagter Praktikantin Molly Stearns, woraufhin diese schwanger wurde und Stephen ihr half, die Abtreibung zu finanzieren. Aus Angst, Stephen könne, nachdem er entlassen wurde, mit ihrer Geschichte an die Öffentlichkeit gehen, nimmt Molly sich das Leben.

Gegenstand der nun folgenden Detailanalyse ist eine Schlüsselszene gegen Ende des Films, in der sich Stephen und der Kandidat Morris bei einem geheimen Treffen in der Küche eines geschlossenen Restaurants gegenübertreten, um Tacheles zu reden. Zu diesem Zeitpunkt ist Stephen bereits gefeuert, die Praktikantin tot und auch Kandidat Morris konnte die Vorwahlen noch nicht für sich entscheiden. Stephen nutzt nun sein Wissen um die Affäre des Kandidaten mit der Praktikantin als Druckmittel, um sich zurück in Lohn und Brot zu bringen. Die Küchenszene setzt auf nächtlicher Straße ein und zeigt Stephen, wie er zu Fuß am vereinbarten Treffpunkt ankommt. Stephens Weg führt von der Straße, durch besagtes geschlossenes Restaurant, vorbei an Morris' Bodyguard, vorbei an vollen Vorratsregalen, bis in die hinterste Ecke der Küche des Restaurants. Das Gespräch, das dort zwischen Morris und Stephen stattfindet, gliedert sich in vier Abschnitte: (1.) Morris schlägt Stephen vor, darüber zu reden, was ihm auf der Seele liegt; (2.) Stephen stellt seine Forderungen, informiert Morris sowohl über die Schwangerschaft als auch die Abtreibung, Morris will das Gespräch mangels Beweisen beenden; (3.) Stephen bringt einen Abschiedsbrief Mollys, der Morris belastet, ins Spiel und stellt erneut seine Forderungen; (4.) Morris erkennt, dass Stephen selbst eine Affäre mit Molly gehabt haben muss und kommt zu dem Schluss, dass es keinen belastenden Abschiedsbrief gibt (dennoch wird Morris auf Stephens Forderungen eingehen, wie der weitere Fortgang des Films zeigen wird).

Die Detailanalyse beginnt mit der Herstellung eines *Filmtranskripts* der ausgewählten Szene (1. Schritt). Erste Beobachtungen zur Gestaltung des filmischen Materials, die Sie bereits während des Transkribierens machen, halten Sie in Form von Memos fest (vgl. Kap. 3.5 und 3.6). Nach der Fertigstellung des Filmtranskripts empfiehlt es sich, im Abgleich mit der filmischen Vorlage, die visuelle Ebene und anschließend auch die auditive Ebene erneut durchzugehen und Auffälligkeiten zur filmischen Präsentationsform im Transkript zu markieren oder in Form von weiteren Memos zu ergänzen. Für die *visuellen Dimensionen* (2. Schritt) wären das beispielsweise Anmerkungen zu den Kameraoperationen (Wie wird mit den Einstellungsgrößen verfahren? Wie gestalten sich die Kamerabewegungen und Kameraperspektiven?), zur Lichtführung sowie zur Personenführung. Auch Anmerkungen zu den Einstellungsverbindungen können hier bereits festgehalten werden (beispielsweise: Continuity Cutting? Jump Cuts? Spezielle Montageformen? Soundbridges?).

Checkliste visuelle Dimensionen:
- Kameraoperationen (Einstellung, Perspektive, Bewegung)
- Lichtführung
- Farbgestaltung
- Figuren- oder Personenführung
- Mise en Scéne
- *Einstellungsverbindungen/Montage*

Das gleiche Vorgehen gilt für die *auditiven Dimensionen* (3. Schritt). Auch hier notieren Sie sich Anmerkungen dazu, welche stimmlichen und sprachlichen Elemente die Szene bestimmen. Gibt es Musik, andere Geräusche? Wenn ja, wo ist die Tonquelle verortet? Aber auch Anmerkungen zu den außerfilmischen Konnotationen sollten Sie hier bereits notieren.

> **Checkliste auditive Dimensionen:**
> – Geräusche
> – Stimmen/Sprache
> – Musik
> – *On-/off-screen*
> – *Synchron/asynchron*
> – *Kommentierend, kontrastierend*

Für das konkrete Vorgehen hat es sich in der empirischen Praxis als hilfreich erwiesen, die visuelle und auditive Ebene zunächst getrennt voneinander zu betrachten und sie erst anschließend einer synthetisierenden Betrachtung zuzuführen, die ihren Blick vor allem auf die je besonderen Verknüpfungen von Bild und Ton lenkt. Dieses artifizielle Verfahren schafft die Basis dafür, das tatsächliche Zusammenspiel von Bild und Ton in einzelnen filmischen Produkten möglichst genau zu erfassen. Dabei empfiehlt es sich – sowohl bei der Anfertigung der Transkripte als auch bei der Interpretation des filmbildlichen Ganzen –, bei der Analyse der bildlichen Prozesse zu beginnen, um anschließend zur akustischen Dimension überzugehen. Würde man umgekehrt vorgehen und sich erst der akustischen Ebene widmen, wäre die Gefahr groß, den kommunikativen Gehalt von Sendungen beispielsweise mit demjenigen der Worte gleichzusetzen, die in ihnen geäußert werden. Eine vorausgehende Vergegenwärtigung und Dokumentation der Bildprozesse hingegen schafft zunächst ein Bewusstsein der Vielschichtigkeit des dort Sichtbaren, das mit dem ebenfalls gesondert analysierbaren akustischen Ablauf eine Verbindung eingeht. Diese Verbindung aus den auditiven und piktoralen Prozessen ist und bleibt das, was den kommunikativen Charakter einzelner filmischer Produkte letzlich ausmacht.

Für die eben eingeführte Schlüsselszene aus *The Ides of March* lassen sich u. a. folgende *Beobachtungen* auf der *visuellen Ebene* festhalten: die Verfolgungsfahrt, die Stephen auf den Weg zum Treffen mit Morris zeigt und mit der die Szene eröffnet wird; die spärliche Beleuchtung (Low Key), sowohl auf der Straße als auch in den Räumen, zeigt beide Figuren stets halb im Schatten, halb im Licht; die Einhaltung des Continuity Cuttings; das Gegenübertreten der beiden Männer erinnert an den *Shoot Out* im Western (ebenso wenn Stephen dem Bodyguard im Vorraum gegenübertritt); der Umstand, dass die Küche typischerweise der Raum eines Restaurants ist, der für die Öffentlichkeit nicht zugänglich ist – hier befindet man sich gleichsam hinter den Kulissen, während der Speisesaal die Bühne für das gesellschaftliche Treiben ist.

Bezüglich der *auditiven Ebene* lassen sich mindestens folgende *Beobachtungen* festhalten: Die Musik (Variation des Titelthemas; off-screen) setzt mit Beginn des Gesprächs aus und erst in der letzten Einstellung des Gesprächs, und damit auch der Szene, wieder ein; immer wieder mischen sich die Geräusche des Settings mit der Musik: das Hupen eines vorbeifahrenden Autos, das Öffnen und Schließen der

Türen (onscreen); während des Gesprächs gibt es kaum Hintergrundgeräusche, nur manchmal hört man entfernt die Geräusche des Straßenverkehrs.

Checkliste: Zusammenspiel Bild und Ton (audiovisuelle Dimensionen)
- Einstellungsverbindungen/Montage
- Wort-Bild-Kombinationen
- Ton-Bild-Relationen (synchron/asynchron; on-/off-screen; kommentierend; kontrastierend etc.)

Aufgabe der *Interpretation* ist es nun, die *Zusammenhänge* zwischen den Dimensionen zu *erfassen* und *einzuordnen* (4. Schritt). Zu diesem Zweck muss die Analyse, über die Arbeit an den Transkripten hinaus, immer wieder zur Anschauung des Gegenstands zurückgehen. Durch die Zusammenführung der Dimensionen lassen sich bei dieser Schlüsselszene folgende Interpretationsansätze aufmachen:

Der Einsatz der Musik unterstreicht die Gliederung der Szene in eine kurze Phase der Vorbereitung (Stephens Weg zu Morris) und eine deutlich längere Phase der Handlung (das Gespräch zwischen Stephen und Morris). Die Phase der Handlung ist durch eine konzentrierte und reduzierte Inszenierung gekennzeichnet, die dem gesprochenen Wort ein großes, gerade durch die Bildführung dramatisiertes Gewicht verleiht. Das gesprochene Wort und dessen Glaubwürdigkeit ist Hauptverhandlungsgegenstand dieser Szene und erscheint zugleich als ein zentrales Medium politischer Kultur.

Der räumliche Rahmen des Gesprächs ist nicht nur aufgrund der Tatsache, dass es sich um eine Küche (s. o.) handelt, mit Bedeutung aufgeladen, sondern auch durch die Art und Weise, wie dieser Raum in der Szene eröffnet wird: Stephens Weg zum Treffpunkt verläuft weg vom öffentlichen Raum (von der Straße) durch zwei Türen in ein geschlossenes Restaurant, durch einen dunklen Speisesaal, vorbei an Morris Bodyguard, in eine Küche, vorbei an voll beladenen Vorratsregalen. Durch die Raumgrammatik der Szene wird der Raum des ‚Duells' von Stephen und Morris, das hintere Ende der Küche, zur „Hinterbühne" (Goffman, [1959] 2003, S. 104) der zeitgenössischen politischen Kultur stilisiert: Hier werden Wahrheiten ausgesprochen und strategische Bündnisse geschlossen, die auf der Vorderbühne, im öffentlichen Licht, nicht zutage treten dürfen.

Immer wenn einer der beiden Gesprächspartner glaubt, seinem Ziel vermeintlich näher gekommen zu sein, wird dies auf der visuellen Ebene durch den Wechsel der Einstellungsgröße in die nächst engere markiert. Zunächst stehen sich die beiden Demokraten, einem Duell angemessen, in der Amerikanischen gegenüber. Gefilmt wird mit Over-the-Shoulder-Shots im Schuss-Gegenschuss-Verfahren. Stephen geht weiter auf Morris zu, sodass beide schließlich in der Halbnahen dargestellt werden. Als Stephen den Abschiedsbrief ins Spiel bringt, verengt sich die Einstellungsgröße auf die Nahe. Und als Morris wiederum Stephen auf die Schliche kommt und erkennt, dass auch er der Praktikantin näher gekommen sein muss, verengt sich die Einstellungsgröße weiter auf die Großaufnahme (Abb. 5.2–5.3). Je enger die Bildausschnitte werden, desto weniger Gewissheiten gibt es letztlich jedoch in diesem Gespräch. Dies gilt auch für die Zuschauerposition. Durch die gewählte Einstellungsgröße der Großaufnahme findet eine Fokussierung des Wahrnehmungsfelds auf die Gesichter der beiden Kontrahenten statt. Gleichzeitig wird nicht immer derjenige gezeigt, der spricht, sondern auch der Gesprächspartner, der gerade zuhört. Dies hat zur Folge, dass der Zuschauer zwischen den beiden Figuren lokalisiert ist und im Minenspiel der beiden Medienprofis genauso nach weiteren Hinweisen sucht, wie diese selbst. Allerdings ist die Motivation der Zuschauer eine andere als die der beiden Figuren. Während die beiden Figuren nach weiteren Anhaltspunkten dafür suchen, ihre Position stärken zu können, wirft die Präsentationsform der Szene für den Zuschauer vielmehr eine beständig mitlaufende Frage in den Raum: Welcher der beiden Figuren behält in dieser Szene die strategische und moralische Oberhand?

Abb. 5.1–5.3: Stills aus *The Ides of March*

Sowohl die Art und Weise *wie* die Szene dargeboten wird als auch das, *was* Dargeboten wird, führen zu einer signifikanten Angleichung der beiden Figuren. Zu nennen wäre beispielsweise die Schnittfolge, die durch das Schuss-Gegenschuss-Verfahren der Großaufnahmen beide Gesichter zu ihren jeweiligen Spiegelbildern stilisiert, unterstützt durch einen Lichteinsatz, welcher in beiden Gesichtern jeweils Licht und Schatten aufeinandertreffen lässt. Es zeigt sich, dass der Vorwurf, den Stephen gegenüber Morris erhebt („You broke the only rules in politics [...] You can't fuck the interns." 01:16:23–01:16:34), sowohl auf Morris als auch auf ihn selbst zutrifft. Und schließlich ist es nicht nur Morris, der mit seinem Ehebruch zweifelhaft gehandelt hat, sondern auch Stephen, der sich in dieser Szene der Erpressung bedient, um seine Karriere voranzutreiben. In dieser Szene nimmt weder ein ‚David' den Kampf gegen einen ‚Goliath' auf, noch findet ein Duell zwischen ‚Gut' und ‚Böse' statt, sondern hier treten einander zwei ebenbürtige Kontrahenten gegenüber, die beide bereit sind, moralische und rechtliche Grenzen zu übertreten, um ihre eigenen Ziele zu erreichen.

Die Entscheidung Stephens, den Kandidaten Morris zu erpressen, ist von beträchtlicher Bedeutung für die politische Argumentation des Films. Denn während

Stephen zu Beginn des Films als der junge Nachwuchsstar des politischen Schauplatzes eingeführt wurde, der aus Überzeugung und nicht aus Berechnung handelt, hat er sich in dieser Szene bereits von seinen ursprünglichen Idealen abgewendet. Stephen hat sich nicht gegen die Spielregeln des Politikbetriebs entschieden, sondern dafür, sie sich zu eigen zu machen –, womit Stephen als positive Heldenfigur (vgl. Kap. 4.2) scheitert. Man hat es somit mit einer Verkehrung des Entwicklungsverlaufs eines als Sympathieträger eingeführten Protagonisten zu tun. Zwar findet durchaus eine Entwicklung des Protagonisten statt, diese verläuft allerdings nicht zum ‚Guten', sondern ganz im Gegenteil: Der Protagonist fügt sich und reproduziert damit ein politisches System, in dem Macht keine Frage der besseren Argumente ist, sondern eine Frage des effektvolleren Druckmittels. Diesen letzten Punkt der Interpretation können Sie nicht allein aus der Detailanalyse der Schlüsselszene ableiten, sondern nur durch die Verortung der Szene im gesamten Verlauf des Films (5. und 6. Schritt). Eine solche komparativ angelegte Verortung ist ein zentraler Schritt am Ende einer jeden Detailanalyse. Nur so lässt sich (1.) die Stimmigkeit der gemachten Interpretation für das gesamte Produkt prüfen und (2.) die Interpretation zu einer für das gesamte Produkt Gültigen erklären.

Zwei praktische Hinweise möchten wir Ihnen an dieser Stelle für die Durchführung von Detailanalysen mit auf den Weg geben: (1.) Nicht selten hält man deutlich mehr Beobachtungen fest, als in der Interpretation schließlich aufgegriffen werden können. Entscheidungsleitend sollte auch hier immer Ihr Forschungsfokus sein. Es genügt, wenn die Interpretation diejenigen Aspekte berücksichtigt, die aus der Perspektive Ihrer Forschungsfrage vor allem relevant sind. (2.) Trotz der genauen Transkription muss im Verlauf der Detailanalyse immer wieder zum Ausgangsmaterial zurückgekehrt werden. Darum empfiehlt es sich, die Sequenz oder Szenen der Detailanalyse als Clips vorliegen zu haben, sodass diese unproblematisch und schnell immer wieder gesichtet werden können. Der kontrollierende Blick auf das Ausgangsmaterial bezieht sich dabei sowohl auf den jeweiligen Ausschnitt als auch auf das ganze Produkt, was uns zum nächsten Schritt im Rahmen der Detailanalyse führt: der komparativen Analyse. Denn erst der Vergleich schließt die Detailanalyse einer Schlüsselszene ab.

5.2 Komparative Analyse: Interpretieren und Validieren

Die komparative Analyse, so haben wir in Kapitel 2.2 *Untersuchungskorpus (Sample), Theoretical Sampling und Sequenzprotokoll* bereits ausgeführt, dient zweierlei: (1.) der Samplegenerierung und (2.) der Sättigung der Ergebnisse. Nur durch einen Vergleich kann man zeigen, dass herausgearbeitete Aspekte sich wiederholen, sich eventuell sogar Muster herausstellen, Entwicklungen abzeichnen und somit Interpretationen validieren. Es gibt zwei Möglichkeiten, den Vergleich in das Forschungsdesign einer soziologischen Film- und Fernsehanalyse zu integrieren:

(1.) innerhalb desselben Produkts oder (2.) zwischen verschiedenen Produkten. Beide Varianten schließen sich nicht gegenseitig aus. Welche Formen des Vergleichs sich letztlich anbieten, hängt vom jeweiligen Forschungsinteresse ab. Fest steht jedoch, dass erst durch dieses komparative Verfahren beides erreicht werden kann: eine genaue Interpretation einzelner Produkte und eine am Material belegte Interpretation der übergreifenden Formen, in denen sich die filmische Kommunikation zu einer bestimmten Zeit vollzieht. Erst im Vergleich zeigt sich die Stimmigkeit einer Interpretation.

> Für die **komparative Analyse**, sowohl innerfilmisch (innerhalb desselben Produkts) als auch interfilmisch (zwischen verschiedenen Produkten), sind insbesondere die Sequenzprotokolle (vgl. Kap. 2.2) hilfreich. Mit ihrer Hilfe lassen sich zum einen die untersuchten Szenen intersubjektiv nachvollziehbar im Gesamtverlauf des Produkts verorten und zum anderen lassen sich auch die Gesamtverläufe der Produkte selbst miteinander vergleichen.

Wir beginnen mit einem Beispiel für den *innerfilmischen Vergleich* und bleiben zu diesem Zweck bei *The Ides of March*. Verortet man die eben untersuchte Küchenszene im Gesamtverlauf des Films, fällt auf, dass es zwei weitere Szenen gibt, die in ihrer Präsentationsform im Umgang mit dem Thema ‚politische Kommunikation und Hinterbühne' signifikant ähnlich sind: der Anfang und der Schluss des Films. Interessant an allen drei Szenen ist ihre Eröffnung, die jedes Mal eine Variation des Verhältnisses zwischen Kameraführung und Stephen anbietet. Die Exposition, die Eröffnungssequenz des Films, beginnt mit einer fixen Kameraposition (Abb. 5.4). Stephen kommt in das Blickfeld der Kamera hineingelaufen und verlässt es dann auch wieder. Stephens Handlungen haben keinen Einfluss auf die Kamerabewegung und die Kamera wiederum zeigt auch an den Handlungen unseres Protagonisten wenig Interesse. Anders verhält es sich in der Küchenszene. Hier wird die Szene mit einer Verfolgungsfahrt Stephens eröffnet (Abb. 5.5). Die Kamera heftet sich quasi an die Fersen des Protagonisten, um über den Gang der Dinge im Bilde zu bleiben. Anders als in der Eröffnungsszene orientiert sich hier die Kameraführung an der Handlung unseres Protagonisten, wobei Stephens Point of View wiederholt ins Bild gesetzt wird. Gleich, so lässt sich die Subjektvierung dieser Kamerafahrt verstehen, werden wir Stephens wahres Gesicht zu sehen bekommen. Die Schlusssequenz des Films schließlich wird erneut mit einer Kamerafahrt eröffnet. Dieses Mal ist es eine Vorausfahrt (Abb. 5.6), die Stephen zu seinem ersten öffentlichen Auftritt in den Medien als Wahlkampfteamleiter begleitet. In dieser Einstellung orientiert sich die Kamera nicht nur an Stephens Handlung, sondern sie ordnet sich ihr unter. Stephen, der neue Senior-Wahlkampfmanager, dirigiert die Kamera und weist ihr den Weg in die politische Zukunft.

Abb. 5.4–5.6: Stills aus *The Ides of March*

Im Vergleich der drei Szenen zeigt sich: (1.) Der Weg Stephens von der Hinterbühne (Szene 1/Eröffnung) auf die Vorderbühne (Szene 3/Schluss) führt über sein amoralisches und illegales Manöver im öffentlichkeitsfernen Hinterzimmer (Szene 2/Küche). Die Parallele in der Inszenierung der Szenen unterstreicht die Verknüpfung, die der Film zwischen öffentlichem Erfolg und unmoralischem Handeln herstellt, und deckt damit die Janusköpfigkeit der politischen Kommunikation auf. (2.) Im Vergleich der drei Szenen variiert nicht nur die besagte Kameraführung, sondern insbesondere Stephens Zusammenspiel mit ihr. Versteht man die Kamera als potenziellen Multiplikator, als das Tor zur Öffentlichkeit, als das Element, welches die Hinterbühne zur Vorderbühne transferieren kann, so bringt diese Reihung an Kamerafahrten insbesondere auch den Wandel Stephens im Umgang mit der Öffentlichkeit zum Ausdruck: ein Wandel, der nicht nur die innerdiegetische Öffentlichkeit betrifft, sondern auch die der Zuschauer des Films. Das letzte Bild, das wir zu sehen bekommen, ist dasselbe Bild, das auch die innerdiegetischen Fernsehzuschauer zu sehen bekommen: das maskenähnliche, vollkommen kontrollierte Gesicht Stephens – eine makellose Fassade, hinter die niemand mehr blicken kann. Diese Großaufnahme von Stephens Gesicht greift die Einstellung aus der Eröffnungssequenz wieder auf, als Stephen zum Soundcheck auf der Bühne steht. Diese Wiederaufnahme unterstützt die Deutungshypothese aus der Detailanalyse der Küchenszene: Stephens Wandel führt weder zu einer positiven persönlichen Entwicklung noch zu einer positiven Entwicklung der sozialen Ordnung, sondern zur Bestätigung und Fortführung des Status quo. Auch die Praktikantin wurde übrigens schon durch eine neue ersetzt, dieses Mal ist sie allerdings brünett.

Checkliste: Ansätze für den innerfilmischer Vergleich
- Parallelen
- Wiederholungen
- Variationen
- Wiederaufnahmen/Entwicklungen
- Brüche

Soweit ein Einblick in einen innerfilmischen Vergleich. Je nach Forschungsfokus bietet sich auch für diese Analyse von *The Ides of March* ein weiterführender *inter-*

filmischer Vergleich an. Möglich wäre (1.) ein Vergleich dokumentarischer und fiktionaler Präsentationen von Spindoktoren, beispielsweise mit der Dokumentation *Spin-Doktoren. Die Marionettenspieler der Macht* (F/GB 2004, R: Paul Mitchell und Tania Rakhmanova), (2.) ein Vergleich mit anderen fiktiven Entwürfen von Spindoktoren, beispielsweise mit dem schon etwas älteren Film *Wag the Dog* (USA 1997, R: Barry Levinson) oder dem Independent-Film *Thank You for Smoking* (USA 2005, R: Jason Reitmann), (3.) eine dritte Möglichkeit wäre schließlich, einen Vergleich mit den Spindoktoren anzustreben, wie sie in fiktiven Serien dargestellt werden, beispielsweise in *Borgen* (DK 2010–2013, DR1), *Les hommes de l'hombre* (F seit 2012, France 2) oder auch *Scandal* (USA seit 2012, ABC).

Häufig ist der Forschungsfokus allerdings so ausgerichtet, dass ein interfilmischer Vergleich eine unumgängliche Voraussetzung dafür darstellt, überhaupt gesättigte Ergebnisse zu erhalten. Um Ihnen das an einem Beispiel zeigen zu können, greifen wir auf das Forschungsdesign zurück, welches wir in Kap. 2.3 entworfen haben. Untersuchungsgegenstand ist das *Neo Magazin Royale*, die Forschungsfrage lautet: Wie integriert das *Neo Magazin Royale* die Neuen Medien in die Sendung und verändert sich dadurch – wenn ja, wie – die mediale Gattung der Late-Night-Show? Gegenstand der Detailanalyse ist u. a. auch der *Hashtag der Woche*, der eine direkte Integration der Neuen Medien in das Sendungsformat darstellt.

Abb. 5.7–5.9: Stills aus *Neo Magazin Royale* (D seit 2013, ZDF/ZDFneo, Staffel 04/Episode 13, 28.05.2015) (Abb. 5.7); *The Voice of Germany* (D seit 2011, SAT.1, Staffel 04/Episode 14, 12.12.2014) (Abb. 5.8); *Circus HalliGalli* (D seit 2013, ProSieben, Staffel 05/Episode 13, 01.06.2015) (Abb. 5.9)

Die Rubrik *Hashtag der Woche* ist Bestandteil einer jeden Episode des *Neo Magazin Royale*. Im Rahmen der Eröffnung der Show stellt der Moderator Jan Böhmermann jedes Mal den *Hashtag der Woche* vor, dieser wird gleichzeitig am linken Bildrand eingeblendet, zumeist hervorgehoben durch eine verkürzte Bauchbinde (Abb. 5.7). Auch im weiteren Verlauf der Sendung wird der Hashtag immer wieder eingeblendet. Jede Einblendung des Hashtags wird durch den Moderator kommentiert, der auch immer wieder zum Twittern unter besagtem Hashtag einlädt. Der Effekt der Integration des Hashtags in die Eröffnung der Show ist, dass alle drei Zuschauergruppen begrüßt werden: das Studiopublikum, die Zuschauer vor dem Fernseher sowie schließlich diejenigen, die sich die Sendung online anschauen und in den sozialen Medien aktiv sind. Der kommunikative Gestus der Begrüßung erhält dadurch einen integrativen Charakter, welcher der crossmedialen Architektur der Sendung entspricht, in der die Neuen Medien und klassisches Fernsehen in keinem Widerspruch zueinander stehen.

So integrativ der *Hashtag der Woche* vom kommunikativen Gestus her auch angelegt sein mag, so darf in diesem Zusammenhang nicht die spezifische Betitelung außer Acht gelassen werden. Auffällig sind die durchweg vom Sendungstitel völlig unabhängig gewählten Titel der Hashtags[1], die sich zudem jede Woche ändern. Dies ist insofern auffällig, da sich die Hashtags von Fernsehsendungen üblicherweise gerade dadurch auszeichnen, dass sie in einem offensichtlichen und selbsterklärenden Bezug zur jeweiligen Sendung stehen (in der Regel durch die Übernahme des Sendungstitels) und sich im Dienst der Zuschauerbindung auch nicht von Woche zu Woche ändern. Bei der TV-Show *Circus HalliGalli* beispielsweise wird *#halligalli* immer mal wieder in der oberen linken Bildecke eingeblendet (Abb. 5.9), worauf ein Zwitschern auf der auditiven Ebene aufmerksam macht. Ähnlich verhält es sich auch bei der Castingshow *The Voice of Germany*, bei der regelmäßig zu den Auftritten der Kandidaten die entsprechenden Hashtags eingeblendet werden. In unserem Beispiel (Abb. 5.8) ist es der Hashtag der Finalistin der vierten Staffel Lina Arndt, der sich ganz konventionell aus dem Kürzel der Sendung und dem Vornamen der Kandidatin zusammensetzt: *#tvoglina*. Das *Neo Magazin Royale* bricht nun mit dieser Konvention. Woche für Woche gibt Jan Böhmermann mit der Eröffnung der Show den *Hashtag der Woche* bekannt (früher erfährt ihn nur der, der über die sozialen Medien mit der Sendung vernetzt ist)[2], sei es *#knuddelbaer* (Staffel 01/Episode 01; 31.10.2013), *#ZDFiscool* (Staffel 04/Episode 01; 05.02.2015), *#varoufake* (Staffel 04/Episode 07; 19.03.2015), *#kohlofduty* (Staffel 04/Episode 09; 02.04.2015) etc.

Anders als bei den herkömmlichen Hashtags von Fernsehsendungen kann im Fall des *Neo Magazin Royale* die Verbindung zur Sendung nur derjenige herstellen, der diese aktuell schaut oder mit ihr über die sozialen Medien vernetzt ist. Und so nimmt der integrative Gestus der Begrüßung eine signifikante Wendung. Denn hier wird durch den ‚getarnten Hashtag' ein ebenso integratives wie exklusives Kommunikationsangebot gemacht, das ein ‚Insiderwissen' aufbaut und diejenigen ausschließt, die weder mit der Sendung vernetzt sind, noch zuschauen. Diese vermeint-

---

[1] Abgesehen von einer Ausnahme: *#neomagazin* hießen die ersten vier *Hashtags der Woche* in der zweiten Staffel des *Neo Magazin Royale* (02/01, 06.02.2014; 02/02, 13.02.2014; 02/03, 20.02.2014; 02/04, 27.03.2014). In diesen vier Fällen stellt die konventionelle Betitelung einen Bruch mit dem Bruch dar.
[2] In manchen Episoden wechselten die *Hashtags der Woche* zudem noch während der Ausstrahlung der Sendung, sodass das Prinzip der Bindung weiter unterlaufen wurde (z. B. 01/08, 19.12.2013; 04/01, 05.02.2015; 04/05, 05.03.2015)

lich gezielte Einschränkung des Adressatenkreises stellt einen ironischen Seitenhieb in zwei Richtungen dar. Zum einen spielt der ‚getarnte Hashtag' auf die eigene Platzierung als Nischenformat an, das nur von einer kleinen eingeschworenen Gemeinde jenseits einer Quotenrealität wahrgenommen wird. Zum anderen ironisiert der ‚getarnte Hashtag' die Verwendung von Hashtags zu Fernsehsendungen als vermeintlich uneingeschränktes Sprachrohr in die digitale Welt, als rettendes Bindeglied zwischen den Digital Natives und dem klassischen Fernsehen. Entscheidend für die Erreichbarkeit, so das Statement dieser Inszenierung des Sendungs-Hashtags als Flüsterpost eines crossmedialen Fernsehens, ist nicht das Medium, sondern der Inhalt.

Sowohl der Gang der Argumentation bei der Detailanalyse am Beispiel von *The Ides of March* als auch der Gang der Argumentation am Beispiel des *Hashtags der Woche* (*Neo Magazin Royale*) verdeutlicht, dass der **Prozess des Interpretierens** – das Entwerfen und Verwerfen, Bestätigen und Differenzieren von Deutungshypothesen – sich immer am filmischen Detail orientieren muss.
Die komparative Analyse, die sich an die Detailanalyse anschließt, ist der Weg, um die gewonnenen **Deutungshypothesen absichern zu können**. „Jede Interpretation", so Umberto Eco, „die ein bestimmter Textteil nahe legt, kann akzeptiert werden, wenn sie Bestätigung findet, bzw. muss zurückgewiesen werden, falls sie durch einen anderen Teil des Textes widerlegt wird. Auf diese Weise kontrolliert die interne Textkohärenz die ansonsten unkontrollierbaren Antriebe des Lesers" (Eco, 2005, S. 74).

Die ‚unkontrollierbaren Antriebe des Lesers', wie sie Eco nennt, führen uns zu einem weiteren Aspekt, den es bei jeder Interpretation zu bedenken gilt: das Vorwissen des Interpretierenden. Wissenschaftliches Verstehen ist dadurch gekennzeichnet, dass die Interpretationsleistungen nicht lediglich unter Rückgriff auf den Alltagsverstand, sondern unter Rückgriff auf eigens und ausführlich aktiviertes Wissen, nicht zuletzt auf professionelles Sonderwissen geschehen (vgl. Kap. 2.1). Wichtig im Prozess des Interpretierens ist, dass dieses Vorwissen nicht an das filmische Material herangetragen wird, sondern dass es nur dann Verwendung findet, wenn das Material selbst Hinweise gibt, die durch die Verwendung theoretischer Konzepte (o. a. Sekundärliteratur) weiter ausgebaut werden können (die Inszenierung der Küche in *The Ides of March* beispielsweise gibt selbst den Hinweis auf das Thema ‚Hinterzimmerpolitik/Hinterbühne'). Auch wenn das Vorwissen des Interpretierenden in dieser Hinsicht als ein Bestandteil des Interpretationsprozesses zu verstehen ist, heißt das jedoch nicht, dass „ein Kunstwerk alles das enthalte, was – wer auch immer – dort hineinlegen könne" (Eco, 1998, S. 6). „Grundsatz aller Interpretation ist:", so Hans-Georg Gadamer, „dass man einen Text aus sich selbst verstehen muss" (Gadamer, [1959] 2008, S. 57). Texte, im Fall der Film- und Fernsehanalyse sind es die filmischen Klangbildverläufe, gilt es also, primär aufgrund der kommunikativen Angebote zu verstehen, die diese aus sich heraus an uns, den Rezipienten, richten.

Freilich enthalten die Produkte zumeist mehr Bedeutungsdimensionen als sich in einem einzigen interpretativen Zugang erfassen lassen. Daher kann es auch bei der soziologischen Film- und Fernsehanalyse nicht das Ziel sein, eine umfassende, ausschöpfende Interpretation eines Produkts vorzulegen. Ziel ist es vielmehr, die Verfasstheit der filmischen Sinnangebote aus der Perspektive eines klar umrissenen Forschungsinteresses offenzulegen. Es reicht hier wie überall für ein klares Verständnis einer Sache aus, hinreichend viele der für die betreffende Sache konstitutiven Relationen zu verfolgen. Was ‚hinreichend' für die Analyse ihrer Verfasstheit ist, kann sich – nach dem Grundsatz der theoretischen Sättigung – erst im Zuge der Analyse dieser Verfassung ergeben. Auf diese Weise werden *exemplarische Einsichten* in das kommunikative Potenzial filmischer Produkte gewonnen, die je auf ihre Weise an der Verfassung unserer historisch-sozialen Wirklichkeit teilhaben, indem sie Möglichkeiten des Verstehens bereitstellen und variieren, die in der Aneignung durch die Zuschauer ihrerseits aufgenommen und variiert werden können.

Die hier vorgeschlagene Methode der Film- und Fernsehanalyse bietet durch ihre sukzessive Vorgehensweise einen Standard an, der sicherstellt, dass die Deutung medialer Produkte ihrer tatsächlichen medialen Verfassung gerecht wird. Wer die Methode beachtet hat, so der Leitgedanke, hat dem Gegenstand auf eine überprüfbare Weise angemessene Beachtung geschenkt.

Eine **Interpretation** von Film- und Fernsehprodukten, die die hier formulierten Ansprüche befolgt, erhebt Anspruch auf **Objektivität** in zwei Richtungen: (1.) im Hinblick auf die Überprüfbarkeit der gewonnenen Ergebnisse, d. h. auf die Offenlegung der Auslegungsverfahren und des in sie eingehenden Vorwissens und (2.) im Hinblick auf die Herausarbeitung der Perspektiven auf soziale und mediale Wirklichkeiten, wie sie in den Präsentationsformen filmischer Produkte eröffnet werden (in Anlehnung an Soeffner, 1989, S. 62).

5.3 Literatur

Eco, Umberto (2005). Streit der Interpretationen. Hamburg: Europäische Verlagsanstalt.
Eco, Umberto (1998). Lector in fabula: Die Mitarbeit der Interpretation in erzählenden Texten. München: dtv.
Gadamer, Hans-Georg ([1959] 2008). Vom Zirkel des Verstehens. In Kindt, Tom und Köppe, Tilmann (Hg.), Moderne Interpretationstheorien (S. 53–66). Göttingen: Vandenhoeck & Ruprecht/UTB.
Goffman, Erving ([1959] 2003). Wir alle spielen Theater: Die Selbstdarstellung im Alltag. München: Piper.
Soeffner, Hans-Georg (1989). Auslegung des Alltags – Der Alltag der Auslegung. Zur wissenssoziologischen Konzeption einer sozialwissenschaftlichen Hermeneutik, Frankfurt a. M.: Suhrkamp.

5.4 Film- und Fernsehsendungen

Borgen (DK 2010–2013, DR1)
Circus HalliGalli (D seit 2013, ProSieben, Staffel 05/Episode 13, 01.06.2015, Moderation: Joko Winterscheidt und Klaas Heufer-Umlauf)
Neo Magazin Royale (D seit 2013, ZDF/ZDFneo, Staffel 01/Episode 01, 31.10.2013; Staffel 04/Episode 01, 05.02.2015; Staffel 04/Episode 07, 19.03.2015; Staffel 04/Episode 09, 02.04.2015; Staffel 04/Episode 13, 28.05.2015, Moderation: Jan Böhmermann)
Scandal (USA seit 2012, ABC)
Spin-Doktoren. Die Marionettenspieler der Macht (F/GB 2004, R: Paul Mitchell und Tania Rakhmanova)
Les hommes de l'hombre (F seit 2012, Macondo Productions u. a.)
Thank You for Smoking (USA 2005, R: Jason Reitmann)
The Ides of March (USA 2011, R: George Clooney)
The Voice of Germany (D seit 2011, SAT.1, Staffel 04/Episode 14, 12.12.2014, Moderation: Thore Schölermann)
Wag the Dog (USA 1997, R: Barry Levinson)

6 Darstellung der Ergebnisse

Aufgabe dieses Kapitels ist es, den abschließenden Schritt im Forschungsprozess einer soziologischen Film- und Fernsehanalyse zu erläutern: die Verschriftlichung der Ergebnisse. Beim Verfassen wissenschaftlicher Texte sind bestimmte Grundregeln zu beachten, diese betreffen z. B. den Aufbau einer Arbeit (Kap. 6.1), die intersubjektive Nachvollziehbarkeit (Kap. 6.2) und die verwendete Sprache (Kap. 6.5). Im Dienst der intersubjektiven Nachvollziehbarkeit steht u. a. die Zitation filmischen Materials beispielsweise durch Filmstills oder durch Filmtranskripte. Wie sich diese sinnvoll in den Fließtext integrieren lassen, darauf gehen wir in Kapitel 6.2 näher ein und erläutern dies an zwei Beispielen genauer (für Filmtranskripte in Kap. 6.3, für Stills in Kap. 6.4). Kapitel 6.5 enthält Tipps zum Thema ,wissenschaftliches Schreiben'.

Ist die Film- und Fernsehanalyse abgeschlossen, können die Ergebnisse festgehalten und zur Diskussion freigegeben werden. Unabhängig davon, ob es sich um eine Seminararbeit, einen Aufsatz für eine Fachzeitschrift, eine Bachelor- oder Masterarbeit oder eine Dissertation handelt, gibt es ein paar grundlegende Normen der Darstellung wissenschaftlicher Ergebnisse, die für alle Varianten gleichermaßen gelten. Diese betreffen (1.) den Aufbau einer Arbeit, (2.) die überprüfbare Darstellung der zentralen Erkenntnisse u. a. durch die Zitation filmischen Materials und (3.) die verwendete Sprache. Auf alle drei Punkte kommen wir im Laufe dieses Kapitels näher zu sprechen. Wir beginnen mit dem Aufbau einer soziologischen Film- und Fernsehanalyse.

6.1 Aufbau einer soziologischen Film- und Fernsehanalyse

Die Qualität einer verschriftlichten Film- und Fernsehanalyse profitiert von einem klaren und zielführenden Aufbau, der darauf ausgerichtet ist, die zugrunde liegende Forschungsfrage schlüssig zu beantworten. Dieser Aufbau der Arbeit gestaltet sich *anders* als der Aufbau der Analyse. Während die Analyse sequenziell am Material entlang vorgeht, erfolgt die Präsentation der Ergebnisse nach den Schwerpunkten, die sich durch die Analyse als signifikant für den Forschungsfokus erwiesen haben: den Mustern, Typen und Motiven filmischer Präsentationsformen. Dadurch ergibt sich folgender Aufbau für eine soziologische Film- und Fernsehanalyse:

> **Aufbau einer soziologischen Film- und Fernsehanalyse:**
> Deckblatt
> I Inhaltsverzeichnis
> 1. Einleitung
> 2. Forschungstand
> 3. Methode
> 4. Ergebnisse der Film- und Fernsehanalyse
> 4.1 Muster/Thema I
> 4.2 Muster/Thema II
> 4.3 Muster/Thema III
> 5. Fazit
> 6. Literatur
> 7. Film- und Fernsehsendungen
> Anhang:
> A Sequenzprotokolle
> B Filmtranskripte
> C Stills
> D Sample

Auf die jeweiligen Funktionen der einzelnen Gliederungspunkte kommen wir nun zu sprechen:

Deckblatt: Auf dem Deckblatt sollten mindestens der Titel der Arbeit, das Datum der Einreichung sowie die ausführlichen Kontaktdaten des Verfassers vermerkt sein.

Inhaltsverzeichnis: Das Inhaltsverzeichnis dokumentiert die Gliederung Ihrer Arbeit in Kurzform und gibt den logischen Aufbau, den ‚roten Faden', der Arbeit wieder. Achten Sie darauf, dass:
(1.) bei der Untergliederung ein Unterkapitel nicht einzeln stehen darf, dass also auf Kapitel 2.1 immer auch Kapitel 2.2 folgen muss,
(2.) der Titel und die Kapitelüberschriften präzise formuliert sind und sich weder wiederholen noch zu allgemein ausfallen (z. B. weder ‚Einleitung' für das erste einleitende Kapitel noch ‚Methode' für das Methodenkapitel),
(3.) Sie Ihre Argumentation nicht in zu viele und zu knappe Unterkapitel gliedern. Sie laufen sonst Gefahr, sich zu verzetteln und die eigene Argumentation sowie die herausgearbeiteten Zusammenhänge aus dem Blick zu verlieren. Ziel sollte sein, dass der ‚rote Faden' des Projekts stets präsent und deutlich erkennbar bleibt.

Als Beispiel für ein Inhaltsverzeichnis greifen wir auf das Forschungsdesign aus Kapitel 2.3 zum Verhältnis von Fernsehen und Neuen Medien zurück. Die Forschungsfragen lauteten: Wie integriert das *Neo Magazin Royale* die Neuen Medien in die Sendung? Verändert sich dadurch – und wenn ja, wie – die mediale Gattung der

Late-Night-Show? Der finale Titel des Projekts lautete: Kommunikation statt Interaktion? Zum Einsatz der Neuen Medien im Fernsehmagazin *Neo Magazin Royale*.

Inhaltsverzeichnis für die Seminararbeit ‚Kommunikation statt Interaktion? Zum Einsatz der Neuen Medien im Fernsehmagazin *Neo Magazin Royale*.'
1. Das *Neo Magazin Royale*: Fernsehen zum Mitmachen? Eine Einleitung
2. Forschungstand: Neue Medien – Neues Fernsehen?
2.1 Die mediale Gattung Late-Night-Show
2.2 Soziale Interaktion und Medien
2.3 Zwischenfazit: Fernsehen, Neue Medien und Interaktion
3. Methode: Soziologische Film- und Fernsehanalyse
4. Kommunikation mit Format. Ergebnisse der Fernsehanalyse
4.1 Kommunikation in Richtung der Zuschauer
4.2 Kommunikation seitens der Zuschauer
4.3 Kommunikation mit den Zuschauern
5. Fazit: Televisuelle Interaktion
6. Literatur
7. Film- und Fernsehsendungen

Einleitung: In der Einleitung geben Sie einen kurzen Überblick über Ihr Projekt und bringen das jeweilige Erkenntnisinteresse (vgl. Kap. 2.1) auf den Punkt, d. h. Sie klären in erster Linie den Untersuchungsgegenstand, den Forschungsfokus (Forschungsfrage) und die Relevanz des Themas. Darüber hinaus benennen Sie den theoretischen Kontext des Projekts, die Methode und stellen die Gliederung der Arbeit kurz vor. Mit der Erläuterung der einzelnen Gliederungspunkte legen Sie die Basis für Ihre Argumentation und Sie legen dar, auf welche Weise, in welcher Abfolge und auf der Grundlage welcher Annahmen Sie Ihre Fragestellung beantworten werden. Die Einleitung ist letztlich eine kurze Darstellung Ihres finalen Forschungsdesigns. Mitunter fällt der erste Satz am schwersten. Manchmal hilft ein Aufhänger (z. B. eine signifikante Berichterstattung über den Untersuchungsgegenstand, interessante Statements aus einschlägigen Foren, Zitate aus den jeweiligen Untersuchungsgegenständen selbst oder Informationen zur Produktion oder Rezeption des Untersuchungsgegenstands), um zum Kernthema des Projekts hinzuführen. Die Länge der Einleitung hängt vom gesamten Umfang der Arbeit ab, sollte aber bei einer normalen Seminararbeit nicht mehr als zehn Prozent der Gesamtseitenzahl des Fließtexts ausmachen.

Grundlegende Punkte, die die Einleitung klärt:
– Thema
– Relevanzbegründung des Themas
– Verortung im Forschungsfeld
– (Herleitung) Forschungsfrage
– Methode
– Aufbau der Arbeit

Forschungsstand: Im Rahmen des Forschungstands (vgl. Kap. 2.1 zum Erstellen des Forschungstands und der Literaturrecherche) wird die relevante empirische und theoretische Literatur immer im Hinblick auf den thematischen Fokus des Projekts dargestellt und diskutiert. In diesem Kapitel dokumentieren Sie Ihre sorgfältige Bearbeitung des Forschungsfelds und arbeiten Forschungsschwerpunkte sowie eventuelle Forschungslücken heraus. Der Forschungsstand sollte stets möglichst aktuell sein. Wichtig ist zudem, dass die einzelnen Texte nicht nur korrekt zusammengefasst, sondern forschungsfrageorientiert aufbereitet und diskutiert werden. Zugleich sollten Zusammenhänge oder auch Widersprüche in der Literaturlage herausgearbeitet werden. Auf diese Weise verorten Sie Ihre Arbeit innerhalb des Forschungsfelds, da Sie offenlegen, an welche Arbeiten Sie anknüpfen werden und an welche nicht. Noch ein praktischer Tipp: Beenden Sie den Forschungsstand mit einem Zwischenfazit, in dem Sie Ihre eigene Forschungsfrage im Kontext der wissenschaftlichen Diskussion nochmals präzisieren können.

 Der **Forschungsstand** umfasst die Darstellung und Diskussion relevanter empirischer und theoretischer Literatur immer im Hinblick auf den thematischen Fokus des Projekts. Der Forschungsstand dient der Untermauerung der Relevanz des eigenen Forschungsinteresses.

Methode: Im Methodenkapitel stellen Sie Ihr spezifisches methodisches Vorgehen vor. Dies beginnt mit der Begründung der Entscheidung für eine soziologische Film- und Fernsehanalyse. Darauf folgt die explizite Offenlegung des jeweiligen methodischen Vorgehens und zwar Schritt für Schritt: Wie ist das Untersuchungskorpus entstanden? Wie wurden die Szenen ausgewählt? Gibt es Besonderheiten im Verfahren, die erläutert werden müssen? Wie wurde bei der Analyse verfahren? Wie wurden die Daten aufbereitet? Wie und wo sind die Daten zugänglich?

Das **Methodenkapitel** enthält die:
– Begründung der Methodenwahl
– Offenlegung der konkreten Vorgehensweise
– Begründung des Samples
– Begründung der Szenenauswahl

Ergebnisse der Film- und Fernsehanalyse: Im Verhältnis zu den anderen Bestandteilen der Arbeit muss dieses Kapitel das größte Gewicht haben. Denn hier stellen Sie Ihre wichtigsten Ergebnisse vor. Zu diesem Zweck bereiten Sie einzelne signifikante Detailanalysen und deren Interpretation auch im Blick auf den inner- und/oder interfilmischen Kontext (vgl. Kap. 5) auf, um darzulegen, wie Sie zu den jeweiligen Erkenntnissen gekommen sind (vgl. Kap. 6.2–6.4). Die Gliederung dieses Hauptkapitels folgt den gewonnenen Ergebnissen. Konnten Sie beispielsweise drei Muster in Ihrer Analyse feststellen, so gliedern Sie das Kapitel anhand dieser drei Muster:

Beispiel für die Gliederung eines Ergebniskapitels:
4. Kommunikation mit Format. Die Ergebnisse der Fernsehanalyse
4.1 Kommunikation in Richtung der Zuschauer
4.2 Kommunikation seitens der Zuschauer
4.3 Kommunikation mit den Zuschauern

In den einzelnen Unterkapiteln, in diesem Beispiel 4.1–4.3, klären Sie in einem ersten Schritt, was das Ergebnis ist (z. B., dass die Neuen Medien als zusätzliches Kommunikationsangebot an den Zuschauer in ein klassisches Fernsehformat integriert werden) und auf welcher Datengrundlage Sie zu diesem Ergebnis gekommen sind. In einem zweiten Schritt werden an signifikanten Beispielen die vorgeschlagenen Interpretationen belegt. In den meisten Fällen empfiehlt es sich, pro Ergebnis bis zu zwei Schlüsselszenen in den Mittelpunkt der Darstellung zu rücken und die Interpretation mit Verweisen auf weitere signifikante Stellen im Material zu untermauern. Wichtig dabei ist, dass bei der Darstellung der Ergebnisse das filmische Material stets präsent gehalten sowie korrekt zitiert wird. Zu diesem Zweck können Sie sowohl Filmstills als auch Filmtranskripte verwenden (vgl. Kap. 6.2–6.4).

Fazit: Im Fazit erfolgt eine Zusammenfassung und kritische Würdigung der wichtigsten Ergebnisse, auch mit Blick auf den zu Beginn der Arbeit dargestellten Forschungsstand. Im Fazit wird explizit auf die in der Einleitung entwickelte Fragestellung und das eigene Forschungsinteresse Bezug genommen: Inwiefern bzw. in welchem Maß konnte die Forschungsfrage beantwortet werden? Welche Forschungsdesiderate bleiben bestehen? Welche neuen Forschungsperspektiven haben sich gegebenenfalls eröffnet? Der Schlussteil sollte ebenso wie die Einleitung maximal zehn Prozent der Gesamtseitenzahl des Fließtexts ausmachen.

Das **Fazit** bringt die zentralen Erkenntnisse Ihrer Analyse auf den Punkt. Hier werden die Ergebnisse der Arbeit prägnant zusammengefasst und an die theoretischen Ausgangsüberlegungen rückgebunden.

Literatur: Im Literaturverzeichnis müssen alle für die Bearbeitung des Themas verwendeten Quellen (auch Onlinequellen), d. h. sowohl die direkt zitierten Texte als auch die, deren Inhalte und Argumente sinngemäß übernommen wurden, vollständig und in alphabetischer Reihenfolge aufgelistet werden.

Film- und Fernsehsendungen: Bei einer Film- und Fernsehanalyse empfiehlt es sich, ein eigenes Verzeichnis für die herangezogenen filmischen Produkte anzulegen. Auch hier gilt, dass im Verzeichnis alle im Rahmen der Bearbeitung des Themas zitierten oder indirekt erwähnten Produkte in alphabetischer Reihenfolge aufgelistet werden.

Anhang: Der Anhang enthält sämtliche Daten Ihrer Erhebung: das Sample (in Form einer Daten-CD), die Sequenzprotokolle, die Filmtranskripte und eventuell weitere Stills, auf die im Fließtext verwiesen wird, die aber nicht unmittelbarer Bestandteil der Detailanalyse sind. Die einzelnen Anlagen sind zu nummerieren, sodass auf diese unmissverständlich verwiesen werden kann. Das Beispiel für einen Anhang stammt aus der bereits weiter oben angeführten Beispielstudie zum *Neo Magazin Royale*.

Anhang:
A1 Sequenzprotokoll: *Neo Magazin Royale* (Staffel 01/Episode 01)
A2 Sequenzprotokoll: *Neo Magazin Royale* (Staffel 01/Episode 02)
A3 Sequenzprotokoll: *Circus HalliGalli* (Staffel 05/Episode 13)
A4 Sequenzprotokoll: *The Voice of Germany* (Staffel 04/Episode 17)
B1 Filmtranskript: Begrüßung/Hashtag *Neo Magazin Royale* (Staffel 01/Episode 01)
B2 Filmtranskript: Begrüßung/Hashtag *Neo Magazin Royale* (Staffel 01/Episode 02)
B3 Filmtranskript: *Prism is a Dancer, Neo Magazin Royale* (Staffel 01/Episode 01)
B4 Filmtranskript: *Prism is a Dancer, Neo Magazin Royale* (Staffel 01/Episode 03)
B5 Filmtranskript: William Cohn *Neo Magazin Royale* (Staffel 01/Episode 01)
B6 Filmtranskript: William Cohn *Neo Magazin Royale* (Staffel 01/Episode 02)
C Stills *Hashtag der Woche, Neo Magazin Royale* (Staffel 01/Episode 01–09)
D Sample: Daten-CD mit allen Episoden

6.2 Zitation filmischen Materials im Dienst intersubjektiver Nachvollziehbarkeit

Die Sicherstellung der intersubjektiven Nachvollziehbarkeit von Vorgehensweise und Ergebnissen ist die unerlässliche Voraussetzung allen wissenschaftlichen Schreibens. Dies bedeutet, dass die einzelnen Arbeitsschritte einer Film- und Fernsehanalyse offengelegt werden müssen. Diese Transparenz ermöglicht es anderen, den Ablauf und die Ergebnisse des Projekts zu überblicken und einer kritischen Bewertung zu unterziehen.

Intersubjektive Nachvollziehbarkeit bedeutet auch, dass sämtliche Quellen, die im Rahmen eines Forschungsprojekts herangezogen werden, sorgfältig zitiert und dokumentiert werden. Im Text müssen alle direkt oder sinngemäß verwendeten Quellen in konsistenter Weise und entsprechend der geltenden Zitierrichtlinien belegt werden. Dies betrifft auch die Angaben zum filmischen Material. Dieses ist wie folgt zu zitieren:

– Im Fließtext einer Arbeit werden bei der Erstnennung von filmischen Produkten die zentralen Produktionsangaben unmittelbar nach dem Titel in Klammern angegeben. Beim Film: Titel (Land Jahr, Regisseur), z. B. *The Bling Ring* (USA 2013, R: Sophia Coppola). Bei Fernsehsendungen: Titel (Land Jahr der Ausstrahlung bzw. des Ausstrahlungsbeginns, Sender [bei der Zitation einer bestimmten Ausstrahlung folgen Staffel/Episode und Ausstrahlungsdatum]), z. B. *Germany's Next Topmodel* (D seit 2006, ProSieben, Staffel 04/Episode 13, 13.03.2009). Die Titel der zitierten Produkte werden stets kursiv gesetzt.
– Wenn das gesprochene Wort aus einzelnen filmischen Produkten direkt zitiert wird oder auf bestimmte Szenen verwiesen wird, muss dies mit einem Verweis auf das Sequenzprotokoll belegt werden, z. B. *The Ides of March* (SP 2_5). Sollte kein Sequenzprotokoll zu der Sendung vorliegen, kann auf die Zeitangabe ausgewichen werden, z. B. *The Bling Ring* (01:34:35).

Zur intersubjektiven Nachvollziehbarkeit gehört bei einer soziologischen Film- und Fernsehanalyse auch, dass man das filmische Material im schriftlichen Verlauf der Darstellung so präsent wie möglich hält. Dazu dienen im Fließtext in erster Linie die Filmtranskripte und die Filmstills sowie im Anhang die Sequenzprotokolle. Innerhalb eines Kapitels können durchaus Filmstills und Filmtranskripte zur Anwendung kommen. Filmtranskripte eignen sich für die Belegführung, wenn es Ihnen bei der Interpretation insbesondere um ein spezifisches Zusammenspiel von Bild und Ton in einem Einstellungsverlauf über mehrere Einstellungen hinweg geht. Filmstills bieten sich insbesondere für die Belegführung bei der Interpretation visueller Besonderheiten, spezifischer Einstellungsverbindungen oder bei der komparativen Analyse an, wenn etwa drei Stills aus unterschiedlichen Sequenzen oder Filmen nebeneinander abgebildet werden (vgl. Kap. 5.2, Abb. 5.4–5.6). Filmtranskripte nehmen in der Regel viel Raum ein. Dies sollte bei der Entscheidung für Stills oder Filmtranskripte durchaus bedacht werden. Wie sich sowohl Filmtranskripte als auch Filmstills sinnvoll in die schriftliche Argumentation integrieren lassen, darum geht es uns im Folgenden.

6.3 Beispiel: Integration Filmtranskript

Die Integration eines Filmtranskripts verläuft nach folgendem Prinzip:

> **Integration Filmtranskript:**
> – kurze Verortung der Schlüsselszene im Gesamtverlauf des Produkts
> – kurze Beschreibung der Schlüsselszene
> – Überleitung zum Filmtranskript
> – Transkriptkopf
> – Transkript
> – Analyse und Interpretation

Das folgende Beispiel stammt aus einer Analyse politischer Talkshows im Fernsehen (Keppler, 2015, Kap. 6). Untersucht wurde die mediale Regie, der die Herstellung politischer Aktualität im Fernsehen unterliegt. Die Inszenierung der Gesprächsrunden in politischen Talkshows, so die zentrale These, bietet sowohl den jeweils beteiligten Akteuren als auch dem Publikum ein Forum und eine Form, in der über gesellschaftliche Streitfälle verhandelt werden kann. Im Fokus dieser Analyse stand also das Zusammenspiel von Kameraführung und verbaler Argumentation, sodass sich die Integration von Filmtranskripten zur Belegführung bei der Darstellung der Ergebnisse anbietet. Der Abschnitt aus besagter Fernsehanalyse beginnt mit der Verortung der Schlüsselszene im Gesamtverlauf des Produkts.

Der gewählte Ausschnitt stammt aus der für längere Zeit als ‚die' politische Talkshow im Fernsehen geltenden Sendung *Sabine Christiansen* (D 1998–2007, Das Erste). Das Thema der Sendung vom 07.09.2000 lautet: *Ölpreis-Wut: Kann oder will die Politik nichts tun?* Die Studiogäste sitzen in einem Halbrund, sie sind rechts und links von der Moderatorin aufgereiht, mit einer Öffnung zum Studio- und Fernsehpublikum hin. Die Sitzordnung zeigt von links nach rechts den Politiker und Träger des alternativen Nobelpreises Hermann Scheer, den Politiker Fritz Kuhn, die Politikerin Angela Merkel, die Moderatorin Sabine Christiansen, den Politiker Kurt Beck und den Politiker Wolfgang Gerhard. Es entspinnt sich ein Disput über Sinn und Unsinn der sogenannten ‚Ökosteuer':

Transkr. 6.1: *Sabine Christiansen* (D 17.09.2000, Das Erste), Ausschnitt ‚Ökosteuer'

Nr. Zeit	Bild		Ton
04 '3	N: Fritz Kuhn (FK)	FK:	soll ja auch im produzierenden Gewerbe lenken ist doch logisch es kann ja nicht

Nr. Zeit	Bild	Ton	
05 '4	N: BR^{re} im Profil Wolfgang Gerhard (WG); TS: in BH^{li} dahinter Kurt Beck (KB)		ne reine Verbrauchersteuer sein da kann man über vieles (.) im Detail reden
06 '17	N: FK in BM, schaut um sich, leichte Auf- und Abbewegung des Kopfes mit Kopfnicken, gestikuliert mit der linken Hand, Zeigehand nach vorn,		was man ganz normal in der Koalition tun wird aber dass die Ökosteuer lenkt Herr Gerhard das will ich noch zu ihnen sagen des können sie am besten sehen wenn sie sich die Werbung die Automobilkonzerne [machen anschauen
		WG:	[also hm ((räuspert sich)) ja
	F^{h,li}: Kamerafahrt der auf FK gerichteten Kamera um WG herum HN: im VG WG von hinten, unscharf, im HG BR^{li} FK von vorn	FK:	zum Beispiel ein bekannter aus Wolfsburg der wirbt <<f>dezidiert> mit seinen [verbrauchsärmeren Modellen
		WG:	[ja (--)
		FK:	[mit der Ökosteuer also
		WG:	[aber das würd er auch
07 '4	G: WG im Profil, lächelt und nickt leicht		ohne Ökosteuer machen (-)
		FK:	da glaub ich etwas mehr [an die wirtschaftliche Vernunft als an
		WG:	[das geht auch ohne
		FK:	die der FDP
08 '3	N: FK nach vorne gebeugt schaut nach re linke Zeigehand nach vorn		die sehen nämlich [dass die Leute
		WG:	[ich glaub-
		FK:	wenn sie zu Autohändlern
09 '6	N: Hermann Scheer (HS) in der BHli schaut nach u; S^{re},Z^{h}: HN: HS und daneben FK	FK:	[gehen und fragen das müssen sie
		WG:	[ja (.) Herr Kuhn (.)
		FK:	mal das müssen [sie mal machen
		WG:	[und die deutschen
		FK:	[hören sie mal zu wenn sie zu
		WG:	[Ingenieure brauchen die Ökosteuer
		FK:	[Autohändlern und fragen
		WG:	[nicht um bessere Autos zu entwickeln
10 '3	G: WG im Profil, schaut nach li, leckt sich die Lippen	WG:	wirklich nicht
		FK:	und die fragen was ist denn heute die erste Frage die
11 '5	N: FK leicht nach re vor gebeugt		die Leute stellen wenn sie neue Modelle angucken dann sagen die ihnen das hab ich oft erlebt zu

Nr. Zeit	Bild	Ton
12 '5	HN: Publikum, im VG zwei Männer im Profil, nickend, im HG weitere Reihen Publikum	erst fragen die Leute inzwischen nach dem Verbrauch während sie früher nach äh Kofferraum und Geschwindigkeit und
13 '8	N: FK in der BM, starke Auf- und Abbewegung des Kopfes, ausgeprägte Gestik	PS und sowas gefragt hab=n also des beginnt zu <<f>wirken> tatsächlich da wären wir doch blöde wenn wir jetzt diese Geschichte aussetzen würden denn
14 '5	G: WG im Profil, nach vorn gebeugt	es ist völlig richtig b=wir müssen auch eine vernünftige Reaktion auf das Weltklimaproblem

Zu Beginn des Ausschnitts – in Einstellung E 06 – kündigt Fritz Kuhn mit einer verbalen Direktadressierung („Herr Gerhard") und einer deutlichen verbalen und gestischen Unterstreichung („das will ich noch zu ihnen sagen") einen Aktivitätstyp an, der eine weitere Bearbeitung erforderlich macht. Wolfgang Gerhard widerspricht im ‚Ja-Aber'-Format und versucht damit, das Argument von Kuhn zu entkräften („also ja aber das würd er auch ohne Ökosteuer machen"). Kuhn erwidert mit einer flapsigen Bemerkung („da glaub ich etwas mehr an die wirtschaftliche Vernunft als an die der FDP"). Während dieses beginnenden Disputs fährt die auf Kuhn gerichtete Kamera hinter Gerhard vorbei und hebt dadurch diese beiden als momentane Hauptkontrahenten hervor. Als Kuhn fortfährt, ist in E 07 Gerhard in Großaufnahme zu sehen, mit zusammengekniffenen Augen und einem schwer zu deutenden, von einem leichten Nicken begleiteten Lächeln. Der folgende verbale Schlagabtausch zwischen Kuhn und Gerhard wird bildlich von einer siebzehn Sekunden langen Kameraeinstellung auf Hermann Scheer, den Träger des alternativen Nobelpreises von 1999, begleitet (E 09), dessen ruhige Mimik und Haltung in auffälligem Kontrast zu dem jeweils in Großaufnahme sichtbaren grimassierenden Gesicht von Wolfgang Gerhard in der Einstellung davor und danach stehen (E 07 und E 10), dessen Einsprüche dadurch auf der Ebene des Bilds deutlich untergraben werden. Eine bildsprachliche Unterstützung erhält dagegen die Argumentation von Kuhn durch eine einmontierte Einstellung (E 12), die das Publikum im Studio zeigt und hier insbesondere einen seriös aussehenden jüngeren Mann (der mit Anzug, Weste und Krawatte eher dem Klischee der FDP-Klientel entspricht) und mehrmals zustimmend nickt. ‚Vorteil Kuhn' sagt die Inszenierung dieser Sequenz, ein Vorteil, der an den Worten allein so nicht auszumachen ist. Tatsächlich sagt die Bildregie natürlich gar nichts, sondern formuliert ihre Wertung allein im Modus des Zeigens.

Noch ein praktischer Tipp: Durch die Integration des Filmtranskripts haben Sie die Möglichkeit, bei der Darstellung der Interpretation einzelne Einstellungen (angezeigt durch den Großbuchstaben E) direkt zu zitieren, z. B. E 07.

6.4 Beispiel: Integration von Filmstills

In der Praxis hat es sich als hilfreich erwiesen, drei Filmstills zu einer Reihe zusammenzufügen und diese dann in das Textdokument zu integrieren. Diese Vorgehensweise ist sehr platzsparend und bietet vor allen Dingen auch die Möglichkeit, visuelle Besonderheiten, Montageverläufe sowie Ähnlichkeiten oder Kontraste zwischen verschiedenen Produkten abzubilden.[1] Die argumentative Integration von Filmstills verläuft, unabhängig davon, ob es sich um drei Stills aus einer Szene oder aus verschiedenen Produkten handelt, nach folgendem Prinzip:

Integration Filmstill:
– Kurze Verortung der Schlüsselszene im Gesamtverlauf des Produkts
– Kurze Beschreibung der Schlüsselszene inklusive Zitation des Stills (Abb. XY)
– Einfügung der drei Filmstills
– Bildunterschrift
– Analyse und Interpretation, inklusive Zitation des Stills (Abb. XY)
→ Stammen die drei Filmstills aus verschiedenen Szenen oder gar Produkten, werden die Stills auf die gleiche Weise in die Argumentation integriert. Im Fall einer solchen Bilderreihe verändert sich lediglich in zwei von drei Fällen die Position der abgebildeten Stills im Gang der Argumentation.

Das nachfolgende Beispiel stammt aus einer Filmanalyse (Peltzer, 2013) von Hollywoodfilmen, die sich das Treiben auf den globalen Finanzmärkten zum Thema gemacht haben. Der Forschungsfokus liegt auf den verschiedenen Formen der Visualisierung und Dramatisierung der Finanzkrise im Kino (vgl. dazu auch das Forschungsdesign in Kap. 2.4). Auch in diesem Beispiel wird der Abschnitt mit einer Verortung der Szene im Gesamtverlauf des Produkts begonnen, die drei Abbildungen stammen jedoch aus unterschiedlichen Sequenzen des Films (Abb. 6.1–Abb. 6.3).

Margin Call (USA 2011, R: J. C. Chandor) spielt hauptsächlich nachts und fast ausschließlich in den Büros einer international operierenden Investmentfirma. In den Bürofenstern spiegeln sich die Monitore, sodass ein Außen der Finanzwelt in den Hintergrund rückt und das System auf sich selbst zurückgeworfen wird (Abb. 6.1). So führt der Film die Finanzökonomie scheinbar nicht nur als einen entreferenzialisierten Markt, sondern als einen sogar weitestgehend selbstreferenziellen Markt ein. Die Funktion der Fenster übernehmen in *Margin Call* die Monitore.

---

1 Filmstills können Sie mit dem herkömmlichen VLC-Player erstellen, indem Sie an gewünschter Stelle im Kontextmenü den Befehl *Schnappschuss* oder *Snapshot* auswählen.

Der Kosmos der Finanzmärkte ist ausschließlich in eben diesen Monitoren präsent. Die herkömmlichen Raumvorstellungen haben sich verkehrt: ‚Innen' ist der Ort der globalen Finanzökonomie, ‚außen' liegt der Ort der Realwirtschaft. Die Krise findet in der Regie des Films buchstäblich im Innersten des Kapitalismus – der Finanzökonomie – statt. Diese räumliche Umkehrung formuliert bereits eine erste grundlegende Warnung an das System, indem der Blick durch das Fenster nach draußen, der immerhin ein Blick der Erkenntnis und Aufklärung sein könnte, gar nicht mehr vorgesehen ist. Und so ist das erste Bild des Films, der klassische Establishing Shot auf New York, konsequenterweise nicht fotorealistisch, sondern verzerrt durch ein Fischaugenobjektiv dargestellt: New York steckt mitten in der Finanzblase (Abb. 6.2).

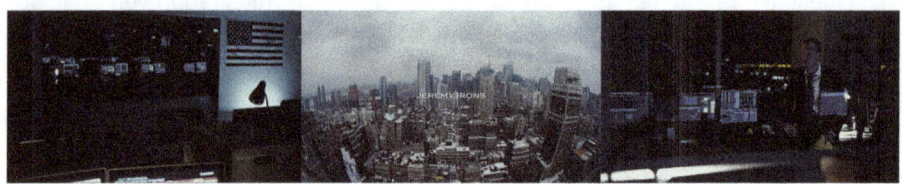

Abb. 6.1–6.3: Stills aus *Margin Call*: Monitore (Abb. 6.1); Establishing Shot (Abb. 6.2); Inklusionsmetapher (Abb. 6.3)

Mit der steten Zunahme des Wissens innerhalb des Unternehmens um den bevorstehenden Crash löst sich dann jedoch auch auf der inszenatorischen Ebene die vermeintliche Grenzziehung zwischen einem isolierten Finanzmarkt im Inneren und einer Welt jenseits der Fensterscheiben zusehends auf. Als Will Emerson seinem Chef Sam Rogers die Ergebnisse der Risikoanalyse präsentiert, zieht sich die Kamera für einen kurzen Moment aus dem Büro Emersons in das Großraumbüro zurück und produziert so folgende Mise en Scène (Abb. 6.3): Die Ebene des Markts in Form der Monitore überlagert sich mit den firmeninternen Hierarchien in Form des gläsernen Büros von Emerson und schließlich mit der Ebene der sozialen Wirklichkeit jenseits der Fensterscheiben. Transparent wird hier vor allen Dingen eines: Die Finanzökonomie bewegt sich nicht in einem selbstreferenziellen Raum und ist auch keine entkoppelte Parallelwelt, sondern eine omnipräsente Kraft in kapitalistischen Gesellschaften, die alle Ebenen und jede Person betrifft. Damit schafft der Film eine soziale Inklusionsmetapher von überraschend kritischem Ausmaß: Jeder ist betroffen und jeder ist verantwortlich – es gibt kein Jenseits des Kapitalismus.

Noch ein praktischer Tipp: Wenn, wie in diesem Beispiel, drei Stills aus unterschiedlichen Szenen abgebildet werden, dann empfiehlt es sich, diese nach dem ersten interpretativen Abschnitt, auf welchen sich der erste Still der Reihe bezieht, einzufügen. So bleiben die Abbildungen auch für die beiden anderen Interpretationen am ehesten in Sichtweite.

6.5 Tipps zum wissenschaftlichen Schreiben

Abschließend möchten wir Ihnen noch ein paar Hinweise zum wissenschaftlichen Schreiben (und Formulieren) mit auf den Weg geben:
- Zum wissenschaftlichen Schreiben gehört eine sachliche, verständliche sowie präzise Ausdrucksweise. Wissenschaftliches Schreiben ist möglichst explizites Schreiben.
- Verwenden Sie etablierte Fachtermini gemäß ihrer wissenschaftlichen Bedeutung und nicht dem Alltagsverständnis entsprechend.
- Vermeiden Sie umgangssprachliche Ausdrucksweisen sowie journalistische Stilmittel.
- Erläutern Sie bei Bedarf bestimmte Fachbegriffe, insbesondere dann, wenn Sie von der gängigen Definition abweichen sollten.
- Integrieren Sie Zitate in Ihre Argumentation und vermeiden Sie bloße Paraphrasen.
- Halten Sie Angaben zum Produktinhalt eher kurz (in der Einleitung maximal drei Sätze). Im Rahmen des Methodenkapitels, wenn Sie auf die Produktauswahl näher eingehen, können Sie etwas ausführlicher werden. Doch prinzipiell gilt: Vermeiden Sie lange Nacherzählungen der Produkte oder Referate des Themas, deren Signifikanz ohnehin erst in der Analyse deutlich werden kann.
- Prüfen Sie, ob Ihre Satzanschlüsse – ‚denn', ‚daher', ‚indem' usw. – argumentativ stimmig sind.
- Im Text können unterschiedliche Argumentationsschritte durch Nummerierungen und Aufzählungszeichen verdeutlicht werden. Zentrale Begriffe oder ansonsten eventuell missverständliche Zusammenhänge können Sie durch Kursivdruck kenntlich machen. Generell sind Hervorhebungen jedoch sparsam zu verwenden und ersetzen nicht die Verdeutlichung in ausformulierten Sätzen.
- Arbeiten Sie möglichst jeden Tag an Ihrem Projekt, auch wenn es einmal nur 30 Minuten sein können.

6.6 Literatur

Keppler, Angela (2015). Das Fernsehen als Sinnproduzent: Soziologische Fallstudien (Kap. 6, Wissen um Relevanzen. Zur Dramaturgie politischer Konflikte in Talkshows, S. 93–109). München: De Gruyter Oldenbourg.

Peltzer, Anja (2013). Filmische Spekulationen. Zur Inszenierung der Finanzkrise im Kino. In Martin Wengeler und Alexander Ziem (Hg.), Sprachliche Konstruktionen von Krisen: Interdisziplinäre Perspektiven auf ein fortwährend aktuelles Phänomen (S. 111–127). Bremen: Hempen.

6.7 Film- und Fernsehsendungen

Margin Call (USA 2011, R: J. C. Chandor)
Sabine Christiansen (D 1998–2007, Das Erste, 17.09.2000, Moderation: Sabine Christiansen)

Transkriptionssystem

1. Visuelle Dimensionen

Kameraoperationen

Einstellungsgrößen	
D	Detailaufnahme: Eng begrenzter Bildausschnitt, Großaufnahme von Gegenständen.
G	Großaufnahme: Konzentration auf den Kopf/das Gesicht bis zum Hals.
N	Nahaufnahme: Brustbild; Darstellung von Personen vom Kopf bis zur Mitte des Oberkörpers; neben den mimischen werden auch gestische Elemente sichtbar. Oft für die Darstellung von Diskussionen und Gesprächen verwendet.
HN	Halbnahe Einstellung: Darstellung Kopf bis zur Taille; Aussagen über die unmittelbare Umgebung der abgebildeten Personen werden möglich. Oft zur Darstellung von Personen im Dialog.
A	Amerikanische Einstellung: Personen vom Kopf bis zu den Knien.
HT	Halbtotale Einstellung: Menschen von Kopf bis Fuß. Oft zur Darstellung von Personengruppen verwendet.
T	Totale: Ganze Person mit Umgebung; gibt einen Überblick über den Handlungsraum.
W	Weite Einstellung: Übersicht über eine Szenerie oder Landschaft, in der der Mensch verschwindend klein wirkt; auch Panoramaaufnahme genannt.

Aufnahme ohne Personen: Als Bezugsgröße können analog auch Gebäude oder Gegenstände verwendet werden, die als solche wie Personen behandelt werden.

Kamerabewegungen	
Z	Zoom
F	Fahrt
S	Schwenk
Hk	Handkamera
F^{hk}, S^{hk}	Fahrt oder Schwenk mit Handkamera
TS	Tiefenschärfe
Schr	Schrägstellung der Kamera (gekippte Kamera)

Kamerabewegungen

B	Bewegte Kamera, ungebundene und unregelmäßige Bewegung der Kamera.
cGf	Grafik: Computererzeugte Grafik, bei der sich keine Bezugspunkte für die Festlegung von Kamerabewegungen bzw. Einstellungen finden lassen.

Kameraperspektive (in ( ) hinter Einstellungsgröße)

AS	Aufsicht: Vogelperspektive
US	Untersicht: Froschperspektive
l	leicht
s	stark

Richtung der Kamerabewegung und Bewegungen allgemein

v	nach vorn	o	nach oben
h	nach hinten	u	nach unten
li	nach links	re	nach rechts

Schnitt

Ü	Überblendung: Einige Einzelbilder von Ende Einstellung A überlappen Einzelbilder von Anfang Einstellung B.
AUFBL	Aufblende: Langsames Einblenden einer Einstellung.
ABBL	Abblende: Abdunklung der Einstellung.
CB	Computerblenden, z. B. Trickblenden (Wipes).
DB/MB	Doppel-/Mehrfachbelichtung: Zwei/mehrere Einstellungen überlagern sich.
SC	Split Screen: Zwei/mehrere Einstellungen erscheinen neben und/oder untereinander auf dem Bildschirm.
MC	Match Cut: Die montierten Einstellungen teilen eine grafische Übereinstimmung.
JC	Jump Cut: Montierte Einstellungen mit Bildsprung.

Elemente der Bildkomposition

INSERT	Inhalt des Inserts; Besonderheiten (Groß-/Fettschrift etc.).

Lokalisierung von Personen oder Gegenständen im Raum	
VG	Vordergrund
MG	Mittelgrund
HG	Hintergrund
BR	Bildrand (o, u, li, re)
BM	Bildmitte
BH	Bildhälfte (o, u, li, re)

2. Akustische Dimensionen

Abkürzungen der akustischen Elemente

Mu	Musik: Grob-Charakterisierung in (()).
G	Geräusche: Grob-Charakterisierung in (()).
Sw, m	Stimmliche/sprachliche Elemente; Sprecher/-in, weiblich oder männlich.
OTw, m	Originalton Sprecher, weiblich oder männlich, in Interviews, Befragungen.
Name/Kürzel	Bei bekannten Sprechern
on	Geräuschquelle/Sprecher im Bild sichtbar.
off	Geräuschquelle/Sprecher nicht im Bild sichtbar.

Transkription des gesprochenen Textes

(.)	Mikropause
(-), (--), (---)	Kurze, mittlere und längere geschätzte Pausen von ca. 0.25–0.75 Sek. Dauer.
(2)	Geschätzte Pause in Sekunden (Angabe mit einer Stelle hinter dem Punkt); ab Pausendauer von ca. 1 Sek.
( )	Unverständliche Textpassage
[	Beginn einer Überlappung bzw. gleichzeitiges Sprechen von zwei Parteien.
]	Ende einer Überlappung
°ja°	Leise gesprochen
JA	Laut gesprochen
ja	Betont gesprochen
ja:::	Dehnung; Anzahl der Doppelpunkte entspricht in etwa der Länge der Dehnung.
?	Stark steigende Intonation
,	Schwach steigende Intonation
;	Schwach fallende Intonation

.		Stark fallende Intonation
=		Schneller Anschluss zwischen zwei Sprechern bzw. schnell gesprochen
hm, ja, ne		Einsilbige Rezeptionssignale
hm=hm, ja=a, nei=ein		Zweisilbige Signale
waru-		Abbruch eines Wortes oder einer Äußerung
°hh hh		Hörbares Atmen
`h `hh		Hörbares Einatmen, je nach Dauer
h` hh`		Hörbares Ausatmen, je nach Dauer
a(h)ber		Aspirationslaut innerhalb eines Wortes; Lachpartikel
haha hehe hihi		Silbisches Lachen
((lacht))		Umschreibung von paralinguistischer Information (Lachen, Husten, Räuspern, etc.)
(und)		Vermuteter Wortlaut
((...))		Auslassung innerhalb einer Äußerung
⁞		Auslassung eines Gesprächssegments im Transkript

Erweiterungsmöglichkeiten im Hinblick auf eine detaillierte Berücksichtigung paralinguistischer Phänomene:

<((stakato)) >	Paralinguistische Ereignisse während des Sprechens; Anfang und Ende sind mit spitzen Klammern markiert.
<<ff> >	Sehr laut
<<all> >	Schnell
<<len> >	Langsam
<<cresc> >	Lauter werdend
<<dim> >	Leiser werdend
<<acc> >	Schneller werdend
<<rall> >	Langsamer werdend

www.ingramcontent.com/pod-product-compliance
Lightning Source LLC
Chambersburg PA
CBHW081331230426
43667CB00018B/2893